ARSÈNE HOUSSAYE

LES
CONFESSIONS

SOUVENIRS D'UN DEMI-SIÈCLE

1830-1890

TOME CINQUIÈME

PARIS
E. DENTU, ÉDITEUR
LIBRAIRE DE LA SOCIÉTÉ DES GENS DE LETTRES
3, Place de Valois (Palais-Royal).

1891

Droits de traduction et de reproduction réservés.

LES

CONFESSIONS

V

ARSENE HOUSSAYE

GALERIE DU DIX-HUITIÈME SIÈCLE
La Régence. — *Louis XV.* — *Louis XVI.* — *La Révolution.*
Édition de bibliothèque en 4 vol. in-18 à 3 fr. 50.

MADEMOISELLE CLÉOPATRE
Nouvelle édition. — 1 vol. in-8° et 1 vol. in-18

LES DOUZE NOUVELLES NOUVELLES
24ᵉ édition. — 1 vol. illustré, 3 fr. 50.

HISTOIRE DE LÉONARD DE VINCI
4ᵉ édition. — 1 vol. in-18, eau-forte, 3 fr. 50.

POÉSIES
1 vol. elzévirien, à deux couleurs, 5 fr.

HISTOIRE DU 41ᵉ FAUTEUIL DE L'ACADÉMIE
21ᵉ édition. — 1 vol. in-18, 3 fr. 50. 1 vol. in-8°, 20 portraits, 20 fr.

LES GRANDES DAMES
37ᵉ édition. — 1 beau volume in-18, 3 fr. 50.

HISTOIRE D'UNE FILLE PERDUE
Avec la critique de Saint-Victor. 1 vol. in-18, 3 fr. 50.

LA COMÉDIE AU COIN DU FEU
2 vol., portraits, 7 fr.

LE ROI VOLTAIRE
1 volume elzévirien à deux couleurs, 3 portraits, 5 fr.

LA COURONNE DE BLEUETS
1 volume, eau-forte de Théophile Gautier, 3 fr. 50.

LES TROIS DUCHESSES
12ᵉ édition. — 1 vol. in-18, portraits, 3 fr. 50.

MADAME LUCRÈCE
1 vol. in-18, portraits, 3 fr. 50.

LES ONZE MILLE VIERGES
1 volume in-18, 20 gravures, 3 fr. 50.

DE L'IMPRIMERIE PAUL DUPONT.

A ARSÈNE HOUSSAYE

Mon cher Ami,

Vous me demandez si vous devez continuer la publication de vos Mémoires ou plutôt de vos Confessions, *les détails intimes, caractères et portraits, auxquels vous avez de temps en temps initié vos lecteurs, vous autorisant à rééditer ce titre que vous empruntez à Jean-Jacques comme Jean-Jacques l'avait emprunté à Saint-Augustin. Je serais bien maladroit et bien ingrat si je ne vous conseillais pas de continuer. D'abord j'ai pris le plus grand plaisir à la lecture de ces volumes, ensuite j'y ai trouvé, maintes fois, le nom de mon père et le mien escortés des considérations les plus amicales et les plus flatteuses. Il est vrai que vous appartenez, parmi les cadets, à cette grande génération dite de 1830, à qui les fées d'alors, bien fatiguées aujourd'hui, avaient accordé avec la persistante jeunesse du corps l'éternelle jeunesse des sentiments. Vous aviez l'enthousiasme, la foi, l'amour de l'idéal, ce qui n'excluait pas les robustes amours de la réalité. Enfin vous aviez par excellence, les uns pour les autres, ce qui devient de plus en plus rare, l'amitié. Plus l'un de vous s'élevait, plus les autres l'aimaient et chantaient ses louanges. L'émulation y gagnait, la rivalité n'avait rien à y voir. La génération suivante, dont* je suis, n'a pas suivi ce bel exemple, et celle qui nous succède ne paraît pas devoir le remettre en vigueur. L'individualisme s'étale sur toute la ligne, et la lutte pour la vie accomplit son œuvre surtout dans la littérature. C'est à qui dévorera son voisin, et l'esprit de commerce s'est presque complètement substitué au commerce des esprits. Nous n'avons que bien rarement de sincères amis parmi nos confrères. Je ne sais même pas si les rivaux existent encore. Nul ne se reconnaît plus le rival de quelqu'un; chacun se déclare supérieur à tous. Les nouveaux arrivants sont tout de suite des adversaires. Ce n'est même plus querelle d'écoles, c'est concurrence de boutiques. On dénigre la marchandise des maisons achalandées comme si c'était le meilleur moyen de vendre la sienne. Ça passera comme tout ce qui ne sert à rien. L'envie ne fait de mal qu'à l'envieux. « Va, petite bête, disait Tristram Shandy en ouvrant la fenêtre à la mouche qui bourdonnait dans sa chambre et voulait inutilement passer à travers les vitres, va, petite bête, il y a assez de place pour nous deux dans le monde. » Bonne et saine appréciation de tous les bourdonnements de mouches. Il y a assez de place dans ce monde pour tous les hommes de lettres, si j'en juge par le peu de vide que nous causons quand nous n'y sommes plus.

En attendant, je comprends que vous vous complaisiez dans la résurrection d'un temps où les Hugo, les Dumas, les Balzac, les Sand, les Gautier, les Vigny, les Mérimée, s'aimaient et se respectaient, et c'est un vrai régal de lire un livre comme vos Confessions, qui ne contient pas un mot amer contre qui que ce soit, même contre ceux que vous avez aimés et qui vous ont trahi. Vous n'êtes sévère que pour vous. Il est vrai que, qui dit confession dit indulgence pour les autres et pénitence pour soi. A quoi servirait de faire tous les jours un pas de plus vers la mort, si l'on ne devenait pas meilleur en chemin ? Continuez donc cette publication qui rend la vie à tant de choses mortes et qui nous rend la jeunesse à nous qui vivons encore un peu.

Tous vos récits sont sincères, alertes, colorés, touchants. Il se peut que certaines gens vous reprochent de vous confesser trop. — Vous auriez dû, disent-ils, garder pour vous les secrets de votre cœur. — Mais si les poëtes ne chantaient pas leurs amours, même en prose, ils ne seraient qu'à moitié poëtes, et vous êtes poëte de la tête aux pieds. Je ne vois pas Ovide, Catulle, Tibulle et même Horace ne nous parlant pas de leurs maîtresses. Mal en a pris à Virgile, sinon pour sa gloire de poëte, du moins pour sa réputation d'homme, de s'en être tenu à la glorification de jeunes bergers. Ça manque un peu trop de bergères, comme l'on dirait aujourd'hui, et si les créations de Juliette, de Desdémone et d'Ophélie n'étaient là pour prouver que Shakespeare savait à quoi s'en tenir sur les femmes, ses amitiés masculines nuiraient plus à sa mémoire que ne peut vous nuire la confidence de vos amours. Quant aux femmes, elles n'en veulent pas à l'homme célèbre qui divulgue l'amour qu'elles ont eu pour lui ou qu'il a eu pour elles, pourvu que ce soit à l'univers entier qu'il le divulgue. Laure ne reprochera rien à Pétrarque, ni Mme Récamier à Chateaubriand ; et si Mme de Warens se retrouve avec Jean-Jacques dans un autre monde, elle passe son éternité à le remercier de l'avoir déshonorée dans celui-ci. Toutes les femmes sont prêtes au déshonneur qui les immortalise.

Parmi celles qui sont venues chercher sans le savoir la

renommée à votre confessionnal, il en est plusieurs, dites-vous dans la préface de ces derniers volumes, qui avaient passé par le mien. J'ai retrouvé en effet parmi vos pénitentes quelques physionomies connues. Par nos études, par nos travaux, par la forme que nous donnons à notre pensée, dans le roman ou sur la scène, nous sommes ces refuges tout indiqués du carrefour populeux que toutes les agitées traversent. Elles ont beau venir de différents points de l'horizon, à un moment donné, elles passent toutes par là. Elles nous racontaient leur histoire, et, comme vous dites encore très justement, cette histoire était toujours la même. C'est qu'il n'y a pas deux histoires pour la femme, il n'y en a qu'une : l'amour. L'histoire n'est diverse que par les circonstances, les dates et les personnages, mais le fait et le sentiment sont toujours identiques. Elles sont ou elles ne sont pas aimées, elles aiment ou elles n'aiment pas, elles se sont données ou elles se sont refusées, elles voudraient se donner ou se reprendre, elles viennent nous demander ce qu'elles doivent faire et ne font que ce qu'elles veulent, quitte à venir nous demander encore comment elles vont se tirer de là. Elles sont sincèrement amoureuses et ne savent pas comment elles ont été infidèles, elles sont vraiment inconsolables et n'aspirent qu'à être consolées. Elles se déclarent très sérieusement à la fin de leur vie affective, et se sentent tout à coup et de très bonne foi à leur premier battement de cœur. Nombreuses sont celles qui nous mentent, plus nombreuses celles qui se mentent à elles-mêmes sans s'en douter et quelquefois jusqu'à en mourir. Nous avons vécu assez tous les deux pour entendre les mêmes femmes nous raconter deux fois, trois fois la même peine, à propos de deux ou de trois hommes différents ; et la dernière fois elles ne se souvenaient pas plus du second que du premier. C'est pour cela que nous les écoutions, bien que l'un de nous les eût écoutées déjà. C'était toujours pareil et c'était toujours nouveau, comme tout ce qui est éternel, comme le soleil et comme la vie.

Que sont-elles devenues, celles qui venaient chez nous ? Quand j'accompagne un de nos contemporains au cimetière, en me promenant, au hasard, après la cérémonie, au milieu des morts, j'en retrouve quelques-unes sous une pierre plus ou moins fleurie, plus ou moins abandonnée.

L'agitation a cessé. La vérité est-elle venue ? L'idéal s'est-il réalisé ? L'infini a-t-il exaucé les prières des années ardentes ? Quel est, dans les amours sans fin, l'élu définitif ? Dieu s'est-il chargé de faire le choix qu'elles n'avaient pas su faire, ou ce rêve est-il à jamais éteint et la couche à jamais froide et désertée ? Quand, par accident, je vais dans le monde, dans un des mondes actuels qui n'en formeront bientôt plus qu'un, je reconnais, avec les yeux intérieurs le plus souvent, quelque survivante se défendant de son mieux contre le passé, le présent et l'avenir, teinte et badigeonnée comme un cadavre en permission de dix heures. Je la regarde errer sous les lustres au milieu de l'indifférence générale, en me disant : « Elle a été passionnément aimée. On a souffert, on a haï, on s'est ruiné, déshonoré, tué pour elle. Autour d'elle rient, dansent, tourbillonnent celles qui en sont encore où elle n'est plus depuis longtemps et qui sont convaincues, comme elle l'était, qu'il ne leur arrivera rien de ce qui est arrivé aux autres. Que d'éternités dans une seule vie ! »

Heureux ceux qui, comme vous, peuvent plonger incessamment dans leurs souvenirs sans en rapporter sur la face l'éternelle pâleur du sépulcre. Moi je serais incapable de ces retours en arrière.

Avez-vous tout dit ? Je me connais, moi, je dirais tout. Ce serait abominable.

Quand je regarde ce qui se passe autour de moi, je me considère comme un saint ; quand je me rappelle ce qui s'est passé en moi, je me tiens pour un monstre. Ne le dites pas.

Bien tendrement à vous.

ALEXANDRE DUMAS FILS.

Marly-le-Roi, 25 octobre 1890.

AVANT-PROPOS

Figure-toi, ami lecteur, que nous sommes devant la chute du Niagara ou que nous faisons le tour du monde sur quelque navire rapide, mais qui nous semble paresseux.

Nous avons l'avantage de ne pas nous connaître, mais deux courans sympathiques ont touché notre cœur. L'amitié a cela de beau, comme l'amour, que du premier coup elle jaillit de l'âme comme un rayon de soleil sans qu'on fasse rien pour cela. Nous parlons d'abord de toutes choses ; peu à peu, la curiosité mord notre esprit; nous voulons savoir qui nous sommes. Sans faire trop de façons, nous levons le rideau de notre vie. Eh bien ! je suis un de ces voyageurs. Et si je conte mes aventures et celles de mes amis, ne voyez dans mon récit qu'une franche causerie à bâtons rompus. Ne m'en veuillez pas si je suis tout simple et tout familier, si mes phrases ne *revêtent pas l'habit de cérémonie, si je vais étourdiment d'un sujet à un autre. Et si quelque belle et bonne bêtise m'échappe en mes menus propos, soyez surs que ce n'est pas pour avoir voulu courir après l'esprit.*

On a dit fort justement que j'avais écrit les confessions de tout le monde plutôt encore que les miennes.

Il ne faut pas trop m'accuser d'avoir risqué tant de volumes pour conter un peu ma vie, tout en voulant conter celle des autres. Le sage a dit « cache ta vie ». Victor Hugo l'a redit en un beau vers :

Ami, cache ta vie et répands ton esprit.

Et pourtant l'histoire serait bien plus voilée encore si des conteurs familiers aux beaux jours d'Athènes et de Rome n'eussent pas, en regard des œuvres épiques, peint par de vives couleurs la vie intime de leur tems. Saint Augustin n'a-t-il pas écrit un chef-d'œuvre de vérité en se confessant tout haut. Et avant lui et après lui, combien de pages qui sont de vives lumières dans les ténèbres du passé. Qu'importe s'ils ont mis le moi en scène, si ce moi révèle les passions et les idées de leurs contemporains. Si j'ai eu tort de m'aventurer ainsi en parlant trop de moi tout en parlant des autres, je répondrai à Pascal qui disait : le MOI *est haïssable, que Pascal a beaucoup parlé de Pascal. Saint-Simon ne montre bien les figures de son tems qu'en se mettant en scène avec elles. Il a peint l'homme et les hommes. Ainsi a fait Jean-Jacques Rousseau, ainsi ont fait tous les mémorialistes jusqu'à Sand et Dumas. Et pourquoi ne pas citer Napoléon lui-même ? Certes, ce n'est pas par orgueil, c'est par humilité que j'évoque de tels noms. Je veux seulement indiquer qu'après avoir traversé tous les mondes contemporains tantôt poëte et romancier, tantôt Directeur du Théâtre-Français, tantôt Inspecteur général des Beaux-Arts, j'ai trouvé presque naturel de peindre ce que j'avais vu, tout en me portraiturant moi-même. J'ai cru ainsi documenter, comme on dit à présent, pour l'histoire future.*

Un dernier mot : j'ai eu par la force des choses — si je puis dire — un confessionnal dans ma galerie de tableaux de l'avenue Friedland et dans mon cabinet du Théâtre-Français. Je m'explique : Un homme d'imagination dont les livres ont provoqué beaucoup de curiosités féminines est assailli de femmes romanesques qui dans les jours de crise ou de desesperanza viennent lui ouvrir leur cœur en révolte comme s'il avait la mission de les apaiser. Et ces jours-là les femmes les plus mystérieuses disent tout, avec abondance d'imprécations contre Dieu, contre la famille, contre la passion. Le cri de vérité brûle leurs lèvres. Le confesseur sans le vouloir est du premier coup initié à tous les mystères intimes des belles révoltées de Paris et de l'étranger si bien peintes par Alexandre Dumas II.

Et puisque ce nom glorieux vient naturellement sous ma plume, je le prends à témoin, car bien des pénitentes qui sont venues chez moi se sont risquées chez lui. Dès ses jeunes années il était célèbre, et il était passionnant quoique moqueur. Il avait un hôtel particulier; aussi vit-on entrer par sa porte comme je vis entrer par la mienne toute une radieuse théorie de très honnêtes dames.

Et voilà pourquoi nous avons surpris, en devinant quelquefois ce qu'on n'osait avouer, les passions de notre tems. Il nous arrivait très souvent de nous dire : « Celle-là est allée chez vous, n'est-ce pas ? » Naturellement nous répondions tous les deux : « Jamais ! » Nous n'avons pas trahi le secret du confessionnal.

Mais il y a des secrets qui, peu à peu, tombent dans l'histoire, parce que le temps a passé souvent avec la mort ; parce que l'anonymat sauve tout et parce que les masques se dénouent d'eux-mêmes. Tant pis pour celles qui se sont risquées d'un pied léger dans l'enfer rose ou rouge de la passion.

Tant mieux peut-être, puisque toute femme a dans son cœur le paradis à côté de l'enfer, les joies de l'Amour et les voluptés éplorées du Repentir. Le temps est venu trop vite où il leur faut chanter comme moi :

Tout ne m'est rien ! En ma désespérance
Mon cœur se brise et je m'en vais pleurant.
J'ai pris la main de ma sœur la souffrance
Qui psalmodie un adieu déchirant.

Tout ne m'est rien ! O chimères aimées,
Vous ne voulez me suivre, il faut partir,
Jeunesse, Amour, vos portes sont fermées.
J'entre au tombeau d'où je ne puis sortir.

Tout ne m'est rien ! Le monde des féeries
N'était qu'un songe où me raillaient les dieux.
Il est passé le tems des charmeries
Où mon orgueil escaladait les cieux.

Tout ne m'est rien ! O brune charmeresse,
Vous qui m'avez souvent ensorcelé,
Cher idéal, femme, rayon, caresse,
C'est donc fini pour mon cœur désolé.

Tout ne m'est rien ! En mon âme meurtrie
L'hyver blanchit ma dernière saison;
Ève est partie et j'entends qu'on me crie :
Messieurs, on ferme ! Adieu ! cher horizon.

Tout ne m'est rien ! O pâle Solitude,
Que me veux-tu ? Le jardin enchanté
Fuit à mes yeux. Je n'ai plus que l'Étude
Qui ne croit pas à l'Immortalité.

Tout ne m'est rien ! La Nature est en fête
Et les plaisirs s'en vont chanter en chœur ;
Le soleil verse un rayon sur ma tête.
Mais c'est en vain, car j'ai perdu mon cœur.

Tout ne m'est rien ! Les lilas et les roses
S'en vont fleurir pour d'autres amoureux.
Adieu ! Léa, voix d'or, yeux pers, seins roses,
Bouche de pourpre et baisers savoureux.

Tout ne m'est rien ! Je vais quitter la rive
Où mai riant m'a couronné de fleurs ;
Le nautonnier me rappelle et j'arrive
Pour me noyer dans l'Océan des pleurs.

Au sixième volume de mes Confessions *je vais écrire le mot* Fin : — *fin du livre et fin de l'homme.* — *Je pourrais continuer ce réveil des Souvenirs, mais j'en ai trop réveillé déjà ! Pourquoi tant de hors-d'œuvre, pourquoi tant d'histoires de moi quand je ne voulais écrire que les mémoires des autres ? C'est bien un peu la faute de Dentu qui voulait le titre de* Confessions. *Ne croyez pas que ç'a été par un vain jeu de l'esprit, car je pense avoir fait œuvre d'historien, non seulement du cœur humain, mais aussi de mon siècle. Ma vie que je n'ai pas conduite m'a forcé de m'aventurer sur la scène du monde. Tout homme de pensée, s'il est de bonne foi, travaille à dégager les nuées pour faire la lumière.*

Il me semble que j'étais quelque peu destiné à écrire l'histoire intime de ce XIXe *siècle qui a eu toutes les aspi-*

rations des grands siècles. Quand on a vécu si longtems que moi, quand on a gravi la montagne des neiges éternelles, on se retourne pour revoir toutes les figures qui font le passé rayonnant. C'était un devoir pour moi de peindre ces figures, le hasard des choses m'ayant donné une bonne stalle au spectacle du XIXe siècle. On dégagera un jour de mes Confessions les pages trop personnelles et les pages qui ne vivent qu'un jour pour ne conserver que les chapitres consacrés aux choses que j'ai vues et aux grands hommes qui ont été mes amis.

ARSÈNE HOUSSAYE.

LA FOLIE-RIANCOURT

LIVRE XXXVI
SOUVENIRS DE JEUNESSE

I
La Femme

Les Muses anciennes ont fait leur temps. Vers 1860 je priai quelques peintres de mes amis de créer les Muses nouvelles. Delacroix esquissa la *Passion*, Baudry, la *Solitude*, Cabanel, la *Jeunesse*. Neuf poëtes devaient consacrer cette renaissance par des sonnets. Banville et Mendès s'en souviennent bien. Je fis mon sonnet sur la *Solitude*. O Muse de la Solitude, combien de fois je t'ai appelée en mes stations de silence et d'oubli, à la Folie-Riancourt, à Valbon et à Parisis ! Combien de fois j'ai voulu m'évanouir dans ses bras comme une âme en peine. Vivre loin du bruit, avec le dédain des vanités, dans la communion de la nature, c'est la sagesse ! Aussi, bien souvent j'ai rejeté avec tristesse et avec confusion ces pages de mes souvenirs en me disant : « A quoi bon revivre une heure de plus ? Pourquoi ramener la lumière sur ce qui a été moi et qui n'est déjà plus rien ? Pourquoi rouvrir mon cœur pour les curiosités de mon esprit ? »

Mais, quand je veux m'ensevelir sous le blanc et froid linceul filé par la mort de toutes choses, les amis viennent qui me prouvent que le devoir est de vivre — de vivre d'hier, d'aujourd'hui et de demain.

Quand je me suis pendant quelques mois perdu et reperdu dans le tourbillon de Paris, la voix des bois, des vignes, des prairies me rappelle à Bruyères. Non seulement j'y retrouve ma famille que je ressuscite, mais j'y retrouve aussi quelque chose de moi qui ne me suit pas à Paris, une vague poésie de pays natal que je réentends chanter en mon cœur dans l'hymne universel. Ma première jeunesse est couchée là sur un lit de roses pâles que, grâce à Dieu, ces grandes utilitaires qui s'appellent la Vapeur et l'Électricité n'ont pas profané.

Pourquoi ces deux volumes encore de Confessions? C'est qu'il me restait à peindre bien des tableaux et bien des physionomies de ce siècle où j'ai joué plus d'un rôle sur le théâtre officiel et sur le théâtre libre. D'ailleurs, tout en voulant disparaître de la scène du monde, je sentais que mon cœur avait encore quelque chose à dire; par exemple j'ai retrouvé en ces derniers temps une petite clef d'or, la clef d'un meuble d'ébène que j'avais oublié quand j'ai écrit mes quatre volumes, quoique ce fût le vrai chiffonnier du cœur.

J'y avais jeté pêle-mêle des lettres de toutes les paroisses : autographes passionnés ou autographes railleurs ; envolées dans le bleu et gaietés sceptiques ; des amours de la veille ou des amours de l'avant-veille; papiers de toutes les nuances, de toutes les coquetteries; des battemens de cœur et des larmes; cachets armoriés, enveloppes de coquines; style de Sévigné et naïvetés sans orthographe : tout un monde de sentiment, depuis le pôle jusqu'à l'équateur.

Je me promettais toujours de relire ces chefs-d'œuvre; mais le flot montait sur le flot. Çà et là, pourtant, en ces amours défuntes, ces pastels effacés, ces souvenirs charmeurs, je me retrouvais avec les joies attristées de mon âme et la mélancolie des rêves évanouis. Mais j'avais peur de troubler le silence des mortes. N'était-ce pas un sacrilège de dévoiler encore le secret des femmes qui ont été trahies, car dans la bonne foi de l'heure fugitive, n'avait-on pas juré à toutes de les aimer plus que toujours, plus loin que jamais, jusque dans les profondeurs du ciel!

Un jour, pourtant, j'ai pris ces lettres par poignées, je les ai appuyées sur mon cœur et sur mes lèvres, les larmes me sont revenues, j'ai pleuré sur tous ces tombeaux du bonheur. Et puis, j'ai voulu revivre des joies passées. Hélas! c'étaient, pour parler en vieux style, les épines sans les roses; car les roses effeuillées n'avaient plus que le parfum des asphodèles. Combien d'images! les unes encore tout en relief, les autres s'effaçant dans la pénombre, celles-ci dans tout l'éclat de leur radieuse jeunesse, celles-là se perdant dans la suite des âges.

Rien n'est plus doux et rien n'est plus cruel que le souvenir. Il jette souvent la nuit sur les figures les plus aimées, tandis qu'il se moque quelquefois de nous, en nous représentant des visages grimaçans. Nous arrivons pourtant à ressaisir le sourire des lèvres, l'éclat des yeux, les lignes de l'ovale ou du profil, le charme de la désinvolture, les tons nuancés des cheveux, selon les reflets de la lumière. Et quelle joie quand la pensée inquiète a recréé celle qui n'est plus ! Mais ce sont là des portraits fugitifs qui s'évanouissent dans nos bras.

Sans avoir la prétention de chiffrer les sept cents femmes et les sept cents concubines du roi Salomon, quand on a, comme moi, traversé en tous sens la vie parisienne pendant trois jeunesses successives, on serait le dernier des hommes si on n'avait pas connu plus ou moins beaucoup de femmes. Il n'y a aucune fatuité à le dire. Si on a le goût du féminisme, on est entraîné malgré soi dans mille et un embarquemens pour Cythère, pavoisant le joli navire de Watteau ou la mystérieuse gondole de Canaletti.

A côté des passions, il y a les camaraderies, les rencontres fortuites aux heures de carnaval, les liaisons dangereuses et celles qui se brisent du premier coup. Je n'ose dire comme Napoléon les « duos de canapé ».

De toutes ces effusions diurnes et nocturnes, il reste, ainsi que le disait le poëte :

Quelque chose de doux comme l'odeur du thé,

ou des roses-thé, qui versent l'idéal des parfums.

On est sur la terre pour les joies de l'amour ou pour les joies de l'orgueil.

Tout jeune encore, j'ai mesuré l'orgueil et je l'ai trouvé bien petit devant les splendeurs inouïes de la femme.

Celui qui n'aime pas la femme ne connaît ni la joie des sacrifices, ni les suggestions de l'infini. La femme vous apprend tout : le connu et l'inconnu, le visible et l'invisible. Cette écolière de Satan vous apprend Dieu, — Dieu lui-même !

On trouve par la femme tout ce qu'il faut croire et aimer. Elle est le charme de la famille, elle est la fleur de la solitude. Que d'autres qui se croient plus sages courent à la fortune, aux inquiétudes de la vie publique, aux vanités bruyantes du forum, au néant de la souveraineté, aux angoisses de l'argent, aux goinfreries pantagruéliques, aux saoûleries de vins frelatés : — moi je n'ai jamais couru qu'aux joies du travail dans l'atmosphère d'une femme aimée.

Les sentencieux, plus ou moins vermoulus, crieront au libertinage du cœur et des lèvres, parce qu'ils ne comprennent pas qu'en aimant la femme, on est possédé de l'amour du beau, du bien et du vrai. Jésus-Christ l'a compris, puisque la femme parfume l'évangile. Homère, notre premier maître, n'a-t-il pas peuplé l'Olympe de femmes ?

Et maintenant, si vous n'êtes pas convaincu, ami lecteur, jetez ce livre au feu, car ce serait du sanscrit pour vous. Si, au contraire, vous êtes de mon opinion — une opinion bien douce à suivre — vous trouverez ici, dans les évolutions d'un cœur passionné, des récits, un peu risqués souvent, mais toujours dominés par la sublime religion de l'amour.

Aimer la femme est un don comme l'art et la poésie. La plupart des hommes ne recherchent la femme que comme des bêtes plus ou moins féroces à l'heure des secousses et des emportemens de la chair. Les privilégiés, en fort petit nombre, aiment la femme à toute heure comme on aime le soleil, le ciel bleu, les forêts, les Océans. Elles inspirent à l'esprit la douceur de vivre, elles répandent autour d'elles des rayonnemens et des parfums que seuls les initiés savent voir et respirer. C'est toujours Ève qui a pris à Adam une part de lui-même, une part qu'il veut sans cesse reconquérir.

Il n'y a pas de mot plus juste que celui dont on se servait autrefois, « ma moitié ». Sans la femme, l'homme n'est qu'un commencement et un inachevé.

En toute période de ma vie j'ai voulu ma moitié, je parle plus encore peut-être en idéaliste qu'en réaliste.

J'avais le culte profond et sévère d'Aphrodite sans tomber dans la bêtise des Français, ces traducteurs qui ont trahi toute la poésie grecque. Vénus était la grande déesse génératrice ; non pas la blonde catin mère des amours, mais la noire aphrodite Mélania, la victorieuse et la dominatrice s'appuyant sur Éros et Antéros. Oh ! non, celle qui portait le croissant surmonté d'une étoile à huit rayons n'était pas la drôlesse des petits poëtes français.

En ces derniers volumes, que je n'écris que sur la prière des curiosités sympathiques et inespérées qui me sont venues de toutes parts, je suis bien forcé de me remettre au point de départ de ma vie, puisque les pages qu'on va lire me reverront dans le même monde, mais dans d'autres aventures. Je voudrais bien ne plus parler de moi, maintenant que l'oubli file déjà mon linceul, mais il n'y a pas de meilleure école que soi-même pour démasquer les passions. On finit toujours par dire avec Alfred de Musset :

Le cœur humain de qui, le cœur humain de quoi ?

C'est donc par l'étude et le souvenir de mon cœur que j'ai mieux étudié celui des autres. Voilà pourquoi on me retrouvera en scène pour mieux peindre la comédie des passions au XIXe siècle.

Ce XIXe siècle est si plein de toutes choses qu'il

faudrait cent volumes pour tout dire. Si je m'étais contenté de ne parler que de moi, un volume eût été déjà trop ; mais, voulant peindre la plupart des figures glorieuses ou originales, les actions de celle-ci ou de celle-là, le tableau varié de tout un siècle tourmenté par des passions plus altières et plus profondes que celles des siècles passés, on trouvera bien naturel que, repassant ma vie et me remettant au point de vue de mon esprit en chaque période, j'y retrouve toute une moisson de souvenirs qui ne seront pas seulement une distraction pour ceux qui aiment les bleuets et les coquelicots, mais qui seront une gerbe pour l'histoire.

Je ne parle pas des pages toutes personnelles comme les infiniment petits romans qui suivent et que je donne en passant pour marquer comment dans les gamineries de l'amour on gagne ses titres en philosophie. Je compris bien alors cette vérité : le silence est d'or et la parole est d'argent — quand elle n'est pas de la fausse monnaie.

II

Daphnis et Chloé — Alceste et Célimène

Les passions ne prennent le cœur de l'homme qu'après les amorces de l'amour, c'est l'histoire des batailles qui commencent par des escarmouches.

J'avais seize ans, cheveux blonds et yeux bleus ; on disait le gentil Houssaye, mais je n'étais pas gentil du tout. Je faisais le désespoir de toute la maison, parce que j'avais quitté le collège pour faire le diable à quatre.

Quel est le rustique qui n'a rencontré les Chloés pour jouer les Daphnis? Je devins sans le vouloir amoureux de ma voisine, — un ange, vous n'en doutez pas. — Je ne lui disais rien, et elle ne me répondait point.

Un jour, je la suivis dans les bois. A la lisière, devant les chênes et les ormes, je lui pris le bras. Elle rougit et marcha du même pas. Nous voilà loin. Pas un mot. Je vois des violettes, j'en cueille une poignée et je les mets dans son sein. Elle pâlit. Nous marchons toujours. Voici une source dans les rochers. Rosina se penche et se mire, je lui donne à boire dans ma main ; nous buvons bientôt du même coup à la même coupe. C'est divin. Nous reprenons notre éloquente promenade. Voilà maintenant un nid de rossignols dans une aubépine. « Chut! dis-je. — Je n'ai pas parlé, » murmure-t-elle.

Plus loin, un rebord moussu : on s'assied. Je prends la main de ma voisine et je regarde ses beaux yeux. « Je vous aime, Rosa. » C'est tout. Survient un bûcheron. « Oh ! si maman le savait ! » Rosina se lève et s'en va. Je lui reprends le bras ; nous revenons par un autre chemin : un second bûcheron ! Nous sortons du bois, je montre un jardin à Rosina ; là il n'y a pas de bûcheron. Nous franchissons la haie et nous nous cachons dans un massif. Il y a un banc de pierre sous un arbre de Judée ; je casse une branche pour Rosina, mais une voix de tonnerre : « Que faites-vous là ? — Rien du tout. » Le maître du jardin nous met à la porte du Paradis avant le péché. Une heure après, tout le pays est ému.

« Mademoiselle, que faisiez-vous ? — Rien. — Que vous disait-il ? — Rien. — Que lui répondiez-vous ? — Rien. »

On ne nous envoya pas en cour d'assises. Ce rien, c'était tout !

Nous nous étions adorés dans le silence des bois au rhythme chanteur de la source vive !

Ce n'était que le premier chapitre. Le second fut encore plus éloquent, c'est-à-dire plus silencieux. Le sage élève un autel au Silence, se rappelant les paroles de Pythagore : « Tais-toi, ou dis quelque chose qui vaille mieux que le silence. »

Qu'est-ce que la poésie des mots devant la poésie des choses ?

Quand je devins un Parisien, je rencontrai dans le monde une très jolie dame dont on vantait les hautes coquetteries à pied et à cheval. Elle parlait toujours, non pas sans esprit, et on avait beau vouloir l'emprisonner dans la passion, on ne pouvait pas la tenir en place. Je me risquai à recevoir des coups d'éventail et de cravache. Je jouai l'amour éperdu en vers et en prose. Combien d'éloquence en pure perte ! Combien de sonnets chantés sur tous les airs! Pour elle, je repris mon violon, croyant la charmer avec du Lulli, du Gluck et du Schubert; mais elle était trop occupée à parler, à parler encore, à parler toujours, pour ouïr la voix tendrement élégiaque de mon violon.

On me demandait souvent si j'avais brisé les ailes du moulin à paroles.

Je répondais que ce moulin-là était inassiégeable, tant il avait toujours le dernier mot.

J'obtins la faveur d'aller prendre le thé chez cette éternelle chercheuse d'esprit.

Dès que je fus dans le petit salon, je voulus embrasser la dame; mais elle parla avec tant de volubilité que je ne pus placer un point, pas même une virgule.

Elle fut spirituelle, je fis semblant de l'être. Je tentais d'en découdre autant qu'elle-même.

Je répondais, elle répliquait.

On parla de tout, journal du matin et journal du soir.

On continuait à se griser par la parole. De temps en temps je voulais happer Célimène; mais elle avait encore un mot à dire, puis un mot.

On servit le thé : de l'or dans du vieux chine. La causerie ne fut plus qu'une chinoiserie : comme la corneille, on abattait des noix trop vertes ; comme le vent d'automne, on effeuillait la forêt de Shakespeare.

Devenu furieux, je tentai encore l'aventure.

— Nous n'y sommes pas, dit-elle.

— Qu'est-ce donc que l'amour pour vous?

— C'est une conjonction d'astres qui se disent...

— Bonjour ?

— Bonsoir! je n'ai plus que le temps de m'habiller pour aller au bal. »

Elle sonna.

Tant pis, je la pris sur mon cœur, sans souci de l'habilleuse ; mais soudain l'oiseau babillard s'envola gaiement. Je voulus suivre la belle dans son cabinet de toilette ; mais sur le seuil de la porte elle me tint un discours à perte de vue sur les périls de l'amour et sur les contentemens de la vertu. J'étais exaspéré, je pris mon chapeau :

— Adieu, moulin à paroles.

— Adieu, faiseur de sonnets ; je vous attends demain.

Le lendemain, ce fut la même comédie. Toujours l'oiseau babillard, toujours l'oiseau qui s'envole pour chanter sur une autre branche.

Je me rappelai alors la douce et silencieuse Rosa.

N'est-ce pas qu'en amour il faut élever un autel au Silence ? le Silence, qui parle mieux que toutes les Célimènes. Je n'eus raison de celle-ci que dans la silencieuse Venise.

III

Les passions d'une heure

1831

Il y a des aurores amoureuses qui s'impriment plus profondément, comme eaux-fortes de la mémoire, que les réalités brutales parce que les souvenirs embaumés par la poésie vivent plus longtemps que les souvenirs tombés dans la fosse commune.

Ce ne fut pas sur la Chimère antique, mais sur un beau cheval, robe de corbeau, que je vins la seconde fois à Paris, avec mon père pour compagnon de voyage. Nous descendîmes rue de la Monnaie, tout près d'un ami de ma famille, le célèbre Jennesson, qui fut préfet de police, moins le titre. C'était d'ailleurs pour lui que mon père s'était mis en route.

J'espérais que Jennesson, qui était fort répandu, me promènerait quelque peu dans ce Paris enchanté, mon rêve depuis que ma tête parlait. En effet, il fut bon prince; dès notre arrivée, il nous proposa non seulement de nous conduire dans les grands théâtres, mais aussi à une fête de l'Opéra qui promettait d'être sans seconde, une fête de charité organisée par la reine pour adoucir le rude hiver de 1831. Les billets qui ne coûtaient qu'un louis, avaient été disputés par le beau monde. On les rachetait maintenant jusqu'à cinq louis. Mon père ne parut pas curieux à ce prix-là, mais Jennesson avait des billets de faveur. « Vous pouvez bien les accepter, nous dit-il; vous n'en serez pas quittes à si bon marché, il y aura une quête faite par les plus belles femmes de Paris. »

Vint le jour du bal. Quoique mon père aimât l'argent, vrai père de famille qui prévoit que ses enfants en jetteront beaucoup par la fenêtre, il fit bien les choses. Tout encharriboté qu'il fût dans ses terres et ses bois, il avait encore ses heures de jeunesse. Il ne faisait pas le beau comme au temps où il caracolait dans la brigade Nansouty, mais il n'était pas fâché de prendre çà et là un air de mode.

J'avais un caractère si contradictoire, en ce tems-là surtout, que j'étais tour à tour hardi et timide. En entrant à cette fête, où j'étais venu en fiacre, je ne me sentis pas fier du tout. Je marchais sur des charbons. Tout Paris était là; on me montra dans les loges les personnages de la cour, de la politique et des lettres. Je ne remarquai bien que mon compatriote Alexandre Dumas et Alfred de Vigny, un de mes poëtes, coquetant tous les deux dans un bouquet de femmes.

A qui parler? car j'étais le plus étranger des étrangers. Heureusement que je fis une rencontre dans cet océan de lumière, de diamants et de roses. C'était le général de la Houssaye, qui avait fait amitié avec mon grand-père, au sacre de Charles X, sous prétexte que mon grand-oncle, le général Houssaye, lui avait sauvé la vie en Vendée.

Jennesson, qui connaissait tout le monde et qui savait l'histoire de tout le monde, me présenta au général de la Houssaye comme un poëte en herbe, qui ne serait sans doute pas indigne de son grand-oncle. Le général me fut très gracieux. Voyant quelques belles jeunes filles qui n'avaient ni danseurs ni valseurs, il me jeta sur la proie, en vieux soldat qui aime toutes les batailles. Quoique je n'eusse que dix-sept ans, je n'avais pas trop l'air d'un écolier, peut-être parce que j'avais toujours fait l'école buissonnière. J'y allai bon jeu, bon argent.

Me voilà donc sur le champ de bataille de la valse avec Mlle Caroline ***, une belle personne tout habillée en roseaux. Les Ophélies étaient à la mode. Elle me prit pour ce que j'étais : un joli valseur, comme on dit dans le monde. Cette belle personne était, d'ailleurs, connue du général. Elle appartenait à la famille d'un des derniers maréchaux survivans. Sa mère l'accompagnait sans presque la perdre de vue. Je lui dis quelques mots pour la comparer à Ophélie. Elle me répondit qu'elle n'était pas une héroïne de roman. Je voulus lui prouver qu'une jeune fille, quand elle est douée de toutes les beautés, est toujours l'héroïne du roman de son cœur. Elle me regarda doucement. « Nous danserons tout à l'heure et nous causerons, » me dit-elle. Après la valse j'étais troublé, après le quadrille j'avais pris feu.

Je ne sais par quel caprice soudain elle s'était abandonnée à mon rêve shakspearien. A la fin de la seconde valse Caroline à demi évanouie dans mes bras me dit : « Valsons toujours, valsons toujours ! Je veux mourir en valsant avec vous. Cachez-moi bien, car il y a là-bas une figure qui me fait peur. »

Mais je ne devais jamais plus ni valser ni danser avec elle. Ses paroles mystérieuses bruissent encore à mes oreilles, tant le cœur se souvient ! J'ai été dieu pendant cinq secondes — cinq siècles !

* * *

Après le quadrille, ce fut le galop ; la jeune fille passa aux mains d'un jeune monsieur tout confit que lui imposa sa mère. Je regrettais de ne pouvoir continuer la fête avec une si charmante figure, dont le sourire avait pour moi toutes les éloquences. Je pris la première venue pour galoper dans le même tourbillon comme si je poursuivais un rêve.

Ce fut pour moi une grande surprise quand tout à coup un jeune lieutenant de hussards, entraîné dans notre cercle, lâcha sa danseuse et saisit Mlle Caroline***. C'était par droit de conquête. Il l'arracha des bras de son danseur sans plus de façon que dans un bal de barrière.

Mlle Caroline *** poussa un cri qui domina l'orchestre et qui alla jusqu'au cœur de sa mère, quoiqu'elle fût alors du côté opposé, car le hussard avait bien choisi son moment.

Je vis cette étrange action avec un battement de cœur; il me sembla que c'était un maître qui reprenait son bien. Je fus horriblement jaloux; un peu plus, je me jetais à la traverse. Mais le flot nous emportait. Je repassai devant la mère qui était blanche comme la mort. « Ma fille ! ma fille ! » criait-elle, soutenue par deux amies.

Elle s'évanouit, mais elle rouvrit les yeux en criant encore : « Ma fille ! »

Elle voulut courir, comme si elle dût la retrouver.

« Ne criez pas ainsi, lui dit une dame qui avait vu le jeu, vous allez perdre votre fille. — La perdre ! murmura la mère avec un inexprimable sourire d'amertume et de désespoir. »

Et elle marchait toujours à travers ces vagues joyeuses et bruyantes. Cependant Mlle Caroline*** ne reparaissait pas. Était-elle dans un autre cercle de cet enfer des plaisirs? Quand la galope fut finie, je m'aventurai çà et là pour retrouver ces deux figures romanesques. Je croyais lire un roman, un roman où j'aurais dû jouer un rôle; mais je ne retrouvai pas l'héroïne.

La mère elle-même avait disparu. Tout ceci n'avait fait du bruit que dans un tout petit coin de la fête. On en parla à peine pendant un quart d'heure; on jugea que la mère avait retrouvé sa fille; on supposa que le hussard, un peu allumé par l'ivresse, avait agi comme en pays conquis; puis on parla d'autre chose; d'ailleurs chacun était là pour soi, cherchant une aventure, sans s'inquiéter de celles des autres. Mais moi j'avais toujours sous les yeux la figure toute pâlissante de Mlle Caroline***, et le cri qu'elle avait jeté retentissait encore dans mon cœur.

* *
  *

Nous déjeunâmes chez Jennesson vers midi, après quelques heures de sommeil. Je lui racontai l'histoire, du moins ce que j'avais vu de l'histoire : « Oui, oui, je vous en dirai des nouvelles. »

Le lendemain, comme nous déjeunions encore ensemble, il me dit : « Vous aviez raison de voir là une scène de drame, mais le dénouement est bien plus terrible. »

Il me passa un journal. « Lisez cela. » Je lus ces lignes, qu'il avait encadrées d'un trait de plume :

« La fête a été splendide, c'est 50,000 francs pour les
« pauvres. On s'est amusé jusqu'au matin. Décidément,
« Mme d'Aponye a mis la galope à la mode. C'était une
« furia. Nous avons pourtant à regretter un cruel évé-
« nement. Une jeune fille s'est évanouie dans le tour-
« billon, on l'a transportée dans le foyer de la danse,
« où elle a bientôt succombé à la rupture d'un ané-
« vrysme. On dit que sa mère en mourra de désespoir.
« La reine, toujours si bonne et si sympathique à ceux
« qui souffrent, a envoyé un chevalier d'honneur vers la
« désespérée. »

J'étais tout ému et tout pâle. « Eh bien? me dit Jennesson. — Il me semble que je rêve ; comment, tant de beauté dans un linceul ! — Ce n'est pas tout. » Et Jennesson me montra ces quelques lignes, aussi encadrées de noir :

« Nous avons aussi à déplorer un autre malheur ; on
« nous assure qu'à la fin du bal un jeune officier de
« hussards s'est brûlé la cervelle sans dire pourquoi. Il
« s'était battu en duel ces jours-ci avec un de ses ca-
« marades. Question de femme, sans doute. »

Le journaliste partait de là pour paraphraser ses sentiments sur le duel et sur le suicide. « Je ne comprends pas, dis-je à Jennesson. — Je crois bien, me répondit-il, c'est le journal qui parle; mais les journaux ne savent rien, à moins qu'ils ne fassent semblant de ne rien savoir. Maintenant, écoutez-moi, car mon métier est de savoir tout. Mme *** n'a pas retrouvé sa fille à l'Opéra parce que sa fille n'a pas été, comme le dit le journal, au foyer des artistes. Où est-elle allée ? A-t-elle marché de bonne volonté ou a-t-elle été entraînée ? Ce que je sais déjà très bien, c'est que la mère ne voulait pas que la fille vît le hussard, parce que les deux familles sont en guerre comme deux familles corses. D'ailleurs, le hussard était bien jugé par le monde comme un libertin fieffé. Mais Mlle *** aimait M. Émile ***, quoiqu'elle en eût peur, ou parce qu'elle en avait peur.

« Or, la mère, tout affolée, ne retrouvant pas sa fille, est venue chercher le préfet de police. On m'a appelé et on m'a donné la mission de trouver la demoiselle ou la damoiselle, si vous voulez, avec pleins pouvoirs de requérir la force armée, si le lieutenant faisait des siennes, car on ne doutait pas que Mlle Caroline *** ne fût avec lui.

« Naturellement, je ne trouvai pas le hussard à la caserne du quai d'Orsay ; mais j'appris là sans beaucoup de diplomatie, qu'on le trouvait souvent la nuit soit à l'hôtel de Champagne, soit rue de Bourgogne, dans l'appartement d'un de ses camarades presque toujours en voyage. J'allai tout droit rue de Bourgogne; le concierge me jura ses grands dieux qu'il n'avait pas vu le lieutenant depuis quelques jours. — Combien vous a-t-il donné pour que vous me disiez cela ? — Pas un sou, monsieur. — Eh bien, conduisez-moi dans l'appartement.

« Cet homme refusa ; je montai rapidement l'escalier. Je sonnai au premier étage. Ce n'était pas là, mais on m'apprit que je n'avais plus qu'un étage à monter. Je sonnai, l'oreille à la porte. Il me sembla entendre un bruit de pas. Quoique seul et sans écharpe, car je ne voulais pas que l'affaire fît du bruit, je criai, après avoir frappé violemment : « Au nom de la loi, ouvrez. » J'ai une voix qui perce les murs ; une seconde fois, je criai : « Au nom de la loi, ouvrez. » Une forte détonation me répondit. J'avoue que je fus effrayé, non pas pour moi, bien entendu, mais effrayé de l'action de la police.

« Le coup de pistolet n'était-il pas parti parce que j'avais parlé au nom de la loi ? Je ne pouvais pourtant pas rebrousser chemin. Le concierge m'avait suivi avec inquiétude ; il faillit se trouver mal quand il entendit la détonation. « Vous avez une double clef ? lui dis-je. — Oui, monsieur. » Il alla tout défaillant chercher sa seconde clef. Nous entrâmes. Je traversai l'antichambre et le salon. J'ouvris la porte de la chambre à coucher. Horrible spectacle ! un homme venait de tomber mourant, la tête dans l'âtre. Je courus à lui, je le soulevai dans mes bras, il remua les lèvres, mais il ne dit pas un mot ; il avait frappé juste en se frappant au cœur. »

Je dis à Jennesson qu'il eût frappé plus juste en se frappant à la tête, cette mauvaise tête. « Ce n'était pas tout, reprit-il ; à peine l'eus-je relevé à demi contre un fauteuil que je vis sur le lit Mlle Caroline ***, toute blanche dans sa robe de bal, cette robe de roseaux qui vous avait paru si poétique.

Je m'écriai : « Ah ! mon Dieu ! — Ah ! mon Dieu ! répéta Jennesson, c'est le cri qui tomba de mes lèvres, mais

elle ne l'entendit pas. Je lui saisis la main. Une main
glacée. Les yeux étaient ouverts, la bouche souriait
presque, mais il y avait déjà bien des heures qu'elle
était morte. On courut chercher un médecin. Rue Saint-
Dominique, on rencontra Magendie, qui ne se fit pas prier
pour venir. — C'est fini, dit-il du premier mot, après
avoir jeté son vif coup d'œil. — Je vois bien, lui
dis-je, comment il est mort, lui; mais elle ? — Elle ? dit
Magendie tout en dégrafant la robe. Voyez, elle est
morte de la rupture d'un anévrysme. — Comment, si
jeune ? à dix-sept ans ? — Oh ! mon Dieu, oui ; dans ces
robes de bal qui emprisonnent le cœur, il ne faut qu'une
émotion violente pour tuer une femme. — Alors le coupable est là ! — Oui.. Voyez : il s'est fait justice. » Magendie poursuivit son examen : « Le coupable n'est
peut-être pas si coupable que cela. — Alors, on pourra
ensevelir Mlle *** dans le linceul sans tache ? — Je ne
veux pas le savoir, dit Magendie ; j'ai trop le respect de la
mort. A quoi bon, d'ailleurs ? C'est bien le moins que cette
belle créature s'en aille au tombeau dans sa blancheur. »

* * *

Quand, le soir, à force de prières, je parvins à accompagner Jennesson et le juge d'instruction dans la chambre
mortuaire, je vis la malheureuse mère éplorée, embras-
sant sa fille comme pour lui redonner une âme ; mais Caroline n'était plus de ce monde où on aime et où on pleure.

On envoya quelques lignes à deux journaux pour déguiser la vérité. L'enterrement devait se faire le lendemain à Saint-Thomas d'Aquin, à la chapelle de la Vierge,
mais sans pompe et sans bruit, comme les douleurs qui
se cachent.

Jennesson espérait que la vérité n'éclaterait point. La famille du lieutenant avait le matin emporté sa dépouille pour la conduire en Bretagne dans une chapelle de famille. On a prié les journaux de ne pas reparler de son suicide, par respect pour l'armée. « Si le concierge se tait, reprit Jennesson, il ne sera plus question ni de lui ni d'elle. *Requiescant in pace.* »

J'écoutais encore, le cœur oppressé. Jennesson me prit la main. « Mon jeune ami, faites-vous enlever par les femmes, mais ne les enlevez pas... surtout en robe de bal... Cette jeune fille est peut-être morte étouffée par sa robe et par ses battements de cœur. Et pourtant...»

Bien longtemps après, je causais avec Alexandre Dumas de cette tragique aventure, en lui rappelant que je l'avais entrevu à cette fête célèbre. « Oui, oui, dit-il, je sais l'histoire, mais je croyais que c'était une femme mariée. Cela m'a servi pour *Antony*. C'est en me demandant pourquoi le hussard s'était tué que j'ai trouvé mon dénouement. »

Un ami de Dumas nous dit alors qu'on ne savait pas encore bien pourquoi le hussard s'était tué : « C'est pourtant bien simple. Il se croyait le maître de la destinée de cette jeune fille. Ce n'était pas la première fois qu'il l'entraînait rue de Bourgogne. La pauvre enfant n'avait pas la force d'échapper à cet oiseau de proie. Quand il la vit morte dans ses bras, il s'imagina sauver son honneur en se tuant lui-même pour faire croire qu'elle lui avait résisté. »

Je pensai alors que puisqu'elle s'était tournée vers moi au bal, j'aurais dû ne pas la quitter d'une semelle pendant toute cette fête de l'Opéra.

Ce n'est pas la pensée de Pascal, le *roseau pensant*, ni

le *roseau chantant* d'Ovide, qui me fait songer à la blanche figure de Mlle Caroline ***, avec sa robe de roseaux. C'est que je la retrouve toujours dans mon cœur ; c'est que je cherche encore à pénétrer cette mort mystérieuse de la jeune fille après ses paroles affolées, pendant que nous valsions.

IV

Le pays natal

L'âme universelle qui répand sa lumière sur les âmes humaines projette un rayon magique sur chaque berceau. Les fées ne sont que la légende de toutes les images des aïeux qui viennent souhaiter la bienvenue aux petits enfants. C'est là le caractère sacré du pays natal. Ces images des aïeux qui ont aimé et qui ont souffert avant nous forment toujours le pieux cortège invisible poétisant les chemins, les sentiers, les paysages où à notre tour, nous aimons et nous souffrons la vie.

Quand je quitte les solitudes de Bruyères pour le doux enfer de Paris, je dis toujours un adieu attendri au pays natal.

Il y a plus d'un pays natal, celui de nos yeux, celui de notre esprit; celui de notre cœur, je veux dire celui de notre famille, celui de nos joies enfantines et celui de notre premier amour.

Bruyères est un des meilleurs pays de France, respirant l'air des forêts et des montagnes, buvant aux sources de la fontaine minérale, cultivant la vigne et le froment. On vit cent ans dans ce pays-là. Mon père et ma mère, qui n'avaient pas quarante ans à eux deux quand je suis né, m'ont donné un sang généreux dans un corps robuste, quoique souple et mince. Mais l'air vif et savoureux de Bruyères a achevé leur œuvre. Il paraît que je suis trempé dans l'acier, puisque je n'ai jamais connu les abattemens qui font chanceler tant d'hommes vers la fin de leur première jeunesse. J'ai subi de terribles maladies, qui eussent couché beaucoup d'hommes superbes dans le tombeau. Mais les quatre médecins légendaires avaient beau me condamner, je riais de leurs prédictions. Je n'ai même pas cru à celle de Louis Veuillot, que ma sœur Cécile m'avait amené un jour pour l'extrême-onction, comme un vrai médecin de l'âme. Il voulait me faire monter au ciel en état de grâce avec une amitié expansive dont j'ai gardé le meilleur souvenir. Mais il dit bientôt à ma sœur en hochant la tête : « Quel malheur! il était sauvé, le voilà encore perdu ! » Cela voulait dire que, revenant à la vie dans le cortège de mes passions, je reperdais mon âme.

Certes, si j'ai conservé un air de jeunesse à travers les âges, ce n'est pas par la volonté de me sauvegarder. Nul n'a été plus prodigue de ses forces, nul n'a joué pareillement avec sa santé, nul ne s'est autant dépensé dans le travail et dans le plaisir. Ce qui a fait dire à mes amis, qui suivaient consciencieusement les lois de leurs saisons : « Il n'y a point de justice, puisque Houssaye est toujours jeune et que nous sommes d'autant plus vieillis que nous avons été plus sages. » Quoi qu'il m'arrive, on reconnaîtra que j'ai été vaillant contre l'hyver de la vie, puisque j'ai presque prouvé, comme tant d'autres, d'ailleurs, que la vieillesse n'était qu'un mot à l'usage de ceux qui veulent se reposer.

Parlerai-je en passant du pays natal de mon esprit?

Mon grand-père Mailfer, qui avait trouvé le sentiment de l'art en sculptant sur bois ; sa sœur Rose-Aurore Mailfer, qui avait vécu, moitié dame pour accompagner et moitié dame d'atours, dans le Versailles de Marie-Antoinette ; son mari, tour à tour peintre de la reine et de l'impératrice ; ma mère, une femme de hautes vertus, mais romanesque ; un oncle naturaliste, qui avait couru toutes les antiquités de l'Inde, de l'Égypte et de la Grèce pour deviner l'énigme de la vie ; des tantes fort belles, vraies statues de chair, qui me donnaient le sentiment du beau ; un autre oncle, qui ne savait que rire, mais qui avait le rire de toutes les gaietés : voilà quels furent mes convives, au premier festin de mon esprit. J'allais oublier toute une petite bibliothèque donnée à mon grand-père par les filles de Louis XV, car, dès que je sus lire, je ne voulus des contes d'enfans que les contes de Perrault. J'allai du premier pas aux poëtes : Homère, Théocrite, Dante, Shakespeare, Molière, me passionnant aussi pour Ronsard, Saint-Amand, Régnier. Je ne parle pas de La Fontaine, que je savais par cœur.

Puisqu'aussi bien on recherche aujourd'hui toutes les origines, voilà le berceau de ma pensée, le berceau où se sont penchées l'Imagination et la Poésie — et la Fantaisie qui fut la mauvaise fée.

Les petites Alpes de Soissons à Laon, qui vont s'étageant de la colline à la montagne, renferment les paysages les plus variés, tantôt sur les rives de l'Aisne, tantôt dans les anfractuosités de toute cette région pittoresque presque partout boisée. Il y a peu de contrées où les révolutions du globe aient pareillement bouleversé la terre. On monte, on descend, on remonte plus haut, on redescend plus bas ; on passe de la prairie encadrée d'arbres, à la colline toute luxuriante de vignes, des sillons fertiles aux steppes infécondes ; on y cultive le blé, la betterave, le colza, tout ce qui fait la richesse de l'agriculture ; en même temps, on y jardine dans les vergers ; voilà les asperges dans les sables, les artichauts dans les zones humides. Et combien de villages et de châteaux qui se cachent dans les arbres, ou qui se démasquent orgueilleusement sur le versant des coteaux ! Mille sources vives jaillissent des rochers et s'en vont, par leurs serpentemens, donner la vie aux vallées perdues.

Cette chaîne de montagnes qui s'étend vers Château-Thierry et qui sépare Reims des deux capitales de l'ancienne France, Laon et Soissons, est merveilleusement cultivée. Il y a là toute une population agricole qui vit de son terroir sans jamais tendre la main. C'est la vraie France, puisque c'est l'ancienne Ile-de-France : le paysan y est humouriste, laborieux et fier. On y trouve les meilleurs soldats. Jusqu'en 1814 ç'a été la région des batailles. On s'y souvient que sous Philippe le Bel toutes les communes se révoltèrent pour payer par le sang leur droit à la vie dans la liberté. Oui, c'est là que fut fondée la vraie France, Soissons capitale, Laon capitale, Reims, où l'on sacrait les rois. D'autres rois que Clovis, et Louis d'Outre-mer y sont venus ensuite, rois qu'on ne détrône pas : Racine, Lafontaine, Condorcet, Camille Desmoulins, Alexandre Dumas : tous nés avec l'air de gaieté et de raillerie que donne le vin de Champagne. En est-il en France de plus spirituels que ces cinq-là ? J'en pourrais citer d'autres dont les œuvres répandent le bouquet des vignes champenoises. J'ai vécu mes plus jeunes années dans ces beaux paysages, devant les merveilles architecturales des cathédrales de Reims et de Soissons, les flèches hardies de Saint-Jean des Vignes, les quatre tours, plus hardies encore, qui font de la cathédrale de Laon la huitième merveille du monde, comme l'ont dit Lefuel, Nieuwerkerke, Viollet-Leduc.

Quoique Parisien d'origine, je suis né à deux pas de Laon*, en l'Ile-de-France, dans cette petite ville de Bruyères qui elle-même, était encore une merveille d'architecture gothique. Bruyères érigée en commune, une des trois ou quatre premières villes du royaume, avait une première enceinte fortifiée autour de son église et une seconde défendue par quatorze tours, autour de ses habitations, avec quatre portes massives, la porte de Reims, la porte de Laon, la porte des Romains et la porte de la Fontaine minérale. Par malheur, j'ai vu tomber tout cela ; la Restauration permit ce sacrilège. On fut plusieurs années à toujours abattre. N'a-t-on pas alors abattu, à Laon, la tour de Louis d'Outre-mer ? Aujourd'hui Bruyères garde à peine les vestiges de ses anciennes forces murales. Il lui reste cependant deux monumens d'architecture : l'église, du xe siècle, avec ses curieuses sculptures et ses fresques des premiers âges de la peinture en France ; la léproserie de la grande rue qui mérite, comme l'église cathédrale, la sauvegarde des monuments historiques. L'archéologue y trouve encore des curiosités anciennes, quelques fragments de sculpture romaine et la maison surnommée la « Maison d'Henri IV », parce que Henri IV y a couché pendant le siège de Laon. Mon père, qui possédait

* Henry de Pène a dit : « Il en est qui naissent Provinciaux à Paris, mais Arsène Houssaye est né Parisien en province. »

cette maison, y voulait fonder un musée archéologique, mais il s'est contenté de créer à l'hôtel de ville un tout petit musée et une toute petite bibliothèque.

Cette contrée pittoresque dans l'ancienne Ile-de-France, ne veut pas qu'on lui applique le mot « provincial » dans le sens nouveau du mot. Laon, Soissons et Reims, ont gardé le caractère de la capitale : le Tout Paris est là. On y trouve des poëtes, des artistes, des archéologues, des bibliophiles. Il y a même des académies. N'oublions pas le mot de Voltaire qui en voulait à Soissons, où il n'avait pu se cacher avec Pimpette. Un jour il frappa d'un mot cruel l'Académie soissonnaise : « Cette fille trop vertueuse qui n'a jamais fait parler d'elle. »

J'en ai trop dit déjà pour marquer mon berceau.

On ne saurait nier le charme pénétrant du pays natal ; c'est toujours avec joie que je retourne à Bruyères, où il n'y a pourtant plus guère pour moi que des tombeaux, mais le pâle fantôme de ma jeunesse ne me retient qu'une heure au cimetière. Les souvenirs des premières années volent devant moi comme de blanches colombes, je les retrouve battant des ailes dans tous les vieux arbres qui sont mes contemporains, au chœur de cette église où je n'étais pourtant pas un catholique fervent, dans ces montagnes où, tout en buvant au rocher, je m'enivre encore du vin capiteux de mes seize ans.

V

Silhouettes et tableaux

Bonaparte ouvre le XIXe siècle avec fracas dans le nuage d'or qui portait les destinées de la France. C'est le tonnerre, c'est l'orage, mais c'est l'arc-en-ciel.

Son rayonnement éclaire à la fois deux siècles, celui qui finit et celui qui commence. Il nous enivre de gloire jusqu'à la satiété ; il n'y a plus de place aux Invalides pour les drapeaux de l'ennemi ; il n'y a plus de place aux Tuileries pour y recevoir les héros.

Comme l'*Iliade* avait été ma bible, je voulais devenir Achille ou Homère, pas plus que cela. Aussi à la première occasion je m'engageai dans le 2me lanciers. On dirait vraiment que les soldats sont des femmes, tant ils sont soumis à la mode. Chaque ministre de la guerre décrète, selon ses goûts, que les cavaliers et les fantassins seront triomphans ou ridicules. L'œil s'habitue si bien à toutes les formes et à tous les chatoiemens que dans le temps où je m'engageai dans les lanciers, les filles de Bruyères me trouvaient superbe dans mon accoutrement romanesque, shapska polonais, belle veste plastronnée de blanc et passepoilée de rouge. A pied et à cheval, je me croyais irrésistible, mais surtout la lance à la main. J'avais trop de confiance en moi, car au départ, après quelques heures de route, avant d'arriver à la frontière des Flandres, j'avais toutes les peines du monde à me tenir bien équipé.

C'est que si on s'improvise soldat quand la patrie est en danger, on ne s'improvise pas lancier. Mais il m'a suffi de deux jours de marche pour faire bonne figure, meilleure figure que presque tous ceux qui s'étaient engagés à Laon. « Voyez-vous, pour être lancier, me dit mon brigadier, il faut être d'ordonnance, c'est-à-dire être grand, élancé et maigre à faire frémir. » J'étais d'ordonnance. On aurait même pu m'engager à l'Opéra-Comique. Edmond Lepelletier rappelait ces jours-ci les agrémens du lancier. « Vous souvient-il encore de ces jolis soldats, élancés et fringants, dont la coiffure bizarre évoquait une armée orientale en marche, et qui, dans un défilé, joyeusement, faisaient luire les flammes rouges et blanches de leurs lances, comme des coquelicots dans les blés ? » Les lanciers ont été les héros d'une foule d'aventures. Je ne serai pas bien fat en disant que nous faisions la conquête de la Flandre par les Flamandes. Notre capitaine, qui était un homme de cour, ne nous avait pas chanté l'air à boire; mais, par ses façons galantes dans les villages où nous faisions halte, il nous avait indiqué l'art de mettre les femmes de notre côté; aussi on ne nous eût pas dit : « Comment, des lanciers qui font pleurer une femme, des lanciers qui se conduisent comme des dragons et des carabiniers*! »

* Si je voulais bien, je conterais quelques-unes de nos prouesses. Quoiqu'on fût en guerre, on ne perdait pas en Flandre l'habitude de faire la noce, car on savait bien que nos escadrons ne devaient pas lutter à outrance. On eût dit d'une démonstration pacifique. Téniers et Brauwer eussent fait plus d'un joli tableau de nos campemens en plein village, quand nous prenions d'assaut les cabarets et les Flamandes — avec toute la courtoisie française. Je me rappelle encore une noce qui n'attendait pas nos violons : on sortait de l'église en toute gaieté pour aller à ces festins gargantuesques où tout le monde reste sous la table sous prétexte de dénouer la jarretière de la mariée. Chacun de nous s'invita à la noce sous le titre de garçon d'honneur, mais en payant son écot. Le marié ne prit pas trop mal la chose, la mariée s'en amusa, toutes ses amies furent enchantées d'être pour un jour délivrées de leurs gars. Nous ne parlions pas flamand, ces demoiselles ne parlaient pas français, mais l'amour, c'est la langue universelle. J'avais pour voisine de table — je suis trop discret pour dire camarade de lit — une luxuriante Hollandaise plus éloquente que les autres. — Pif, paf, elle avait de la vertu. — Aussi, j'allais abandonner la partie et me retirer en bon ordre, quand elle me prouva qu'elle savait assez de français dans les grandes occasions, car elle me dit: « Eh bien! lancier, on s'en va comme ça? » Je revins à la charge, je repris mes positions, et — nous dansâmes toute la nuit.

La moralité de ceci c'est que pour livrer bataille, quelle que soit la bataille, il faut un bon capitaine.

Je ne devins pas plus sage après ma promenade militaire contre les Hollandais. Je revins comme j'étais parti, après m'être fait la main dans quelques escarmouches. Comme Alexandre, j'avais emporté mon Homère, me croyant déjà dans une Iliade. Il fallut me contenter bientôt de l'Odyssée de la famille.

Je me passionnai pour la poésie ; j'avais aimé quelque peu Béranger, je devins un idolâtre de Lamartine et de Hugo, de Vigny et de Musset. C'était un ciel nouveau où, tout ébloui, je levais les yeux avec enchantement. Jusque-là j'avais chansonné celle-ci et celle-là, mais alors je tentai les grandes aventures : — un drame antique, des ballades, des strophes à perte de vue. Je sentis que j'avais une troisième famille : les poëtes nouveaux prenaient mon cœur à côté des poëtes anciens, ceux de la Renaissance et de l'Antiquité. Nous avons beau faire, les figures idéales s'emparent de nous comme les figures familiales, comme les figures des amis. Elles sont tout aussi vivantes. Nous avons encore une autre famille, celle des figures créées par les poëtes, une fois qu'elles ont pris pied dans notre imagination, nous ne pouvons les anéantir, c'est là la grandeur et la force de la poésie.

Quand on veut franchir le seuil des Muses sacrées, on y regarde à deux fois, comme César devant le Rubicon. On est pris d'un religieux effroi. Comment oser montrer sa figure devant toutes ces pléiades radieuses? On croit entendre de toutes parts le : « Que vient donc faire ici cet inconnu ? » Combien qui se sont avancés et qui s'en vont tout confus ! Être inconnu, c'est être aimé des dieux, puisqu'ils ne sont pas jaloux. Être connu, c'est presque toujours une déchéance, puisque presque toujours on est connu pour mal faire. L'inconnu a le droit de marcher fier devant soi. On ne lui reproche ni son orgueil ni ses œuvres, tandis que l'homme connu, si rarement couronné, est presque toujours lapidé. Aussi, quand on veut tenter la célébrité, il faut se jeter au combat dans toute l'ivresse des batailles, sans jamais écouter les conseils de la raison. C'est ce que je fis; tout autour de moi, on me représentait cette mer périlleuse de la littérature, qui vous prend furieusement pour vous jeter à toutes les tempêtes, presque jamais au rivage espéré. Je m'embarquai sur une coquille de noix sans écouter aucun de ceux qui levaient la main pour me montrer les nuées du ciel sur toutes les vagues de l'Océan. Je croyais que dans les naufrages littéraires, comme dans tous les naufrages, on trouvait toujours une barque de sauvetage pour revenir à terre; mais on ne veut pas revenir à terre pour ne pas s'avouer vaincu. On tente d'autres traversées pour découvrir quelques parages inconnus des autres poëtes. On s'y proclamera roi. Mais pour cette parcelle entrevue dans quelqu'île voyageuse de la poésie, combien de milliers de poëtes disparaissent dans le tourbillon des vagues!

J'eus au moins la vaillance de tout risquer pour cette aventure. Je pris le chemin de Paris avec les malédictions de mon père, trois ou quatre louis en poche et deux larmes de ma mère. Mais la politique se jeta à la traverse. Je me trouvai entraîné dans l'insurrection de Juin à côté de Godefroy Cavaignac. J'allais au feu comme à une partie de plaisir. J'ai déjà conté cette page. Un peu plus je payais cher les délices de la guerre civile.

*
* *

Ma mère avait en haut degré le respect de la femme, le respect d'elle-même et des autres. Aussi était-elle très délicatement charitable pour toutes celles que frappait la misère irréparable. Selon elle, le malheur des femmes était toujours l'œuvre des hommes ; elle avait une pitié profonde pour ces mères de famille qui ont beaucoup d'enfans et qui travaillent avec tant de sollicitude à en faire des hommes. Elle ne pardonnait pas à ceux qui insultent ou qui blessent la femme.

Elle était une idolâtre de Napoléon Ier. Il a plus que décimé sa famille ; mon père a risqué sa vie à la bataille de Craonne et à la bataille de Laon : rien n'avait pu éteindre l'enthousiasme de ma mère pour cet autre Alexandre. A quatre-vingt-quatre ans, quand les nuages de la mort obscurcissaient déjà son intelligence, un livre lui tomba sous la main, l'*Histoire du duc de Reichstadt*. « Les lâches ! dit-elle, ils l'ont condamné à ne pas porter le nom de Napoléon, tant ce nom leur faisait peur ! » Et, tout à coup, elle nous quitta agitée et fiévreuse. Cinq minutes après, elle reparut tout en noir, un livre de messe à la main. « Où allez-vous, ma mère ? — Je vais aux funérailles du fils de Napoléon. — Voyons, embrassez-moi, vous savez bien qu'il est mort depuis longtemps. »

Sa présence d'esprit lui revint, mais elle n'en voulut pas démordre. « Croyez-vous donc, mes enfans, que je ne serai pas agréable à son âme en allant prier Dieu pour lui ? » Et la voilà partie pour la messe.

* * *

Dieu ne se venge ni ne pardonne : il oublie. J'ai cru pourtant aux vengeances divines. J'étais jeune et sceptique. Je chassais à Bruyères avec un de mes amis qui professait l'athéisme. Mon scepticisme ne m'empêchait pas de saluer au passage Jésus-Christ sur son calvaire. J'eusse ainsi salué Socrate buvant la ciguë.

Passant devant le christ du mont de Saint-Pierre, je saluai gravement; mon ami éclata de rire.

« Tiens, me dit-il, tu vas voir comment je fais le signe de la croix. » Il appela son chien, lui mit sa casquette et lui secoua la tête pour qu'il saluât. Ce ne fut pas assez, il lui prit la patte et lui fit faire le signe de la croix. La pauvre bête se mit à aboyer douloureusement, étrangement, furieusement. « Eh bien! es-tu content? dis-je à mon ami. — Très content, » me répondit-il. Mais il était pâle comme la mort.

Nous chassâmes comme de coutume, mais voilà qu'à notre retour, repassant devant la même croix, mon ami se met à aboyer tout comme son chien, avec un cri plus désespéré encore. Je croyais que c'était un sacrilège de plus, mais je vis à sa figure que cet aboiement était involontaire. Un instant après, il se remit et essaya de rire comme s'il eût joué la comédie. Mais, en rentrant chez sa mère — une sainte femme qui portait une croix à son cou, — il aboya. Le lendemain, il aboya, puis le surlendemain, puis toujours. Cet esprit fort tomba dans l'esprit faible, jusqu'à aller en pèlerinage à Notre-Dame de Liesse, qui ne l'empêcha pas d'aboyer.

* * *

Ma tante Rose Mailfer m'initia à tous les mystères de la cour de Marie-Antoinette. J'ai dit qu'elle n'était pas dame d'honneur, mais dame suivante. Son rôle consistait surtout à dessiner des robes et des chapeaux. Mme Vigée-Lebrun, qui l'a bien connue à Versailles, m'a confirmé que la reine la tenait en très haute estime pour son esprit autant que pour son goût, car elle était bien douée. J'ai encore d'elle des croquis aux trois crayons, où elle campait des dames de la cour avec une grâce fière et douce à la fois. Son affaire n'était pas de parler chiffons pendant qu'elle croquait de jolies figures sous les yeux de la reine ; elle se permettait de caricaturer, par ses dessins et ses railleries, les belles dames qu'elle portraicturait. On aimait trop à rire à Versailles pour ne pas lui laisser son franc parler.

Je n'ai pas oublié ce détail bien curieux. La reine et ses amies qui, je n'en doute pas, croyaient comme Platon que la propreté est une vertu, ne se lavaient pas la figure à pleine eau. A peine si elles passaient sur leur visage une serviette de batiste trempée dans de l'eau de pluie attiédie au soleil ou devant le feu. C'est que les médecins de la cour avaient dit que moins on touchait à sa beauté, plus elle durait longtemps. A quatre-vingts ans, ma tante conservait la fraîcheur attiédie des fruits mûrs. Aussi je ne faisais pas de façons pour l'embrasser.

Quand elle mourut, je me souviens que son mari dit à mon père : « J'ai quatre-vingt-cinq ans, je ne puis vivre seul, veux-tu me donner un coin dans ta maison? en revanche, je te léguerai ce que j'ai. » J'écoutais avec une vive curiosité, parce que le peintre de Marie-Antoinette, de l'impératrice Joséphine, de la duchesse de Berry — un aquarelliste et un miniaturiste hors ligne — avait une galerie de tableaux dont j'étais émerveillé. « Quel bonheur s'il venait à la maison avec tous ses tableaux ! » dis-je à ma mère. Mon père refusa, sous prétexte que mon grand-oncle avait d'autres héritiers. « Eh bien ! reprit le bonhomme, je vais me remarier. » Mon père ne put s'empêcher de sourire. « Pourquoi pas? lui dit-il; une femme vaut encore mieux qu'un neveu. » Mon oncle ne riait pas. Le même jour, il demanda en mariage une jeune institutrice qui, dans sa terreur de coiffer sainte Catherine, se hâta de donner sa main. Je perdis bientôt tout espoir sur la galerie de tableaux, car, au bout de neuf mois, la mariée donnait le jour à une héritière. Après tout, le père n'avait que quatre-vingt-cinq ans. Or, ces peintres, ce sont des gens terribles. N'avez-vous pas vu Titien vivre jusqu'à cent ans? et le comte de Waldeck n'est mort qu'à cent dix ans — par accident, comme le Titien de la peste. « Ne riez pas, dit l'accoucheur aux malins, je vous réponds que cette petite fille est une miniature de son père. »

Ma tante Rose m'apprenait à dessiner au temps où Montfleury m'apprenait à jouer du violon. Voyez plutôt ce croquis qu'elle fit de moi en 1829. Le violon était ma passion, je jouai de vieux airs jusque sur l'Arbre de Martigny, un tilleul gigantesque planté par Sully au temps de ses plantations géographiques. (Sully a possédé un petit château dans la vallée voisine, qui a gardé sa magnifique porte à tourelles jusqu'en 1850.) Ce tilleul de Martigny, qui n'avait guère que trois siècles, semblait là depuis le commencement du monde, tant il prenait ses coudées franches. On le voyait de quinze lieues à la ronde ; c'était avec un sentiment de respect qu'on s'arrêtait sous cette végétation fabuleuse. Dix jeunes filles se donnant la main pouvaient à grand'-peine l'embrasser. Les jours de soleil, toute une fête de village y eût dansé à l'ombre ; on se promenait sur ses branches comme dans une forêt. Il y avait des surprises : on se croyait seul, tout d'un coup on rencontrait des amoureux qui avaient trouvé là leur lit nuptial.

Tout s'en va; cet ami de ma jeunesse, qui m'avait inspiré tant de vers enthousiastes, fut frappé par la foudre et décapité par un tourbillon. Avant de mourir il eut l'honneur de recevoir la visite de M. de Humboldt en cheveux blancs, qui n'avait jamais rien vu de plus beau dans ses voyages Ils se saluèrent tous les deux.

***

J'ai eu dans mon enfance une première vision bien étrange de l'immortalité de l'âme. Une de mes tantes, mère d'une demi-douzaine d'enfans survenus coup sur coup, tomba malade toute jeune et toute belle, pour mourir après quelques jours de délire. Grand désespoir dans la famille, car elle était charmante au milieu de sa nichée, ce qui n'empêcha pas, le jour de sa mort, ses trois gamins et ses trois gamines de jouer avec les cousins d'alentour. A Bruyères, la coutume est de jeter le drap sur la figure comme si c'était déjà le linceul. Ma tante était morte le matin; quand vint le soir, un cri retentit dans toute la maison : « *Elle n'est pas morte!* » Nous voilà tous courant à la chambre funèbre. Ma tante avait rejeté le drap loin de sa figure. Elle parlait très vite et elle agitait les bras avec violence. « Ah! mes enfans, dit-elle, en respirant et en ouvrant de grands yeux, je reviens de loin ! — D'où revenez-vous donc, ma tante ? — Je reviens du paradis. Ah! si on savait quel beau spectacle! des anges, des soleils, des saints et des saintes ; des chants de l'orgue comme dans la cathédrale de Laon, des joueurs de violon de tous les côtés. L'encens fumant partout, des robes toutes parfilées d'or ; enfin une fête rayonnante. J'ai retrouvé tous les morts de notre famille qui m'ont promenée vers le bon Dieu. Mais je n'ai pas vu le bon Dieu. C'est comme à la Cour, où le roi n'est pas toujours visible. »

Et ainsi elle parla pendant tout un quart d'heure. Ceux qui l'écoutaient étaient émerveillés. Son père et sa mère pleuraient de joie, ses enfans riaient comme à la comédie. Tout à coup elle prit le plus jeune qui venait de grimper sur son lit, elle l'appuya sur son cœur et murmura : « Adieu, mes enfans ! »

Sa tête était retombée sur l'oreiller ; le médecin qu'on venait d'avertir arriva, et alors nous demanda si nous étions fous, après avoir constaté qu'elle était bien morte. Cette fois, elle ne se réveilla plus. Explique qui pourra le réveil, le rêve, la vision de cette femme ressuscitée pour remourir après avoir parlé du ciel avec une volubilité incroyable.

Chaque fois qu'on s'est inquiété devant moi de l'âme mortelle ou immortelle, j'ai toujours vu réapparaître ma tante et je me suis toujours souvenu de son éloquence inaccoutumée, car ce n'était pas là une femme savante. On peut dire qu'elle ne connaissait du monde que ses enfans. Elle n'avait jamais lu que les contes de Perrault. Pourquoi alors cette vision du ciel, s'il n'y a rien au ciel ?

VI

Le roi des Canaques

Je dois un souvenir à un de mes amis de première jeunesse. Parmi les caractères qui m'ont le plus frappé, mon ami le roi des Canaques mérite bien un coup de crayon, non pas parce qu'il est encore mon ami, mais parce qu'il a occupé un des trônes les plus invraisemblables de l'univers.

Fils de M. Dollé, maire de Laon, il s'annonça au sortir du collège par la fièvre des aventures et par des voyages où il perdait de vue les hautes tours de sa cathédrale. Ce fut ainsi que, tournant autour du monde, il fut jeté un jour dans cette île de l'Océanie devenue célèbre par les figures de la Commune, cette île où mon ami le marquis de Rochefort aura un jour sa statue.

Dollé aborda à Nouméa dans une tempête. Comme il était optimiste, il trouvait que tout était bien, même la tempête, même l'île sauvage. Il avait sauvé son fusil du naufrage; il s'aventura dans le pays par amour de la géographie, par amour de l'histoire, par amour de la chasse. Il s'aventura si loin qu'il se trouva tout à coup dans une bande de Canaques armés jusqu'aux dents qui le capturèrent en poussant des cris de joie. « Pourquoi sont-ils si contens ? » se demanda-t-il tout en riant avec eux. Mais il lui arriva de ne plus rire quand il comprit qu'on se disposait à le mettre à la broche. Les femmes surtout semblaient affamées devant un si beau blanc. Mais ce furent pourtant les femmes qui le sauvèrent. Le bûcher qui lui était destiné ne fut qu'un feu de joie. On avait tenu conseil. On l'avait proclamé roi, ce qu'une créature lui fit comprendre en réclamant l'honneur d'être sa reine la première nuit.

Qui donc a refusé une couronne ici-bas ? Dollé ne fut pas fâché d'être proclamé roi des Canaques. Il ne devait cela qu'à lui-même, il n'y avait pas eu de sang versé dans une révolution, il n'était pas enchaîné par une ou deux assemblées. On le saluait comme souverain absolu ayant droit de vie et de mort sur ses sujets.

Pourquoi tant de gloire soudaine? Qu'avait-il fait pour cela? Rien du tout; mais son père, en le créant très grand, très beau, très vaillant, lui avait donné le droit à la couronne des Canaques. On n'avait jamais vu un pareil homme pour la porter; aussi ce furent des réjouissances sans nombre. Il se trouva tout d'un coup à la hauteur du roi Salomon, qui avait sept cents femmes légitimes et sept cents concubines. Il aurait sans doute mieux aimé une jolie fille des chœurs de l'Opéra ou une plantureuse paysanne de son pays, mais avec son optimisme il prenait le temps comme il est et les femmes comme elles sont.

Voilà donc mon ami Dollé roi des Canaques, écrivant ses Livres de la Loi sur des feuilles de palmier ou des feuilles de vigne, faisant la justice sous un chêne du temps de saint Louis, n'ayant qu'un regret, le regret de ne pas recevoir tous les matins son courrier, d'autant plus qu'il avait quitté la France en pleine Révolution — 1848.

Bon gré, mal gré, il lui fallut supporter la royauté pendant plus de deux ans. Il avait parlé çà et là d'aller faire un tour en France pour créer des relations diplomatiques; mais, dans la peur qu'il ne revînt pas, on lui avait signifié que, le jour où il tenterait de prendre le large, on lui réservait le supplice déjà préparé à son arrivée, c'est-à-dire qu'on le mangerait à la croque au sel.

Il parvint pourtant à avertir sa famille. Il avait eu de son premier mariage une fille, un miracle de beauté, femme d'un Anglais presque aussi aventureux que lui. Aussi le mari et la femme mirent tout en œuvre pour le délivrer. On vint à Nouméa, mais on ne se risqua pas parmi les Canaques, sachant que par violence le mari serait vice-roi et la femme vice-reine, condamnés à partager la couche de roseaux des chefs du pays.

Par correspondances secrètes, le roi Dollé fut averti qu'à trois jours de là sa fille et son beau-fils l'attendraient dans un brick — vraie barque de sauvetage — en vue de la capitale de son royaume.

Il offrit à son ministre des finances et à son ministre des cultes de faire une petite partie de campagne maritime. Les deux Canaques obéirent, pareillement les deux nautoniers de la pirogue royale. La pirogue n'eut pas plus tôt pris la mer que les courtisans canaques qui avaient accompagné le roi à distance respectueuse crièrent à la trahison, parce qu'ils venaient d'apercevoir sous voiles le brick de sauvetage. Mais le tour était joué. Le roi Dollé confia aux ministres qui l'accompagnaient qu'une héroïne de beauté, sa fille, qui passait par là, était venue dans l'océan Pacifique pour l'embrasser. Il paraît que ces deux Canaques avaient des cœurs de père, puisqu'ils trouvèrent cela tout naturel. Le roi Dollé leur offrit de présenter leurs hommages à la belle voyageuse, ce qu'ils acceptèrent sans révolte. Une fois à bord du brick, on les cajola, on leur promit monts et merveilles en France. Et on ne les trompa point, puisqu'on les exhiba au Cirque olympique.

Depuis cet essai de royauté, Dollé, revenu des grandeurs, a vécu comme un philosophe à deux pas de chez moi, dans la vallée de Vorges, où nous nous rencontrons souvent. Il porte vertement ses quatre-vingts ans au voisinage de M. de Moydier, chez qui nous avons joué ensemble la comédie en 1833. M. de Moydier est un ancien officier né vers la fin du XVIIIe siècle. On voit une fois de plus qu'on se porte bien dans nos montagnes. Il y a un an, nous avons encore perdu un centenaire qui voulait ne pas mourir avant M. Chevreul. Il disait : « Je suis aussi savant que lui sur l'art de vivre » ; mais il se trompait.

Nous avons, Champfleury et moi, conseillé au roi Dollé d'écrire l'histoire de son règne pour l'éducation des rois de France, mais il nous a répondu : « Les royautés heureuses n'ont pas d'histoire; mon peuple n'a été malheureux que le jour où je l'ai abandonné. »

VII

Les deux moi

Le *moi* n'existe pas, ou plutôt il y a en nous plusieurs *moi*.

Dans notre fragile cuirasse de chair, nous élevons un autre nous-même : l'Homme-Esprit, lequel n'est souvent qu'un imbécile. Mais sous la cuirasse, nous ne le laissons entrevoir que dans ses meilleurs jours. On n'imagine pas toute notre sollicitude pour cet enfant gâté, à qui nous sacrifions souvent toutes nos joies corporelles. Et pourquoi? pour les fumées d'une renommée passagère, d'un vain orgueil, d'un contentement presque toujours amer.

Cet enfant gâté nous commande impérieusement toutes les actions capitales de la vie. C'est lui qui nous conduit devant l'ennemi, c'est lui qui nous fait monter aux barricades ou qui nous arme pour le duel; c'est lui qui nous tue sous les veillées, pour un travail perpétuel et une gloire éphémère; c'est lui qui nous fait braver le givre, la neige, la pluie, pour chanter des sérénades sous le balcon ; c'est lui qui trahit l'amitié, mais c'est lui aussi qui se dévoue à son ami ; c'est lui qui trompe sa maîtresse, mais c'est lui qui nous condamne à mourir pour elle.

Combien de fois cet être invisible est en opposition avec les aspirations de notre corps ! C'est la guerre perpétuelle, guerre d'escarmouches, avec des trêves mensongères où aucun adversaire ne désarme, dans l'inquiétude du lendemain.

Cet autre nous-même n'a pas pitié de notre sommeil. Vrai Don Quichotte, il combat les moulins à vent, pendant que notre tête repose sur l'oreiller. Mais c'est son droit absolu. Il paraît que notre corps n'est que poussière, et que ce *moi* intérieur a la prétention d'être une âme immortelle. Il faut bien qu'il y ait quelque chose de vrai ; sans quoi, nous ne nous soumettrions pas à toutes ses hautes fantaisies.

Nous nous évertuons à montrer dans une beauté idéale notre *moi* invisible, tandis que nous négligeons le plus souvent notre *moi* visible. Tel philosophe qui serait désolé de laisser surprendre son esprit en déshabillé montre sans vergogne une tête mal peignée, une robe de chambre en lambeaux et des pantoufles transpercées.

Je n'ai pas été si philosophe que cela. J'ai toujours tenté de vivre « à vœu découvert » dans une maison de verre. Je n'ai rien caché de moi-même, oubliant l'ancien précepte : « Cache ta vie ! » Aussi mes deux *moi* n'en font qu'un. Mes yeux, mon sourire, ma tristesse, ont toujours tout dit.

Il est rare de voir régner l'harmonie entre nos deux

forces, le corps et l'âme. Que de fois la force matérielle l'emporte sur la force immatérielle ! Que de fois aussi nous voyons le contraire par l'exemple de ces poètes et de ces artistes, de ces philosophes et de ces savans qui semblent ne point marcher sur la terre tant ils sont tout esprit ! Voisenon a pu dire avec raison : « Ah ! si Dieu m'eût doué d'un peu de bêtise, quel grand homme il eût fait de moi ! » C'est que Voisenon ne sentait pas la terre sous ses pieds, hormis pourtant, j'imagine, quand il aimait Mme Favart, car celle-là n'était pas une spiritualiste. Que j'en ai vu de ces âmes ardentes qui criaient *terre !* et qui n'abordaient jamais ! mais que j'en ai vu aussi de ces hommes de chair, de ces corps de plomb qui se traînaient misérablement sur le fumier de la vie sans jamais se heurter la tête aux nuages !

Pour moi, j'ai toujours tenté de rétablir l'équilibre ; mais dès que je perdais pied, je ne pouvais plus rentrer chez moi. J'ai habité toutes les régions de la pensée et du rêve, oubliant de faire mon chemin dans la vallée des larmes, comme c'est le devoir de tout homme né sur la terre et pour la terre. Du moins si je n'ai pas fait mon devoir envers moi-même, j'ai fait mon devoir envers les autres. Quand je ne travaille pas pour moi, je ressaisis tout mon courage.

J'aurais voulu être tout un, mais deux hommes en moi se sont disputé mon âme, l'homme du passé et l'homme de l'avenir ; tantôt je chevauche à toute bride vers la terre promise des générations futures, ne craignant ni les casse-cou, ni les précipices, ni les vertiges ; tantôt je me retourne vers le passé avec un profond sentiment de regret, me prenant et me reprenant à la poésie des Ruines, aux tristesses de l'Histoire, à l'évocation des mondes disparus, si bien qu'il y a en moi d'amers déchiremens; j'aurais voulu être ceci, j'aurais voulu être cela. Dans mes plus altières chevauchées vers les visions nocturnes des civilisations qui viennent, je m'arrête tout à coup par la vue du moindre vestige des anciens temps : un vieux chapiteau renversé sur le chemin, une église gothique, un fronton brisé, un buste antique. Le temps aussi a ses tombeaux, où les fanatiques du passé répandent des larmes. Quelquefois il me suffit de voir se découper dans le ciel les silhouettes des ormes deux fois centenaires qui ombrageant une voie romaine. Souvent même, si je dîne au café des Ambassadeurs, je salue les ormes deux fois centenaires que le duc d'Antin a plantés aux Champs-Élysées. Et me voilà pour quelques minutes en plein xviie siècle, voyant passer les ombres plaintives des Lavallière, des Montespan, des Fontanges, de toutes ces femmes royales qui ont pleuré comme de simples mortelles.

C'est le charme attristé des souvenirs qui m'a inspiré tout un livre sur la cour de Louis XIV. J'ai navigué à pleines voiles sur le navire pavoisé des passions, vers ce rivage doré qui retenait la grandeur du roi-soleil. Pendant toute une année j'ai vécu à Versailles, jugeant toutes ces folies grandioses, mais m'y abandonnant moi-même, tout en voulant rester un historien sévère. De là je passai à la cour des Sforza, emporté par le sentiment du grand art vers la merveilleuse figure de Léonard de Vinci. Et je vécus si bien de sa vie à Milan, à Florence, à Fontainebleau, à Amboise, qu'après avoir conté sa mort, je voulus retrouver son tombeau. J'ai passé trois années de ma vie à écrire la vie et étudier les œuvres de Léonard de Vinci ; j'ai passé trois mois à faire des fouilles à Amboise.

Quand je découvris cette dépouille auguste, je fus plus heureux que si j'avais découvert une mine d'or. Alors j'ai vécu de la vie du seizième siècle, tour à tour Italien du moyen âge et Français de la Renaissance, courant les ateliers des maîtres suprêmes de Venise, de Florence et de Rome comme les palais de Fontainebleau, d'Amboise et de Saint-Germain, amoureux des belles créatures des deux nations, depuis la Violante, la Joconde et la Fornarine, jusqu'à Agnès Sorel, à Diane de Poitiers et Gabrielle d'Estrées. Je me hâte de dire que c'était un amour moins assidu que celui du philosophe Cousin pour les femmes du grand siècle français ; car, tandis qu'il se consumait, confiné dans son cabinet de travail, je courais les mondaines et les demi-mondaines après les heures d'étude, pour ne pas ensevelir mon esprit sous les pages jaunies des documens historiques.

VIII

Le château des Chouettes

1833

Je ne dois pas oublier ici un roman qui traversa ma vie. Je ne le conte d'ailleurs que pour mettre en contraste l'amour il y a cinquante ans et l'amour aujourd'hui. C'est toujours l'amour, mais la passion est comme une femme, qui change souvent de robes. Au château de C. — surnommé le château des Chouettes, une jeune fille à peu près jolie vivait en solitude. Son visage eût été parfait avec des arcades sourcilières moins prononcées, avec un nez marquant quelque millimètres de moins. Mais beaux yeux, belle bouche et belles dents, lèvres de fraises et de framboises, cou bien attaché, corps svelte, petits pieds, petites mains, seins adorables — deux colombes au bec rose, — grâce nonchalante dans tous les mouvemens, — point du tout coquette, spirituelle sans le savoir. Mlle de Léancourt, pour ne pas dire son nom, était surnommée la Châtelaine par dérision, sous prétexte qu'elle habitait les ruines d'un château qui ne faisait plus bonne figure. Si le château était abandonné, la jeune fille l'était bien un peu. Elle avait perdu sa mère au premier âge. Son père, colonel de cuirassiers, grand coureur d'aventures ne venait la voir qu'une fois l'an, au temps de la chasse. Elle vivait avec une gouvernante quelque peu revêche, mais qui avait ses bons quarts d'heure, Mlle Ursuline, surnommée Ourseline par les paysans. Comme j'avais chassé avec M. de Léancourt, le vieux château m'était ouvert quand je passais par là. Or j'y passais souvent, si bien que nous étions en très bonne amitié, la Châtelaine et moi. La gouvernante elle-même me prodiguait ses sourires, parce que j'apportais souvent des fruits, des perdreaux et des romans que je volais à mes tantes.

Sans vouloir lire des romans, Camille était romanesque ; elle avait même voulu qu'on l'appelât Camilla, mais elle avait abandonné ce caprice. Pendant que la gouvernante, un livre à la main, s'enfonçait sous les massifs du jardin, Camille et moi, nous franchissions les haies pour courir un bois de quelques hectares qui appartenait au château. Mlle de Léancourt me semblait plus belle à l'ombre des chênes, cette grande fille nonchalante, qui marchait sur les violettes sans les cueillir et qui égrenait les mûres sans les manger. J'étais en proie à toutes les indécisions, je préméditais mille hardiesses pour aboutir à quelques bêtises éloquentes comme celle-ci : « Mademoiselle, vous êtes adorable. » Si bien qu'un jour, elle me dit tout naturellement : « Eh bien ! adorez-moi ! »

Je ne savais pas encore comment on adorait. — Surtout une demoiselle à château — Je croyais naïvement que c'était l'histoire d'un siège, c'est-à-dire qu'il fallait procéder par toute la science stratégique d'un chef d'armée, tandis que, presque toujours, pour prendre une femme, il faut commencer par la fin. Après tout, il n'est peut-être pas mal, à dix-sept ans, de commencer par le commencement.

Or, que de commencemens avec Camille! Je revenais toujours au château, très décidé à être vaillant, mais ses beaux yeux limpides me clouaient sur l'herbe. Nous reprenions notre duo sentimental, sans jamais dépasser le plus pur platonisme. Elle s'imaginait que tout cela n'était que la préface du mariage, ne doutant pas que je ne demandasse sa main à la première arrivée de son père. Par malheur, il n'y avait rien dans ses mains, pas même des espérances. Camille vivait, au château des Chouettes, avec deux mille livres de rente, les bonnes fortunes du potager, de la basse-cour et du verger en plus. Tout rustique et tout forestier que je fusse alors, je ne voulais pas m'embarquer dans un mariage pauvre, rêvant une existence luxueuse pour la femme qui partagerait ma destinée. Et puis, ce n'est pas à dix-neuf ans qu'on risque cette aventure. Alors pourquoi toujours revenir au château? Parce que cela m'était doux et que Camille m'attendait, quelle que fût l'heure où j'apparaissais dans l'avenue. On jasait bien un peu dans le pays. Aussi, le colonel y revint à l'improviste pour me conseiller de bifurquer. Il ne voulait pas, pour sa fille, un mari si jeune, ne faisant rien sous prétexte qu'il faisait des vers. Non seulement il mit Mlle Ursuline en sentinelle pour me défendre l'entrée du château, mais il mit mon père en garde. Je ne revis plus la jeune châtelaine, si ce n'est à l'église, si ce n'est par rencontre à

Laon et ailleurs. Ainsi, un soir, nous nous retrouvâmes à la grille du parc d'un château voisin où elle était au bal; nous nous retrouvâmes aussi en pèlerinage à Notre-Dame de Liesse, tout près l'un de l'autre pendant la grand'messe. Mais sainte Ismérie ne fit pas de miracles pour nous, c'est à peine si nous parvînmes à nous dire quelques paroles de regret : « Je meurs de ne plus vous voir, » lui dis-je. Elle était très pâle; elle me répondit : « Je meurs de vous revoir. » Je lui demandai si elle était descendue à l'hôtel des Trois-Rois, le seul bon gîte de Notre-Dame de Liesse. Elle me répondit que sa calèche centenaire l'attendait au sortir de l'église, pour la conduire au château de Marchais, où elle devait déjeuner. J'étais devant la calèche quand elle voulut y monter, mais Mlle Ursuline lui donna la main en me foudroyant du regard.

* * *

Un soir, franchissant la haie, je me risquai dans le parc du château; dès qu'elle m'aperçut, Camille se risqua à y descendre.

Mais bientôt nous fûmes surpris par un des plus beaux orages qui aient éclaté sous les cieux. La nuit survenue était sillonnée d'éclairs, le tonnerre, plus violent que jamais, retentissait dans les bois. Ce fut bientôt un déluge, tant les ondées tombaient sans miséricorde. Non seulement cet orage dura longtemps, mais, chassé par les vents du midi, il rencontra un autre orage chassé par les vents de l'ouest. Tout un cataclysme. A minuit, la pluie tombait encore dans le morne silence qui succède à l'orage. Nuit noire : la lune n'était pas levée et les dernières nuées masquaient les étoiles.

Nous étions rentrés au château, qui tremblait dans ses ruines. Mlle Ursuline, malade depuis la veille, s'était nichée dans son lit. Nous errions dans le grand salon, nous arrêtant de fenêtre en fenêtre pour interroger des horizons. « Vous ne retrouverez jamais votre chemin, me dit Camille. — A la grâce de Dieu ! — Après tout, reprit Camille, vous pourriez bien vous coucher là-haut. — J'y pensais, » dis-je aussitôt.

La vérité, c'est que je n'y pensais pas du tout, mais je la pris au mot dans l'idée que c'était déjà presque une bonne fortune de passer une nuit sous le même toit que Camille. Qui sait si elle ne me permettrait pas de veiller devant son lit pendant cette nuit horrible ?

Je m'aperçus qu'elle avait rougi jusqu'aux oreilles : « Ne vous effarouchez pas, mon gentil oiseau bleu, car je vous aime trop pour ne pas trop vous aimer. Vous vous coucherez, vous m'appellerez et je vous conterai des contes pour vous endormir. » Mon cœur battait violemment, tant j'étais ému à cette espérance sans trop voir plus loin. « Eh bien, oui, dit-elle ingénûment. Ce sera Roméo et Juliette ; mon lit sera le balcon, vous me chanterez bien doucement votre sérénade, mais vous vous en irez avant l'aurore. »

Camille parlait ainsi dans toute l'innocence du cœur. « Eh bien, repris-je, montons. — Oui, mais en silence pour ne pas éveiller Ursuline. » Elle ajouta presque aussitôt en souriant : « Vous la connaissez, elle trouverait peut-être que ce n'est pas bien. — Et pourtant, Camille, quoi de plus naturel ? nous nous aimons, nous sommes surpris par l'orage, vous avez peur et je vous protège. »

Nous entrons dans la chambre de Camille. Un grand

lit blanc à baldaquin du temps de Louis XVI, un canapé du même style, quatre fauteuils bois doré et lampas, une pendule rococo marquant mal les heures, une ancienne tapisserie de Beauvais sur le parquet, une table à ouvrage, quatre portraits sur les quatre faces du mur. Tout cela éclairé par un chandelier à trois branches que j'avais porté moi-même, c'est-à-dire éclairé pour l'amour de Dieu dans cette nuit si sombre. Camille commença par me montrer le portrait de sa mère. Tout en la saluant par un signe de croix, ce qui était son salut de tous les soirs. « N'est-ce pas qu'elle est jolie ? me dit-elle. — Tout comme vous. — Oh ! elle est bien plus jolie que moi. »

Ce signe de croix devant le portrait d'une mère me désarma. En montant l'escalier, j'avais médité d'aller jusqu'au dernier mot du roman, du moins du premier volume, mais la figure de la mère refoula toutes mes aspirations amoureuses. D'ailleurs la confiance de Camille m'avait touché profondément. Le véritable amour est bien plus fort dans la lutte que s'il lui faut vaincre sans combat.

Camille continua son rôle d'innocente sans le savoir. Elle se coucha tout habillée sur le lit en me disant d'approcher le canapé. J'obéis, tout en admirant cette vertu naïve. Je traînai le canapé devant le lit, je m'agenouillai dessus, je pris les mains de ma belle amoureuse et — nous pleurâmes tous les deux. — Explique cela qui pourra. Tout en pleurant, nous nous embrassâmes avec un abandon charmant. Je n'ai pas souvent retrouvé cet ineffable battement de cœur, sous le rayonnement de l'âme.

Naturellement, nous ne nous endormîmes pas ; tantôt nous parlions tous les deux à la fois, tantôt nous écoutions le silence. Et combien de rêves parfilés d'amour! Nous étions l'un à l'autre sous la magie des voluptés de l'âme, sans qu'aucun frémissement corporel nous eût agités. C'était divin tout simplement. Nous nous aperçûmes à peine que les bougies s'éteignirent. Presque aussitôt, d'ailleurs, Camille reprit une de ses mains de l'une des miennes pour me montrer le point du jour à la fenêtre.

Déjà l'aurore rougissait la prairie lointaine et l'alouette reprenait en chantant son ascension matinale. Camille se jeta du lit pour ouvrir la fenêtre. En passant devant le portrait de sa mère, elle fit le signe de la croix, mais gaiement, sans manières. Je regardai le portrait · Mme de Léancourt me parut bien plus belle que la nuit. « Ah! oui, me dit Camille, vous regardez ma mère, elle ne nous en veut pas, car son sourire n'a jamais été plus doux; figurez-vous, mon ami, que je me suis toujours imaginé que cette figure peinte changeait de physionomie selon que j'étais gentille ou colère, car vous ne connaissez pas mes colères? on pourrait les comparer à l'orage de cette nuit. » Et après un silence, Camille regardant encore le portrait en croisant ses mains sur mon épaule: « Vous n'y croirez pas! Quand mon père vient, s'il oublie, pendant un jour, de venir saluer ma mère, ce charmant sourire que vous voyez là s'efface je ne sais sous quelle expression de tristesse. »

Nous allâmes à la fenêtre, il nous sembla que l'orage n'avait été qu'un rêve, tant le ciel avait repris sa sérénité aurorale. Les ondées de la nuit nous semblèrent une rosée éblouissante. « Comment, me dit tout à coup Camille, Roméo est encore avec Juliette! mais si jamais Ursuline vous voyait ici, que dirait-elle? » Nous revînmes devant le portrait. « Et ma mère ! reprit Camille, que pense-t-elle de vous et de moi ? — Elle pense que je vous aime... — Et que je vous aimerai toujours... » poursuivit-elle avec le plus adorable des sourires.

Une minute après, je reprenais le chemin de Bruyères à travers les bois.

Il m'est arrivé plus d'une fois de revenir à l'aurore, après une aventure galante, plus ou moins fier d'avoir joué le Don Juan, mais je ne fus jamais si content de moi que ce matin-là, où je n'avais triomphé que de moi-même.

Quelques jours après, je partais pour Paris, où j'oubliai bien un peu mes amours idylliques, car j'avais déjà élevé, dans mon cœur, plus d'un autel aux héroïnes des champs et des bois, des châteaux et des chaumières.

Je n'ai revu Camille que trois ans après, en la saison des chasses. Elle avait perdu son père et elle était plus belle dans son deuil. Nous étions du même dîner chez une de ses amies. « Vous m'avez bien oubliée ! me dit-elle. — Vous ? jamais ! Vous êtes une des âmes de ma jeunesse. — C'est donc pour cela que vous faites de si mauvais romans. — Peut-être, car j'ai un peu perdu la tête en vous perdant. Vous m'avez donc lu ? — Je crois bien ! Vous me coûtez tous les ans sept francs cinquante. — Comment n'êtes-vous pas encore mariée ? — Parce que le prince Charmant n'est pas venu réveiller la Belle au bois dormant. »

Comme on se rappelait mes promenades amoureuses au château des Chouettes, toutes les oreilles écoutaient de notre côté, ce qui nous força à parler comme un journal, de choses que tout le monde sait.

Nous continuâmes la conversation intime par nos regards rallumés au premier feu. Mais ce fut tout.

*　*　*

Nous avions vingt-cinq ans quand nous nous rencontrâmes enfin à Paris. Or, à Paris, l'amour ne perd pas son temps comme sur les chemins verts. Quoique Mlle Ursuline fût toujours là, elle n'avait pas cent yeux; d'ailleurs, elle-même était femme et cherchait l'occasion.

Et puis Camille ne voulait pas rester vieille fille. C'est peut-être le ridicule du mot qui la jeta sur mon cœur. Elle s'imaginait que le mot vieille fille n'est appliqué qu'aux impeccables. Il y a des femmes qui sont capables de tout dans la peur du ridicule. Il y en a aussi qui s'imaginent qu'un peu de folie donne un aiguillon à la beauté. Camille avait pris son château en horreur. Il lui semblait que la vie provinciale jetait sur la figure un masque attristant et glacial. Elle aima mieux donner son âme au diable que de retourner là-bas pour effeuiller les pâles austérités. Sa jolie figure avait toujours la fraîcheur et le charme des vingt ans. Je respirais près d'elle les parfums des primevères et des aubépines. Sa chevelure surtout me donnait les ivresses du cœur quand je la versais en gerbes d'or sur ses blanches épaules.

Combien de rêves et combien de choses palpables donnent l'ivresse à l'âme et au corps! Si les yeux jettent le feu dans le cœur, la chevelure n'enivre-t-elle pas les lèvres par son parfum capiteux et sauvage? Quel est donc le roi du temps de Moïse qui devint amoureux d'une gerbe de cheveux que le Nil avait apportée à ses pieds? Un historien affirme que ces cheveux-là pesaient deux cents sicles. Était-ce les cheveux de la princesse Mautirilis de la XIX⁰ dynastie, celle qui était surnommée la Palme ? Le noir de sa chevelure c'est le noir de la nuit. Elle aussi sans doute était vêtue encore de ses cheveux quand elle venait de se déshabiller. « Vêtue de ses cheveux », voilà une expression qui date du Paradis perdu. Saint Paul a dit aux Corinthiens que les cheveux ont été donnés à la femme comme un voile pour la couvrir. Quand Vénus sort des ondes dans le cortège des Grâces et des Cupidons, n'est-elle pas plus belle encore par cette chevelure surabondante qui va rayonner sur elle? Car Vénus était blonde ; blonde était Hélène ; plus blonde était Daphné. Toute l'antiquité a adoré les cheveux blonds; pour les poëtes grecs, être blond, c'est déjà être beau. Mars était blond comme Achille; quel est donc le héros farouche qui teignait ses cheveux en blond pour avoir la crinière du lion? Messaline était brune, mais sa perruque était blonde, soit qu'elle allât au lupanar, soit qu'elle ouvrît le lupanar chez elle. Ovide a beau s'indigner contre les perruques blondes, « les dames romaines persistent à acheter leurs cheveux des Germaines et des Gauloises ; » en Bretagne, il y a une chanson qui dit que depuis Ève les filles du pays vendent leurs cheveux ; c'est encore là que les achètent nos courtisanes à la mode. Mais Vénus, Hélène, Daphné et les autres, n'achetaient pas leurs cheveux, qui semblaient « filés en or fin et qui baisaient leurs pieds. » Grande dispute des poëtes et des amoureux sur les cheveux noirs et sur les cheveux blonds. « Couvre-toi de tes cheveux, dit Saadi, je t'aimerai comme la nuit et j'irai oublier la lumière dans tes bras. » Moi aussi, j'oubliai la lumière dans les cheveux de Camille.

Elle retourna pourtant bientôt au château des Chouettes pour vivre encore en compagnie des corbeaux et des chats-huans, sans parler du curé de la paroisse et de quelques vieilles dames du voisinage.

* * *

On vante la magie de la nature et la magie des magiciens — Magnétisme — suggestion — hypnotisme ! Comme disait Victor Hugo, il faut croire à tout. N'est-ce pas plus logique que de ne croire à rien ? Croire, c'est créer. Ne pas croire, c'est vivre dans la nuit et dans le néant. Pourquoi ne pas peupler le ciel comme la terre ? Puisque nous vivons par l'esprit, pourquoi dépeupler le monde pour l'esprit ? J'avais dit à Camille en lui donnant une bague enchâssant une opale : « Les pierres vivent et meurent. Ainsi cette opale vivra si vous m'aimez toujours, elle mourra si vous ne m'aimez plus. » Camille regarda l'opale et la baisa : « Cette opale ne mourra pas, mais elle mourra si c'est vous qui ne m'aimez plus. » L'opale était très belle. Camille dit, au château, qu'elle l'avait trouvée, ce qui lui permit de la porter. A chaque rencontre, je lui disais : « Et l'opale ? — Voyez ! — Oui, vous m'aimez toujours. — N'est-ce pas que l'opale est plus belle que jamais ? »

Je ne croyais pas du tout à cette légende qui fait mourir les opales au doigt de la femme qui n'aime plus ; mais Camille y croyait, seulement elle me disait toujours sans rire que l'opale mourrait si c'était moi qui n'aimais plus.

Nous continuâmes le roman par lettres. Lettres bien naïves et bien touchantes, celles qui venaient du château des Chouettes; bien sceptiques et bien refroidies celles qui venaient de Paris. L'opale pâlit. Au bout d'un an, elle ne jetait plus de feux. Camille pleura et s'enferma dans sa dignité, car elle cessa de m'écrire après un adieu en quelques mots : « Vous ne m'aimez plus, l'opale me l'a dit; c'est la dernière fois que je vous écris. »

Quelques semaines après on m'apprit que Camille était bien malade et qu'elle m'appelait dans son délire. Je l'avais trop oubliée, mais l'amour me ressaisit. Le lendemain, je frappai à la porte du château des Chouettes. On était au désespoir, le prêtre venait de donner l'extrême-onction. Je demandai la grâce de m'agenouiller devant le lit et de baiser la main de Camille. Ce qui me fut accordé. Camille me reconnut quoique toujours dans le délire. Elle me tendit la main — la main que portait l'opale. Elle me sourit amèrement: « Voyez! » me dit-elle. Dans le demi-jour, en effet, l'opale me parut éteinte. Une de mes larmes tomba sur la bague. Mon émotion était telle, que je ne trouvai pas un mot : « Ce n'est pas moi, c'est vous! murmura-t-elle sans s'inquiéter d'une de ses tantes qui pleurait aux pieds du lit. — Je reviendrai demain, lui dis-je. — Oui, demain. » Elle avait vu mes larmes; elle porta la bague à ses lèvres et me fit un signe d'adieu.

J'avais peur de ne pas la revoir, tant elle me parut déjà dans les bras de la mort; mais, le lendemain, elle respirait mieux. Sa pâleur s'était légèrement colorée. Elle avait demandé des fleurs sur son lit, toute une moisson. Nous restâmes seuls un instant. — « Je sens que vous m'aimez encore, dit-elle ; d'ailleurs je le vois bien à ma bague qui a repris ses feux. »

L'opale avait peut-être un peu pâli, mais elle n'était pas morte. « C'est une grande joie pour moi de la voir revivre », me dit-elle, en me donnant ses beaux yeux par un regard d'amour. Je me penchai doucement sur elle pour baiser ses cheveux. « A demain, dis-je, en prenant une rose blanche sur son lit. — Non, dit-elle, prenez celle-là. » Elle me donna une autre rose. « Je l'ai embrassée, » murmura-t-elle tout bas. Je vis alors qu'elle ne mourrait pas, car une belle rougeur se répandit sur ses joues.

J'avais cru moi-même à la maladie de l'opale. Ce que nous avons dans le cœur nous l'avons dans les yeux.

*   *   *

Il se présenta quelques prétendans pour faire le bonheur de Camille, mais pour elle le bonheur n'était pas là : elle rêvait la vie à Paris. Elle y revint et s'y trouva mal faute d'argent. Et puis je n'étais plus prenable. Il lui fallut donc se contenter de sa solitude.

Tous les ans, quand j'allais par là, je me promettais de la voir ; mais la destinée ne le voulut pas, quoique Camille eût mis à la porte Mlle Ursuline. Je me contentais de lui envoyer mes livres. Elle m'écrivait des remerciemens en vingt lignes très joliment parfilées où elle me rappelait toujours que je n'allais pas la voir, même quand je passais de son côté.

De 1842 à 1862, nous ne nous étions plus rencontrés. Il vint un temps où elle m'écrivit : « Ne venez plus me voir, vous ne me reconnaîtriez pas, puisque je ne me reconnais plus. » Elle avait la coquetterie du souvenir. Moi-même, je ne voulais plus la voir, de peur de me gâter une des plus charmantes images du passé.

Elle avait quitté le château des Chouettes pour aller vivre plus oubliée encore dans une vieille maison des bords de la rivière. C'était le tombeau avant la mort. Il y a ainsi de belles filles qui sont condamnées à l'oubli et à l'abandon, comme les roses sauvages des bois. Ce fut là que je voulus la revoir, espérant respirer encore une senteur agreste de mes dix-sept ans, dût cette senteur être celle d'une fleur fanée. Je me la représentais toujours souriante dans les visions de ma jeunesse, avec je ne sais quoi d'amer dans le souvenir. Je pris un jour mon courage à deux mains, pour aller me jeter à ses pieds, pour lui dire que je l'avais toujours bien aimée et que ce n'était pas la faute de mon cœur si d'autres destinées avaient traversé ma vie. Je lui devais bien ce cri de repentir, pour tant de gentillesses. Je lui écrivis donc ce simple mot. « *Je veux vous voir et vous embrasser. Il me sera bien doux de repasser par votre porte; dites-moi quel jour et quelle heure. Je suis à Bruyères pour toute la semaine.* » Elle me répondit par le même courrier : « *Je vous attends depuis toujours; venez demain soir.* ».

Je ne parlai à personne de mon rendez-vous. Le lendemain, dans la soirée, je m'acheminai vers sa maison. Je me rappelai alors une aventure plus ou moins semblable, arrivée au chevalier de Boufflers, aventure déjà pressentie dans son joli conte, *Aline, reine de Golconde*.

Au bas du perron, Mlle Élisabeth, une grosse gaillarde, qui remplaçait avec avantage M{}^{lle} Ursuline, descendit quelques marches en me priant de la suivre. Je faillis me casser le cou, car la nuit était déjà sombre. « Vous n'avez donc pas de bougie ou de lampe ? — Oh! monsieur, mademoiselle est très originale. Voyez-vous, c'est comme au château des Chouettes. Mais je vais vous conduire. »

Et toujours sans lumière, M{}^{lle} Élisabeth qui m'avait pris la main, me fit traverser une grande et une petite pièce pour me mener dans le salon de Camille. Et toujours dans le noir je distinguai, mais bien vaguement, mon ancienne amoureuse qui venait au devant de moi. Je la pris sur mon cœur pour l'embrasser. « Dieu soit loué! je puis mourir, » me dit-elle, d'une voix fraîche encore.

Elle me présenta un fauteuil : « Voyons, grand diable, contez-moi vos hauts faits. Vous devez vous étonner de ne pas être reçu *a giorno*? — Non, mais au moins avec un chandelier à deux branches, car je n'aime pas la nuit. — Et moi, je n'aime pas le jour. »

Je fis semblant de croire que ce n'était pas la coquetterie qui parlait.

Camille avait été belle jusqu'au tems où je l'avais délaissée ; elle ne voulait pas être revue par moi dans sa déchéance.

La lune elle-même était pour elle un flambeau indiscret, car la lune ayant paru à la fenêtre, Camille se mit un peu plus dans l'ombre. « Eh bien, reprit-elle, vous ne me contez pas votre vie ? — Ma vie ne vaut pas la peine d'être contée; vous croiriez lire un roman sans action. — Il y a longtemps que je ne lis plus de romans. Depuis que je lis les vôtres, je suis revenue à

l'Imitation de Jésus-Christ et aux Actes des Apôtres.
— Ce sont encore des romans. — O pécheur! je
vous croyais converti quand j'ai lu le premier chapitre *des Destinées de l'âme.* — Ma belle amie, il y
a pourtant un roman que j'aurais dû faire avec vous.
— Lequel ? — Le roman de notre vie, si nous avions
eu l'esprit de vivre ensemble. »

Et là-dessus, comme j'ai encore de l'imagination, je
me mis à lui conter tout ce qui nous serait advenu si
j'étais resté à Bruyères et si elle fût devenue ma femme.

Ce roman l'intéressa sans doute, car elle se pencha
sur mon sein et elle se mit à pleurer. « Oh! je vous
remercie, me dit-elle, pour ce roman que vous venez
de faire à mon intention; mon cœur me dit que c'est le
meilleur. Hélas! je ne vous dirai pas combien de fois
je l'ai fait moi-même. »

Et moi, pour la consoler : « Puisque la vie est un
rêve, peut-être avez-vous mieux fait de rêver que
de vous jeter dans la bataille. » Et après un silence :
« Ce n'est donc pas assez de vivre dans la solitude, il
vous faut encore vivre dans le noir ? — Oh! les autres
soirs, je suis en pleine lumière devant un grand
feu, car si je me suis trop habituée à la solitude,
j'ai toujours eu peur de la nuit. Mais n'avez-vous
donc pas déjà compris que je veux toujours pour vous
rester la Camille d'autrefois ? — Comment ! je ne vous
reverrai pas en plein jour ? — Jamais! — Me permettez-
vous au moins de fumer une cigarette ? »

Et sans attendre que Camille me répondît, je fis
jaillir d'une allumette une lumière qui frappa la figure
de ma ci-devant amoureuse. Mais vous êtes toujours
très jolie, Camille ! »

Elle avait mis sa main sur sa figure. Ce n'était pas un vain compliment, car elle avait encore un air de jeunesse dans une beauté pâlissante. « Maintenant que je vous ai vue, allumons les bougies. — Non, mon ami, laissez-moi le rêve et ne me tuez pas sous la réalité. »

Toutes mes éloquences furent vaines. J'allumai jusqu'à trois cigarettes pour revoir encore cette figure qui m'avait tant charmé : ce fut tout. Je pouvais bien moi-même, par violence, allumer les bougies. Mais je ne voulus pas faire envoler les dernières illusions. Après tout, moi-même n'avais-je pas changé et ne devais-je pas aussi trouver que la nuit avait raison ? »

J'embrassai encore Camille ; c'était bien pour la dernière fois, c'était bien l'adieu des adieux.

Elle sonna. Mlle Élisabeth vint me prendre la main et me reconduisit jusqu'au haut du perron.

Je revins à Bruyères avec une vraie tristesse au cœur, pensant que la vie n'est autre chose qu'un *De profundis* perpétuel. Il nous faut enterrer jour par jour toutes les chimères, tous les orgueils, toutes les amours qui font vivre l'esprit par le cœur.

IX

Comment je faillis devenir visionnaire

1834

Ceux qui n'ont pas interrogé l'Invisible, ceux qui ne se sont pas égarés dans l'abyme des ténèbres pour trouver un autre ciel et un autre soleil, ceux qui n'ont pas, ne fût-ce qu'une heure, arraché leur âme aux joies et aux peines matérielles, ne comprennent pas les visions surnaturelles. Ils sont comme le spectateur arrivant pour la première fois devant le rideau d'un théâtre, tandis que ceux qu'on appelle les illuminés ou les illusionnaires finissent par déchirer le voile qui leur cache le spectacle de l'Infini. Les sceptiques disent : « Il n'y a rien si je ne vois rien. » Mais l'enfant ne commence-t-il pas à vivre les yeux ouverts sans rien voir? En toutes choses, il faut commencer par le commencement. Je m'étais égaré dans l'étude des sciences occultes pour avoir raison une fois pour toutes des contes bleus des devins et des sorcières. J'avais frappé trois coups devant la sybille de Cumes qui ne parle plus ; mais dans le monde contemporain n'a-t-elle pas pris une autre forme, celle des fantômes, une voix plus mystérieuse, la voix des âmes en peine, une forme plus vaporeuse. Mon séjour, tout un hiver, dans les bois de la Chambre-aux-Loups, solitude profonde et ténébreuse, m'avait prédisposé à la recherche de l'Impossible. Je ne voulais pas m'y jeter tête perdue, mais je ne voulais pas non plus opposer l'aveugle négation. Trop d'esprits plus clairvoyans que moi ne s'étaient-ils pas laissé prendre au monde surnaturel ou tout au moins au doute? J'étais né d'ailleurs dans un pays où les légendes ont toutes leurs forces, même parmi les moins superstitieux. Combien qui ne croient pas à Dieu et qui croient au diable ! Ainsi mon grand-père Mailfer, camarade des philosophes de l'*Encyclopédie*, on le venait chercher pour éteindre un incendie par des signes cabalistiques.

Faut-il tout nier ou faut-il croire au démon de Socrate, au diable de saint Antoine, aux âmes en peine des

Pères de l'Église, aux apparitions des philosophes mystiques ?

Qui n'a subi l'obsession des songes ? Tout philosophe doit s'étudier lui-même, puisqu'il tient sous sa main un exemplaire du livre universel de la vérité. On découvrira un jour la vraie clef des songes. S'ils continuent la nuit la vie de l'âme, ne sont-ils pas une preuve de plus que l'âme est incorporelle, puisque, dégagée des liens du corps, elle voit ce que nous ne voyons pas quand nous sommes éveillés ; elle ose aller plus loin que ne lui permet notre corps, son compagnon de voyage ; c'est l'école buissonnière des enfants sublimes.

Les songes et les visions nous prouvent que notre âme survivante n'est pas étrangère au delà du tombeau, non seulement à nos amours et à nos amitiés, mais encore à l'histoire de notre pays. C'est que notre âme ne perd rien de sa personnalité. Peut-être qu'après le tombeau, pareille au soleil couchant, elle projette encore sa lumière à l'horizon des choses. Pourquoi se perdrait-elle dans la nuit éternelle, si elle a échappé à la nuit du tombeau ?

Qui n'a eu ses songes et ses visions ? Faut-il croire à tout ou ne croire à rien dans les régions du mysticisme ? Je ne suis pas un visionnaire, mais voilà pourtant ce que j'ai vu, voilà ce qui m'a prouvé que le tombeau ne prend pas l'âme et que l'âme garde la figure du corps :

J'ai passé les après-midi de toute une belle saison à la Folie-Riancour, un pavillon de chasse dans les bois, entre la citadelle de Laon et la redoute de Bruyères, à peu de distance du champ de courses. Je ne savais que faire de cette châtellenie en ruines. La rebâtir ou l'abandonner tout en réglant la coupe des bois ? Il ne restait debout qu'une petite aile portant la date de 1593, un dernier souvenir de la Renaissance. Dans le jardin, découpé sur le parc, on retrouvait encore un cadran solaire, un cabinet de verdure sous des ifs gigantesques, une statue toute mutilée, un banc de pierre moussu, des murs en ruines revêtus de lierre, images attristées de l'abandon. Mais comme la nature ne se croise jamais les bras, elle était là luxuriante, donnant sa sève à toutes les plantes parasites. J'allais tous les jours dans les bois et à mon pavillon, un fusil sur l'épaule et un livre dans la poche. Cette solitude m'avait pris par je ne sais quelle séduction occulte : le sentiment religieux des choses qui ne sont plus. C'était l'abandon dans toute sa sauvage poésie. Pas une âme qui vive à une demi-lieue à la ronde ; la cathédrale de Laon, ce chef-d'œuvre de pierres parlantes, à l'horizon septentrional ; de l'autre côté la sombre forêt de Lavergny, où on retrouve les ruines d'un ancien couvent de femmes. Dans le pavillon, sur la cheminée, une peinture du seizième siècle, une ébauche toute primitive, abusait mes yeux, parce qu'elle me peignait naïvement l'ancienne châtellenie. C'était d'ailleurs tout l'ameublement du pavillon avec deux petits fauteuils style Louis XV, revêtus de velours de Gênes gorge de pigeon.

Je me promenais souvent dans les allées toutes droites du jardin qui continuait le bois, tant il était couvert d'arbres, arbres fruitiers et arbres forestiers, bras dessus, bras dessous. Un jour que j'étais en méditation, appuyé à une des portes, il me sembla voir quelque chose de surnaturel dans le rayon de soleil qui transperçait les branches d'un pommier. Peu à peu je vis se dessiner une figure humaine, mais transparente.

comme un nuage léger qui prendrait les formes d'une femme. C'était bien la figure d'une femme. Elle descendit les marches du perron et s'avança lentement, gravement, solennellement, vers le cabinet de verdure, où elle disparut. Quoique cette apparition fût vague, je distinguai pourtant son chapeau à larges bords et sa robe à queue. C'était tout à la fois le chapeau Louis XIII et le chapeau Marie-Antoinette. On voyait qu'elle avait peur du soleil. Quoique je n'eusse pas eu l'honneur d'être présenté à cette belle dame, j'allai droit au cabinet de verdure. Après tout, elle était sur mes terres ; c'était bien le moins qu'on se dît deux mots. Mais dans le cabinet de verdure je ne trouvai âme qui vive. Je montai dans le pavillon, qui me sembla plus solitaire et plus abandonné que jamais. Pas l'ombre d'une ombre. Après quoi je continuai ma promenade, sans trop penser à la robe traînante de la dame.

Le lendemain, j'avais oublié cette illusion ou cette apparition. Toutefois j'allai m'appuyer encore à la porte du jardin, le regard fixé sur l'allée qui conduisait du perron au cabinet de verdure. Rien. Ce jour-là, d'ailleurs, il bruinait. Le surlendemain, même promenade. Cette fois, ce fut le même tableau. Je vis descendre la dame, abritée du soleil de juillet par son grand chapeau, allant du même pas rhythmé à sa retraite sans doute bien-aimée. Je voulus rire de moi-même ; mais au bout d'un instant mon scepticisme ne m'empêcha pas d'aller encore à la rencontre de cette étrange inconnue. Après avoir fait un pas en avant, j'en fis deux en arrière avec un sentiment de respect pour la Mort, pour le Silence, pour la Solitude, ces grandes figures qui ont eu des autels chez les anciens, nos maîtres, quoi qu'on fasse. Je me contentai de me remettre à mon observatoire presque masqué par un bosquet de lilas où s'enchevêtrait la clématite. J'attendis comme un spectateur qui a vu le premier acte.

Il se passa tout un quart d'heure. Je ne pensais plus à la dame, quand tout à coup elle sortit de sa retraite et retourna au pavillon. Je ne tenais plus sur mes pieds, mais je me sentais enchaîné à la porte. En passant devant le cadran solaire, l'inconnue, la très inconnue, se pencha dans l'attitude d'une curieuse : elle voulait savoir l'heure, cette morte ! Elle monta bientôt les trois marches extérieures du pavillon, où elle disparut. Cette fois, je voulus la suivre en toute hâte, mais ce fut vainement que je la cherchai dans le pavillon, dans la cour, dans la tour du colombier, dans l'ancienne maison du jardinier et du garde-chasse.

J'allai chez le notaire pour étudier les titres de propriété ; je découvris que la dernière châtelaine était une Riancour[1]. On me conta dans le pays qu'elle avait passé à la châtellenie toute sa seconde jeunesse, recevant souvent la visite du gouverneur de la province, le duc d'Estrées, son amant en titre, et d'un officier au régiment de Champagne, son amant caché. Le cabinet de verdure avait-il abrité une passion ardente ou un sentiment profond ? La dame revenait-elle, comme une âme en peine, pleurer encore une trahison ou ressaisir des joies perdues ?

Les jours qui suivirent, je voulus mieux me convaincre de l'apparition, mais c'en était fait, les moissonneurs de la vallée avaient commencé à couper les

---

* Marquise Louise-Charlotte-Thérèse d'Ye de Riancour, veuve d'Armand de Lusignan, marquis de Champigneule. Elle vendit Riancour en Breuil à M. de Beaubrenil.

foins et les blés. C'était un grand bruit de chariots et de chansons. Le silence, la solitude, la mort, tenaient ailleurs cour plénière.

Mais puisque tout a sa raison d'être, pourquoi cette apparition? Je pensais en ce temps-là à mon livre longtemps retardé : *Les Destinées de l'Ame*. Celle qui m'est apparue venait-elle me rappeler un souvenir d'une vie antérieure? venait-elle me prouver la survivance de l'âme par une vague réapparition de la figure charnelle? Dieu, voulant que toute âme pécheresse reconnaisse bien la gravité de ses fautes, ne permet-il pas qu'elle se retourne vers le monde pour assister au spectacle du bien ou du mal? Quand on voit de haut et de loin, on juge mieux. Dieu laisse-t-il les âmes en peine jouer un rôle occulte sur la scène de l'humanité? Délivrées des chaînes corporelles, ayant la conscience de leurs actions, sont-elles, comme l'ont dit les Pères de l'Église, les bons ou les mauvais anges des âmes encore prisonnières? La seule apparition de la châtelaine descendant du pavillon et marchant vers le cabinet de verdure, ne me parlait-elle pas éloquemment des destinées de l'âme?

X

La buveuse de rosée

1838

Le comte de Lamare, cet ami de Morny, aussi beau joueur sur le tapis vert des clubs que le duc le fut sur le tapis rouge de la politique, vivait au temps des chasses en son magnifique château de Marchais, qu'il joua un jour sur un coup de cartes. L'enjeu était, si je me souviens, de trois cent mille francs. Ce château est au voisinage de Bruyères, j'y ai passé souvent deux ou trois jours avec les amis du comte, qui formaient la jeunesse dorée sous le roi-citoyen et au commencement du second Empire. Quoique alors les femmes du monde ne fussent ni chasseresses ni sportwomen, on en voyait là quelques-unes plus célèbres par leur figure que par leur vertu. Le comte avait ses petits appartemens comme Louis XV à Versailles, mais on y rencontrait aussi de très honnestes dames.

Je devins à l'improviste amoureux d'une de celles-là, Angèle ***. Son nom, pourquoi l'écrire, puisqu'elle repose aujourd'hui dans quelque campo santo, où on ne va pas prier pour elle? Mais ce que je veux dire, c'est que sa figure anglo-parisienne inspirait l'adoration des adorations; seulement c'était la femme bien gardée, moins par elle-même que par son mari, un ci-devant libertin qui ne transigeait pas avec les volageries, pas même avec les œillades idolâtres. Il voulait bien qu'on admirât la beauté de sa femme, mais à distance. Si on était en tête-à-tête avec elle, il arrivait comme la statue du commandeur. S'il criait dans le parc « Angèle! » la croyant égarée, c'était avec une voix de tonnerre qui éclate.

Mon principe était de laisser la femme au mari, dans un temps surtout où il y avait tant de femmes qui divorçaient par la séparation de corps; mais, quand on est bien amoureux sans l'avoir voulu, il n'y a pas de principe qui tienne; je poursuivis donc mes attaques à travers tous les périls. La dame, d'ailleurs, ne demandait qu'à s'amuser dans le jeu d'amour. Quoiqu'elle fût très nonchalante, elle se levait matin : ce qui me fit lever matin pour la rencontrer errant dans le parc, où selon son expression, elle allait boire les fleurs, cela voulait dire qu'elle y cueillait des roses ou des fleurettes pour humer les gouttelettes de rosée, disant comme Cléopâtre : « Je bois des perles. » Elle-même, passant par les ramures toutes mouillées, fut un matin emperlée de rosée, ce qui m'enhardit à lui baiser les cheveux sous prétexte que je voulais boire aussi de la rosée.

La vie de château est très favorable à tous ces jeux-là. On se rencontre même quand on se fuit. On ébauche beaucoup de passions, grâce à la familiarité ; on boit du vin de Champagne par désœuvrement ; si bien qu'il arrive le soir qu'on se trompe de coupe et de porte. Je n'en étais pas encore là, quand la très honnête dame me dit un matin : « On va chasser ; restez avec moi, nous irons faire un tour à Notre-Dame de Liesse. — A pied ou en carrosse ? — En carrosse, grand Dieu ! on dirait que c'est un enlèvement. — Je ne demande qu'à vous enlever. — Pas de bêtises. A pied, la route est charmante, c'est à quelques portées de fusil, pour parler comme un chasseur. — Eh bien, madame, nous irons faire notre salut à Notre-Dame de Liesse. »

Ce petit bout de causerie pouvait être pris au sérieux ou à la plaisanterie. Le mari, qui nous écoutait, prenait tout au sérieux. Du petit salon voisin, où il lisait les journaux, il avait tout entendu.

On déjeune, on part pour la chasse, nous partons pour Notre-Dame de Liesse, croyant le mari dans les profondeurs du parc.

Nous passâmes bien trois quarts d'heure pour arriver à Notre-Dame de Liesse. Ce petit voyage fut charmant, vraie pérégrination d'amoureux, où l'on effeuille des marguerites et où l'on cueille des noisettes sous les poétiques mélancolies d'automne. Je méditais d'entraîner Angèle à l'auberge des *Trois-Rois*, trouvant que nous étions trop à ciel découvert. « Oui, me dit-elle, on y fait de bonnes gaufres à l'hôtel des *Trois-Rois*, mais nous irons d'abord saluer les trois chevaliers dans l'église. »

Nous voilà bientôt à l'église regardant, encore une fois, toutes les offrandes des pèlerins pour qui la princesse Ismérie avait fait des miracles. « Vous ne donnez rien à Notre-Dame? me demanda Angèle. — Si elle fait un miracle pour moi, je lui donnerai ma montre, d'autant plus qu'elle retarde comme elle. — Impie! quel miracle? — Le miracle de vous jeter dans mes bras. — Mais c'est un sacrilège! — Non, puisque je vous aime. — Encore des bêtises! »

Nous passons dix minutes à errer dans l'église, après quoi nous revenons vers la porte dans l'idée d'aller manger des gaufres à l'auberge des *Trois-Rois*.

C'est ici que la comédie tourne au tragique. Tout à coup nous apercevons sous le portail la figure du mari. « Ciel! mon mari. » Angèle voulait retourner vers l'autel. « Non, lui dis-je, faisons bonne figure, est-ce donc un crime de venir à la messe? »

Nous allons vaillamment vers le mari. Jugez de notre surprise, comme on dit dans les romans : le mari, qui s'était approché du bénitier, prend de l'eau bénite et nous en offre à tous les deux.

Il avait la pâle sérénité d'un homme qui vient d'échapper à un grand danger.

J'avais parlé de donner ma montre qui retardait pour un miracle; le mari était à l'heure, car s'il fût arrivé cinq minutes plus tard, quelles bonnes gaufres nous mangions à l'hôtel des *Trois-Rois!* Mais nous les mangeâmes ailleurs.

Quand Charles Voillemot peignit cette délicieuse figure qu'il a nommée la *dame aux perles*, c'était avec des ressouvenirs de la beauté d'Angèle. Seulement comme il la peignit toute nue sous des voiles illusoires, il s'est contenté de l'exposer dans son atelier quand le mari refusa le portrait.

JULES JANIN.

LIVRE II
LA VIE PARISIENNE

I

Un déjeuner et un dîner chez M. de Balzac

1835-1842

Je dédie ce chapitre à Jules Janin, qui fut le plus cordial des amis. Tous les matins il tenait table ouverte. On déjeunait chez lui comme chez un prince; après quoi il vous mettait à la porte ou vous présentait une plume pour écrire sous sa dictée. Cette dictée durait deux heures, mais le plumitif ne perdait pas son tems, parce le prince des critiques jetait sur le papier les diamans de son style. On sortait de là tout ébloui.

Non loin de la table somptueuse de Jules Janin il y avait la table chimérique de Balzac.

Je ne sais si Brillat-Savarin et Charles Monselet eussent inscrit sur leurs menus le déjeuner que m'offrit M. de Balzac, il y a plus de cinquante ans. En ce tems-là on disait M. de Balzac comme on disait, au XVIIIe siècle, M. de Voltaire.

Commençons par le commencement. Jules Sandeau avait été dépêché en ambassadeur, par Balzac, vers Théophile Gautier, pour qu'il écrivît dans *la Chronique de Paris*. C'était un journal sans abonnés, que le grand romancier s'obstinait à publier tous les dimanches. Voilà pourquoi nous vîmes arriver un matin Jules Sandeau dans notre salon du Doyenné, qui était le salon de la Bohême. Il nous trouva, Camille Rogier peignant une gouache, Gérard de Nerval relisant *Faust*, moi rimant un sonnet, Théophile Gautier jouant avec ses chats et balançant la Cydalise qui sommeillait dans le hamac. La Cydalise, une femme légère, plus que légère à balancer.

Jules Sandeau voulut bien nous offrir à Gérard, à Ourliac et à moi, d'écrire aussi dans le journal de Balzac.

Je remerciai Jules Sandeau, qui était déjà un de mes plus chers romanciers. Je croyais qu'il n'avait cité mon nom que par politesse, mais il avait lu *la Couronne de Bleuets*; c'était un chercheur d'aurores, même dans le brouillard. Il m'invita à dîner chez Risbeck, qui tenait alors, place de l'Odéon, la maison d'or du pays latin.

Ce fut pour moi une bonne fortune sans pareille, car notre amitié date de là, je pourrais dire notre fraternité. Il n'y avait pas d'esprit plus charmeur et de cœur plus vaillant que Jules Sandeau.

Comme nous nous promenions avant le dîner, nous rencontrâmes M. de Balzac, qui dépassait la grille du Luxembourg. « Êtes-vous content de votre cheval ? »

demanda à Sandeau l'auteur d'*Eugénie Grandet*. « Comment donc ! j'arrive du bois de Boulogne, que j'ai parcouru en cinq minutes ! »

Dans ses perpétuelles illusions, Balzac, qui avait promis un cheval à Jules Sandeau, s'imaginait que son ami montait déjà ce cheval, quoiqu'il ne le lui eût pas donné.

Je regardais tour à tour Balzac que je ne connaissais pas et Jules Sandeau que je croyais connaître. « Il n'a pas pris le mors aux dents ? reprit Balzac. — Non, parce qu'il sait qui je suis. »

Ce qu'il y a d'admirable, c'est que Sandeau se prêtait aux illusions de Balzac.

Comme Balzac me regardait du coin de l'œil, Jules Sandeau lui dit : « Je vous présente l'auteur de *la Couronne de Bleuets*. — Oui, oui, un beau roman, si j'y avais mis la main, » répondit-il.

Je m'inclinai, Balzac s'inclina imperceptiblement : « Monsieur, si vous voulez venir déjeuner avec moi un de ces matins, je vous dirai comment on fait un roman. »

Sur quoi il passa outre, après un charmant sourire à tous les deux. « Soyez tranquille, me dit Jules Sandeau, il ne vous dira pas comment on fait un roman, parce qu'il n'en sait rien ; son génie va devant lui sans connaître son chemin. Si vous allez déjeuner chez lui, vous courez grand risque de ne pas déjeuner du tout, mais enfin vous ne perdrez pas votre temps. »

Je n'en revenais pas de voir M. de Balzac si bourgeoisement attifé. Il n'y avait en lui rien de l'artiste si ce n'est l'œil, un œil profond comme l'œil de la vérité, et lumineux comme le soleil. Il y avait plutôt de l'homme de loi affairé. Pour moi surtout qui ne vivais qu'au milieu des intransigeans du romantisme, je trouvais étrange que Balzac ne fût pas étrange.

Je dis cela à Sandeau tout en le complimentant sur son art de bien s'habiller. Il portait crânement son chapeau, il était chaussé comme une femme, il avait l'air d'un fils de bonne maison qui s'amuse à Paris.

Quoiqu'il m'eût dit que je déjeunerais mal chez M. de Balzac, je ne tardai pas à aller rue Cassini frapper à sa porte : maison mystérieuse où il voulait faire croire qu'il se cachait contre les femmes, tandis qu'il se cachait contre ses créanciers. On me laissa sonner trois fois. Enfin un serviteur qui avait l'air d'un homme d'église m'ouvrit et me demanda pourquoi je sonnais. « Je viens déjeuner avec M. de Balzac. — En êtes-vous bien sûr, monsieur ? — Comment ! je n'en doute pas, à moins que M. de Balzac ne déjeune pas. »

Le bonhomme avait l'air fort contrarié : j'allais le déranger et j'allais déranger son maître. Il me fit entrer dans la salle à manger, non pas sans doute parce que je venais pour déjeuner, mais parce que le salon, pareil au salon de ces dames du demi-monde, attendait encore les miracles du tapissier. Rien sur les murs, rien aux fenêtres, mais Balzac avait écrit lui-même sur les panneaux : « *Là un Raphaël ; ici un Titien.* » Tous les panneaux étaient couverts de chefs-d'œuvre imaginaires, dont Balzac parlait avec une foi robuste comme s'il les voyait tous les jours. C'était le chaos par les livres et les journaux, par tous les matériaux de la *Comédie humaine*, ce monument! Balzac se contentait de ce capharnaüm pour son cabinet de travail.

Au bout de quelques minutes, le grand romancier parut, à peine réveillé, dans sa fameuse robe de moine, cheveux ébouriffés, pantoufles chinoises rôties par le feu. « Ah ! je suis charmé de vous voir ! Nous allons déjeuner ; mais je vous préviens que je ne déjeune pas comme un moine. — Je déjeunerai comme vous ; le déjeuner pour moi n'est pas une affaire d'État, il m'est arrivé plus d'une fois de ne pas déjeuner du tout. — Vous avez raison de ne pas vous attarder à table le matin, quiconque déjeune sérieusement à Paris n'arrive à rien. L'homme de génie ne déjeune guère : Napoléon restait dix minutes à table quand il ne déjeunait pas debout.

Hélas ! j'avais une faim de loup ce jour-là. Tout ce que me disait Balzac aiguisait encore mes dents. Son pâle serviteur arriva, apportant sur un grand plat de Chine, six grappes de raisin et quatre petits pains d'un sou. « A la bonne heure, dis-je à Balzac, vous aimez les belles porcelaines, c'est déjà un régal. — N'est-ce pas ? Par malheur, mes gens me cassent tout ; voyez plutôt, celui-ci nous a servi des assiettes ébréchées. »

Le serviteur avait pris dans le buffet je ne sais quelle faïence ornementée à la française, vers 1830, quand il n'y avait plus un atome d'art dans l'industrie.

Cependant je me disais : « Voilà le dessert, mais le déjeuner ? » Or, le déjeuner c'était le dessert. Balzac me fit signe de me mettre à table ; il se plaça pompeusement en face de moi en me disant de l'air le plus aimable du monde : « Si vous êtes un gourmand, parlez ! je vous enverrai chercher une poularde ou un perdreau. »

J'allais dire oui pour le perdreau, mais Balzac me coupa mon appétit : « Un poëte comme vous ne doit vivre que de l'air du tems... Vous voyez bien ces jolis verres de Venise que m'a donnés la duchesse de Duras, vous y boirez le meilleur vin de Chypre.

Disant ces mots, Balzac me versa de l'eau, après quoi il me passa les raisins. « Une seule grappe ? vous avez droit à trois grappes, mon hôte. » Il renversa le plat sur mon assiette et ne garda pour lui que les trois grappes les plus légères.

Et nous voilà gaiement à ce déjeuner fastueux. « N'est-ce pas que mon vin de Chypre est bon ? Il m'a été donné par un arrière-petit-fils de doge, un Contarini. Vous verrez quand vous serez célèbre, vos lecteurs vous enverront les meilleurs vins ; moi, j'ai du Johannisberg, j'ai du vin de Champagne, j'ai du vin de Malaga, j'ai de tous les vins hormis du vin ordinaire. C'est bien simple, on me donne les grands vins et je n'ai pas de quoi acheter le vin du cabaret. — Monsieur de Balzac, je ne doute pas que votre vin de Chypre ne soit délicieux, mais nous n'en avons pas encore bu ? — Voyez ma distraction, dit Balzac en allant lui-même au buffet, j'étais convaincu depuis dix minutes que nous buvions du vin de Chypre. »

Telles étaient les illusions de Balzac qu'il avait cru vraiment que nous buvions du vin de Chypre tout en nous versant de l'eau de Seine.

Il ne trouva pas de vin de Chypre, mais il trouva une bouteille à long museau contenant quatre verres de vin du Rhin que nous bûmes avec onction.

Cependant j'égrenais ma troisième grappe de raisin. Balzac, me voyant rompre mon second pain : « Attendez, nous ne sommes pas au bout, nous avons du thé et du café. »

Je lui dis que je n'avais pas l'habitude de manger du

pain avec du thé, encore moins avec du café. « Oui, mais j'arrose mon thé et mon café d'une vapeur de lait. Et quel lait! Vous m'en direz des nouvelles. Une grande dame qui a un château en Normandie fait arriver chez moi, tous les matins, une bouteille cachetée à son chiffre, qui renferme tout l'arome de ses prairies. La vache Io n'a jamais donné de lait plus savoureux. — C'est bien naturel, n'êtes-vous pas un demi-dieu de l'Olympe? — Oui, un dieu de la fable; mais je suis déjà revenu de toutes les glorioles de la plume. Voyez-vous, mon jeune ami, il n'y a ici-bas que l'argent. Avec tout mon génie, je ne fais pas encore grande figure dans le monde; mais quand je serai richissime, j'aurai enfin raison des imbéciles. — Pourquoi pas, dis-je, puisque vous avez raison des gens d'esprit? — Ne trouvez-vous pas que c'est irritant de n'avoir pas le sou; par exemple, j'ai dîné hier chez Mme de Girardin, j'ai dépensé mon dernier louis en route à prendre un fiacre et acheter des gants; j'ai rencontré un ami et un pauvre, si bien qu'à minuit, en revenant chez moi, je n'avais pas un sou pour passer le pont des Arts. On m'a dit : « Halte-là. » Je me suis demandé sérieusement, en levant le poing vers mon étoile, si je ne ferais pas mieux de me jeter à la Seine que de me détourner pour prendre le Pont-Neuf. »

On apporta alors le thé et le café; Balzac me servit du café et me passa le fameux lait cacheté aux armes de la grande dame. Je trouvais donc l'occasion de manger mon second petit pain. Le grand romancier ne se contenta pas de mettre du lait dans son café, il y mit du thé. Je finis par l'imiter, parce que tout était bon pour apaiser ma faim.

Mais Balzac voulut nourrir mon esprit. Il m'enseigna l'art d'être un grand romancier en me disant ceci : « Voyez-vous, mon cher ami, il faut commencer par avoir vingt-quatre mille livres de rente (c'était un chiffre sérieux en ce tems-là), courir le beau monde, se payer un cheval de selle, se prendre aux passions, pour le jeu de l'amour, entre deux femmes ; mourir pour l'une, tandis que l'autre se désespère pour vous ; se faire chercheur d'or avec l'âpreté d'un avare, jeter l'argent par la fenêtre avec la prodigalité d'un fils de famille ; fouiller Paris la nuit avec les gens mal famés ; avoir la meilleure place et la meilleure lorgnette au théâtre ; ne pas oublier les coulisses pendant l'entr'acte ; voir la mort de près, soit à la guerre, soit dans un duel. Et puis ne jamais parler en vain, poser partout des points d'interrogation ; parler c'est perdre son temps, écouter c'est étudier ; il n'y a point d'ignorant qui ne vous apprenne quelque chose. Tout homme vous montre l'homme, si vous savez regarder en lui. »

Ainsi me parla Balzac. Je le regardais dire avec quelque scepticisme tout en admirant la leçon. « C'est bien, lui dis-je, mais si je fais tout ce que vous me dites là, il ne me restera pas le temps d'écrire. Et puis votre théorie n'est pas à la portée de tout le monde. Je ne doute pas qu'un homme d'esprit ne devienne un grand romancier s'il vous écoute à la lettre, mais s'il a vingt-quatre mille livres de rente, il n'écrira pas, il se contentera de ses romans en actions ; il aura peut-être raison, ceux-là sont encore les meilleurs. »

Balzac souriait avec amertume. « Je crois, repris-je, qu'il n'y a point d'école, même la vôtre, pour faire des romans ; vous n'avez pas, j'imagine, vingt-quatre mille livres de rente ; vous n'avez pas couru toutes les aventures que vous recommandez. Voyez-vous, mon cher grand romancier, il n'y a que les métiers qui s'apprennent, l'art ne s'apprend pas. Vous avez raison d'étudier les hommes, c'est le devoir de quiconque tient la plume. Et encore quand on s'appelle M. de Balzac, on étudie l'univers et l'infini dans son cœur ; tout homme de génie est un exemplaire du livre de Dieu : tout y est ! — Eh bien, s'écria Balzac, portons un toast à Dieu, le premier romancier du monde !. »

Et nous nous quittâmes le cœur léger et l'estomac aussi.

*
* *

J'ai revu Balzac en son fameux Château de cartes des Jardies, où j'allai dîner un dimanche avec Édouard Ourliac. Balzac avait plusieurs fois reparlé de moi à propos de mes Portraits de xviiie siècle ; dès qu'il me reconnut à la porte de son jardin, il vint à moi, me prit la main et me dit que j'avais bien raison de conter l'histoire de sa famille. Et comme je ne comprenais pas, il poursuivit : « Les gens d'esprit : Voltaire, Beaumarchais, Diderot, sont nos ancêtres ; je me retrouve en eux et je les retrouve en moi. Mais si j'aime les morts, ah ! fichtre, je n'aime pas les vivans. Figurez-vous que ma cuisinière, qui s'est attardée aux vêpres, a tout oublié pour le dîner ! Est-ce que vous n'apportez rien, Ourliac ? La marée manquera et je n'ai pas d'épée pour me percer le sein ! Nous en serons réduits aux mots de Laurent Jan. Ce n'est pas tout, j'ai un maçon qui m'avait promis ma salle à manger pour aujourd'hui et qui me condamne à dîner dehors. Tous les malheurs du monde ! Ce n'est pas étonnant, un maçon qui fait des vers! »

Ourliac dit gravement comme eût fait Boileau lui-même : « Si c'est votre métier, soyez plutôt maçon. » — Après tout, dis-je à Balzac, le luxe de la villégiature, c'est de dîner dehors. — Oui, mais nous serons brûlés par le soleil. Si j'avais un autre jardinier, il me ferait des surprises, comme le duc d'Antin à Louis XIV : je trouverais, un beau matin, des arbres centenaires dans mon jardin. Mais mon coquin de jardinier me plante des arbustes qui meurent de soif, parce qu'il boit toute la journée. Encore si on n'avait pas saisi mes grands vins ! — Oh mon Dieu ! dit Ourliac, le petit vin du cabaret de là-bas est très gai à boire. — Chez Balzac qui fait des miracles, dis-je à mon tour, le vin du coin se changera en chambertin. — N'est-ce pas nous, s'écria Balzac avec indignation, qui devrions boire les meilleurs vins de France et d'Espagne? Quand je serai riche, vous verrez comment j'entends la vie : tous ceux qui auront mal dîné chez moi prendront leur revanche. — Vos amis vous ruineront, ô Balzac ! dit Ourliac. — Ils me ruineront ? — Oui, bête sublime ! s'écria Laurent Jan, nous te ruinerons, si nous dînons bien chez toi autant de fois que nous y avons mal dîné. — Je comprends, dit Balzac en éclatant de rire ; mais tout est pour le mieux dans le meilleur des mondes. Si vous dîniez trop bien, vous n'auriez plus d'esprit. »

J'étais quelque peu inquiet ; je me rappelais le déjeuner de la rue Cassini ; mais voilà tout à coup Albéric Second qui arrive les mains pleines : il connaissait la maison, il apportait un pâté de gibier et un homard. « La manne dans le désert ! s'écria Balzac, ô Albéric premier ! on voit bien que vous connaissez les grignoteuses de l'Opéra : vous venez ici comme si vous alliez en partie fine. — Trop fine! dit Albéric » en voyant le menu.

Or, le menu, c'était une botte de radis, un vol-au-vent et des pieds de cochon. « Comment ! dit Balzac avec fureur, on n'a pas truffé les pieds de cochon ? »

Laurent Jan l'apaisa en lui disant : « Voilà ce que c'est ! tu ne penses qu'à truffer ton style. »

Balzac embrassa Albéric tout en mettant le nez sur le homard et sur le pâté. « Vous sauvez la vie de mes convives, lui dit-il; nous boirons à votre santé. Ourliac, courez au cabaret : vous êtes malin, vous nous dénicherez sous les fagots quelques bouteilles du temps de la comète. »

Ourliac soupira : « Ce Balzac est décidément marié à l'Illusion, il veut trouver du vin de la comète dans un cabaret qu'on a bâti l'an passé ! »

Le dîner fut gai, n'en doutez pas. Ourliac avait fini par dénicher deux bouteilles de vin de champagne et six bouteilles de Moulin à vent.

Aussi les têtes tournèrent quelque peu. Naturellement on réforma le monde ; on fit des maréchaux de France littéraires et on fonda une maison rivale de la maison de Rothschild. Au dessert, tout le monde était riche et glorieux ; ce qui est, après tout, la plus belle ivresse.

Balzac redevint silencieux, car il poursuivait son rêve ; il continuait un roman ; aussi nous étions encore à table quand il disparut. « Il est admirable, dit Laurent Jan. C'est beau d'avoir la foi ! Pendant que vous allez fumer comme des cheminées, Balzac va écrire dix pages.

Nous autres, nous disons : « A quoi bon ? car il n'y a point de livre qui soit lu si ce n'est un almanach ! »

Je résumai la moralité de tout ceci : « Pauvres moulins à paroles que nous sommes ! Balzac ne parle pas, il veille ; quand nous serons rentrés à Paris, il veillera encore ; peut-être que demain matin, quand se levera le soleil, il dira comme Titus et Mademoiselle Déjazet : « Je n'ai pas perdu ma nuit ! »

Le Tout-Paris du tems raconta de bouche en bouche, de plume en plume, que M. de Balzac avait donné un festin sardanapalesque à ses amis. Il le croyait !

II

Le Réel et l'Idéal

Chateaubriand, un de nos maîtres du romantisme, disait que l'idéal c'était le réel ; mais il cherchait trop son idéal en dehors du réel.

Ce fut surtout dans les poëtes de la Renaissance que je pris mes belles leçons de grammaire poétique. Les maîtres qu'on donne pour exemple dans l'Université sont ceux qui datent du règne de Louis XIV : ainsi le législateur du Parnasse. C'est le tiers état de la poésie, il ne sait ni descendre ni monter. Il n'a pas les fiertés de la noblesse, il n'a pas le coloris risqué de la canaille. Il trie sur le volet les mots de la langue, rejetant tout ce qui blesse son goût bourgeois ; aussi ce législateur a édicté des lois fatales qui n'ont servi qu'à embourgeoiser la poésie. J'étais ravi de trouver dans les victimes de Boileau des mots de vérité et de nature qui donnaient une physionomie aux vers comme les femmes se mettent au décolletage pour accentuer leur expression. Voici, par exemple, deux mots que je souligne dans deux jolis quatrains de la Pléiade :

> *Sur la vague caressante*
> *Elle était jusqu'au* nombril,
> *Comme l'aurore naissante*
> *Peint les roses en avril.*

Avouez que ce joli tableau d'une fraîcheur si matinale n'est pas déparé par le *nombril*, non plus que dans celui-ci les *draps* ne déparent l'action :

L'amour ne vit que de mensonges.
Jeanne se roulait dans les draps,
Les yeux clos comme en proie aux songes,
Pour qu'il la prenne dans ses bras.

C'était une bonne école littéraire que celle de l'impasse du Doyenné, d'abord parce que les poëtes y étaient tous un peu peintres, et parce qu'on y avait en horreur la vaine solennité. Théo était un maître excellentissime ; il nous disait : « Fuyez toujours l'épithète musicale pour l'épithète qui peint, et prenez garde d'ensevelir votre style sous les épithètes. »

La question du Réel et de l'Idéal était souvent sur le tapis vert du jeu de l'esprit, témoin ce sonnet que je rimais en 1835 :

Le Réel et l'Idéal

Sous le soleil j'ai vu ce tableau dans la rue
De Lape-aux-Auvergnats : un batteur en gaieté,
Yeux verts, nez rubicond orné d'une verrue,
Marquait sa lèvre noire au front de sa beauté.

Tu ne t'en souviens pas, marchande de morue ?
Il l'emmena riante au comptoir à côté,
Et la cabaretière, en chemise accourue,
Vous versa deux canons avec sérénité.

Sur quoi le chaudronnier prend la dame à la taille.
Des manières ? Pif! paf! On se prit aux cheveux.
Ah! mais la poissonnière avait des bras nerveux!

A ce moment critique, entra dans la bataille
Une enfant blanche et rose, une fleur de pommier,
Un bouquet de jeunesse étoilant ce fumier!

Voltaire disait : « Je n'ai jamais fait une phrase. » Un jour, un enthousiaste se présente, s'inclinant jusqu'à terre. « Lumière du monde, je vous salue. — Ma nièce, s'écrie Voltaire en riant, allumez la chandelle. » C'est la grammaire en action.

Dans la Bohême romantique, chacun de nous s'efforçait d'être simple, étudiant la nature, mais, sans contraindre son tempérament. Nous avions tous notre manière en prose et en vers. Nous n'étions pas plus de la nouvelle école que de l'ancienne, à cela près que nous nous efforcions de peindre en écrivant.

Tout homme est son maître et se fait sa grammaire. Mais il faut *savoir lire* avant de *savoir écrire*, savoir regarder la nature avant d'en peindre les tableaux. Les petits esprits soutiennent que, par les règles, on arrive à l'éloquence ; les grands esprits sont éloquens sans penser à l'être. Bossuet est souvent trop étoffé, mais Voltaire est souvent trop court vêtu. Quand un styliste vous éblouit, vous dites : « Il fait des phrases. » Prenez garde : la nature fait aussi des phrases. N'est point simple qui veut, mais n'est pas prodigue qui veut. Il faut tour à tour surprendre et charmer, tantôt avec la robe à queue, tantôt avec la jupe légère.

S'il y a une école, c'est la grande école de Dieu. Or Dieu lui-même ne hait pas les phrases.

Le monde est un livre écrit dans tous les styles. Moïse n'est pas plus grand, Homère n'est pas plus beau, Salomon n'est pas plus passionné, Corneille n'est pas plus sublime. Les orages et les tempêtes, les mugissemens de la mer, les ténèbres de la forêt, les avalanches des Alpes, les éruptions des volcans, les hurrahs de la victoire, les déchiremens de la passion, ce sont des phrases. Le Niagara avec « ses colonnes d'eau du déluge », ses îles suspendues, ses torrens, ses cataractes, ses tourbillons, ses arcs-en-ciel, est un prosateur qui fait des phrases poétiques; comme la vallée de Tempé est une muse qui fait des vers amoureux. Le mont Ossa, tout peuplé encore des ombres des Titans révoltés, est un philosophe, qui, à travers le bruit, se recueille pour étudier les dieux du passé. Il voit sans sourciller les colères du torrent qui se brise sur les rochers pour tomber un peu plus tôt dans le gouffre invisible. C'est la vie, c'est la révolte, c'est la mort, c'est l'infini. Oui, la nature, l'œuvre du maître des maîtres, a toutes les notes de la gamme du style. Elle chante le poëme comme le sonnet, la tragédie comme la chanson. Elle est épique comme elle est rustique. Est-ce donc avec le même style qu'elle salue le printems et l'automne, l'été et l'hiver, le pommier de la Normandie et le pampre du Pausilippe, les moissons du Soissonnais et les neiges des monts inaccessibles?

III

A Alphonse Karr

Il n'y a guère, qu'un demi-siècle que nous nous connaissons. Vous souvient-il, mon cher Karr? Les femmes vous acclamaient, parce que votre premier roman leur faisait tourner la tête de votre côté. Vous avez débuté par toutes les bonnes fortunes : celles du cœur et celles de l'esprit. Les jeunes gens juraient par vous et pour vous ; aussi nous sommes allés, Théophile Gautier et moi, vous serrer la main dans votre jardin de la rue Vivienne, près de la Bibliothèque royale, impériale, nationale, où, grâce à Dieu, nous ne mettions jamais les pieds. Votre jardin, parlons-en. Ceux de Sémiramis n'étaient pas dignes de monter jusque-là, car votre jardin, comme une île volante, était perché au septième étage, presque au pays des étoiles. Un merle qui sifflait non loin de là parachevait l'illusion. Les arbustes me semblaient des chênes de la forêt de Dodone. D'ailleurs, je suis bien sûr que les trois arpents de Platon n'ont jamais donné tant de fleurs que les trois fois trois mètres de votre promenoir. C'était éblouissant : des roses partout, des roses de toutes les paroisses, de tous les parfums, de toutes les couleurs, moins la couleur bleue que vous cherchiez déjà. Vous avez tout trouvé, hormis cela.

Vous aviez un saule pleureur et un frêne pleureur. Ces deux arbres, aux deux bouts du promenoir, versaient toutes les larmes du Stéphen et de la Magdeleine de *Sous les Tilleuls*. Or, Stéphen, c'était vous; or, Magdeleine, c'était elle. Combien de femmes montaient vos six étages pour vous consoler de la mort de Magdeleine ! Mais vous ne vouliez pas être consolé, — afin d'avoir toujours des consolatrices.

Quel accueil charmant ! Théo n'avait jamais fumé ; il tint de vous son premier cigare. C'est grâce à vous qu'il noya dans les rêveries des Indous les heures grises de la journée. On causa bien un peu littérature, quoiqu'on fût du bâtiment, mais on parla surtout des femmes. Théo en dit tant de mal — il ne les connaissait pas encore — que vous lui prédîtes qu'à la première occasion il se roulerait, désespéré, aux pieds d'une fille quelconque. Prédiction qui s'est réalisée, puisque le plus furieux amour de Théo tomba sur une demoiselle de Bréda-street et que bien peu de jours après notre visite au jardin babylonien de la rue Vivienne, nous séparâmes Théo et sa maîtresse qui se battaient galamment par jalousie. Vous lui avez dit, en voyant qu'on s'était arraché des mèches de cheveux : « Vous vous aimez donc bien ! »

Ce jour-là on nous retint à dîner. Pendant la fête, jamais amoureux ne furent plus doux et plus tendres;

c'était Daphnis et Chloé. Aussi, en hommes bien élevés, nous ne nous attardâmes pas à table, pour laisser les combattans en face d'eux-mêmes.

J'avais été quelque peu surpris de ne pas trouver en votre célèbre jardin une petite pièce d'eau. Mais à la saison suivante, j'allai déjeuner avec vous dans votre second jardin, rue de la Tour-d'Auvergne. Là, non seulement il y avait un lac où vous nagiez, ô homme de la mer, mais il y avait un chien de terre-neuve pour sauver les nageurs moins intrépides que vous. Plusieurs de vos amis qui avaient la fatuité de se croire des Neptunes n'ont dû la vie qu'à votre chien. Vous-même, un jour que vous avez piqué une tête trop profondément, le terre-neuve vous saisit par l'épaule et vous ramena tout ensanglanté au rivage, ne comprenant pas que vous aviez voulu jouer à cache-cache. Le terre-neuve est l'ami de l'homme, à la condition qu'il finisse par le manger.

Votre troisième jardin, ce fut l'Océan. Le quatrième fut la Méditerranée. La mer était votre boulevard des Italiens, mais la mer, toute fascinante qu'elle soit, ne vous a jamais arraché au pays des roses. Aussi, pendant que d'autres moins savants que vous ne laisseront dans le souvenir des hommes que l'odeur des rats de bibliothèques et d'académies, vous laisserez le parfum du jardin des racines grecques, des fleurs latines et des roses françaises.

IV
Vieille lune
1836

Tout salon doit être un théâtre, voilà pourquoi il y faut des acteurs de haute lignée; quel que soit le décor, la pièce doit être bonne; mais, s'il y a des flux de grands hommes, il y a des flux de médiocrités. En la Restauration, on eut, sous la présidence de la duchesse de Duras, des assauts d'esprit par Chateaubriand, de Maistre, Bonald, Lamartine, Hugo, Lamennais, Laplace, Cuvier, Vigny, de moins illustres, sinon de moins spirituels. Le baron Gérard et Mme Sophie Gay se disputaient alors les célèbres comédiens des salons. Le Directoire riait de la Restauration, mais la Restauration fermait sa porte au Directoire. Mme Lebrun, toute vieille qu'elle fût, avait l'art de réunir les figures les plus opposées sous prétexte qu'elle avait peint les femmes de toutes les opinions pourvu qu'elles fussent belles. On s'étonnait de la voir encore toute vivante avec un air de coquetterie; elle parlait de son troisième printemps comme une ingénue parle de son entrée dans le monde.

Mme Sophie Gay jetait toujours feux et flammes, nouant, dénouant, renouant des passions comme en ses jeunes années.

J'ai étudié de près ces deux Célimènes surannées; c'est bien loin de moi, mais combien de figures sont loin de moi!

J'ai vu beaucoup de ces prodiges qui nous font un instant contemporains de six ou sept générations.

C'est ainsi qu'en 1836, je me suis aventuré dans le petit salon de cette quasi-centenaire qui avait retrouvé des amis et des amies. Un peu plus, elle peignait mon portrait; du moins elle me crayonna.

Cette quasi centenaire qui était déjà célèbre en 1775 et qui sera encore célèbre en 1975 et qui sera toujours célèbre c'était Mme Vigée-Lebrun, une incomparable portraitiste qui a imprimé un charme inouï sur toutes les figures qu'elle a peintes depuis les reines jusqu'aux bergères — on dit aujourd'hui jusqu'aux vachères, et on a raison.

Le hasard lui avait mis entre les mains un de mes romans ; aussi elle m'a parlé avec ce joli sourire romanesque des femmes qui ont aimé sous Louis XVI. Je la croyais morte depuis longtemps. « Je m'habitue à vivre, même depuis que je ne vis plus, » me dit-elle bien doucement.

Si elle n'eût été fagotée comme les femmes de 1836, si au lieu de ce chapeau cabriolet qui encadrait mal les visages, elle eût porté allégrement le chapeau rembranesque à plumes d'autruches, on eût reconnu encore une des habituées de Trianon.

Au fond, elle ne se retrouvait plus. Où étaient, en effet, toutes les figures de son temps? Elle se consolait en peignant toujours et en écrivant ses mémoires. « Quoi ! lui dit Janin, vous faites encore de ces admirables portraits qui font la joie de mes yeux ? — Non, dit-elle tristement, on ne veut plus poser devant moi, on a peur que je fasse vieux. »

Janin offrit de poser comme un ange. « Non, reprit-elle, je me contente de peindre des paysages. La nature ne fait pas de façons quand je reprends mes pinceaux. Et puis, n'ai-je pas peint toutes les expressions de la figure humaine ? Savez-vous que j'ai fait six cent soixante-deux portraits, tout un monde dans toutes les capitales de l'Europe ! Il n'y a pas de grande famille qui n'ait un portrait de moi, j'ai saisi partout le caractère et la race. Je suis une historienne ! » La vieille artiste dit ces mots avec une noble fierté. Elle disait juste ; j'aimerais bien mieux les six cent soixante-deux portraits de Mme Vigée-Lebrun dans une bibliothèque que toutes les histoires écrites depuis trois quarts de siècle.

Naturellement, chacun de nous lui secoua l'encensoir d'une main pieuse. Elle nous dit ensuite que la nature, toute bonne et toute belle qu'elle soit, ne la consolait pas. « Quand je faisais des portraits, poursuivit-elle, je peignais pour des gens qui me flattaient et qui me couvraient d'or, tandis que la nature ne me flatte pas et ne me paye pas. »

Mme Vigée-Lebrun en était à son deux centième paysage, dont on ne voulait pas, quoiqu'elle eût encore de l'œil et de la main. Les nouveaux venus, Rousseau, Dupré, Marilhat, avaient démodé tous les anciens paysagistes français.

Pradier était parmi nous. Mme Vigée Lebrun lui demanda brusquement si on faisait des chefs-d'œuvre dans le tripot académique. « Je n'y vais jamais, répondit Pradier. — Vous avez bien raison ; je ne pardonne pas à cette vieille folle, plus vieille que moi, de ne m'avoir pas nommée dans mon temps, car je suis de toutes les autres académies du globe. — Ce n'est pas cela qui vous a fait une belle jambe, reprit Pradier. — Ah! ah! ah! sous le règne de Louis XVI, vous m'auriez suivie sur les quais par les coups de vent, ô faiseur de déesses ! »

Elle parlait bien du passé et ne comprenait rien aux mœurs de 1836. Je crois l'entendre encore nous conter avec quelque poésie son retour en France, car on sait que pendant la Révolution elle avait couru le monde. Écoutez-la parler si je me souviens bien :

« Après tous mes pèlerinages, je suis revenue en France, mais je n'ai pas retrouvé mon pays. Que voulez-vous, le pays de l'artiste et de la femme, c'est la jeunesse ; or il commençait à neiger sur mon front. Le doux règne de l'espérance était passé : le devoir sévère de la vie dessinait déjà des rides sur ma figure, ma beauté avait pâli comme un soir d'automne, l'hiver s'annonçait déjà et je ne retrouvais pas les amis qui nous refont un printems par leurs souvenirs.

« Voilà pourquoi je me souviens toute seule ; mais j'ai beau tendre les bras vers les ombres évanouies, elles ne reparaissent qu'avec un suaire. O ma jeunesse ! J'ai du moins cette consolation de vous avoir couchée dans le tombeau blanche et pure comme le lys.

« Et maintenant que j'ai égrené le chapelet des souvenirs, maintenant que je n'ai plus d'espoir qu'en Dieu, je donne une dernière larme à mes vingt ans, en remerciant le ciel d'avoir consolé par les joies de l'art celle qui ne devait jamais avoir les joies de l'amour. » Elle penchait tristement la tête. Je lui dis : « C'est que Dieu n'est pas prodigue pour ses meilleurs enfans. Ceux qui ont ceci n'ont pas cela, mais tous trempent leurs lèvres dans la coupe amère ; si on aimait trop l'hôtellerie de la terre, on ne songerait pas au ciel. C'est le pays natal où tout le monde retourne. »

V

La jeunesse dorée

A Paris, je fus vite déprovincialisé, d'autant mieux que j'étais originaire de Paris et que j'y retrouvais je ne sais quoi d'un autre pays natal. J'appris tout de suite l'art d'être raisonnable sous des airs de paradoxe et de fantaisie. J'appris aussi la géographie de l'amour parisien, qui n'est pas du tout la géographie de l'amour en province. La vertu départementale ne baisse son pont-levis qu'après un siège en règle, sinon de quelques semaines, du moins de quelques jours.

Un soir de mars 1837 le frère de Champfleury, ce grand archéologue qui a signé des in-folios, me conduisit rue Marie-Stuart dans un atelier de fleuristes où il étudiait l'histoire des races préadamites. Une des jeunes fleuristes, Mlle Athénaïs, retenez bien son nom, me demanda si je voulais apprendre l'art de faire des lys et des roses. Elle était fort jolie. Je me penchai sur elle en lui demandant quel jour elle voulait venir souper avec moi. Je croyais qu'elle allait me remettre à huitaine, mais elle me répondit : « Ce soir, chez moi rue Marie-Stuart sur le coup de minuit. » Et elle me donna sa clef. Je compris que je n'étais pas à Laon ni à Soissons. Ce coup de minuit me prouva qu'à Paris on ne remet pas les soupers au lendemain.

Au bout de quelques jours, comme je devenais héroïquement amoureux d'elle, je m'aperçus qu'elle ne remettait pas non plus les choses au lendemain avec d'autres amoureux. Un amoureux averti en vaut deux. Cela me mit en garde contre les anges d'occasion. Je ne les aimai pas moins, mais je fis bon marché de ma foi en elles et je ne tombai pas dans la sainte bêtise des Roméos qui chantent leur désespoir sous le balcon des Juliettes.

Je fus d'ailleurs bientôt affilié à une mauvaise compagnie, qui ne passait jamais par le pont des soupirs et qui vivait sur cette morale : « Un galant homme doit avoir plusieurs femmes dans son jeu et ne pas se contenter de la dame de cœur. » Il faut aussi jouer avec la dame de pique, la dame de trèfle et la dame de carreau.

Qui n'a passé par les griseries des *Vendanges de Bourgogne?* Bien avant qu'Eugène Sue ne jouât le Rodolphe des *Mystères de Paris*, où il osa conduire le grave lecteur du *Journal des Débats* dans la rue aux Fèves, il se déguisait en maquignon pour maquignonner les jolies coquines qui se risquaient à la descente de la Courtille. Beaucoup d'autres camarades se déguisaient pareillement en amis de ces dames : Il arrive ! il arrive ! Et on voyait défiler le comte Germain, ce pair de France que les filles appelaient mon cousin Germain ; Gilbert de Voisins, qu'on appelait mon voisin et qui ne savait jamais s'il avait épousé la Taglioni ; d'Alton-Shée, qui dansait la carmagnole ; Roqueplan, qui haranguait le peuple sous le masque de Figaro ; le prince de Belgiojoso, qui changeait tous les jours de princesse; Romieu, ce fléau des hannetons, qui bourdonnait son esprit en ses vacances de préfet.

Dans la Bible, le livre des livres, Job pleure sur son fumier, et Salomon chante le *Cantique des cantiques*. Le monde passe ainsi des larmes à la gaieté, parce que c'est la loi de la vie. Il faut saluer ceux qui pleurent, mais il faut rire avec ceux qui rient, car le rire a ses vaillantes vertus.

J'ai vu les scènes les plus folles au cabaret des *Vendanges de Bourgogne*, au temps des descentes de la Courtille. Nous soupions mal, mais en très gaie compagnie : Théo, Beauvoir, Clément de Ris, La Fayette, d'Alton-Shée, Belgiojoso, Gavarni, Rogier, Malitourne, Roqueplan, Seymour, combien d'autres qui sont encore vivans ! Le fils des trois Dupin, comme on disait, y fit un jour son entrée dans le monde ; je crois même que son précepteur attendait à la porte. Il était habillé en dandy irréprochable. « Ce n'est pas la mode du jour, lui dit Roqueplan, vous voyez bien que nous sommes tous habillés comme milord Arsouille. »

Le fils des trois Dupin, déjà digne de ses pères, était confus de se voir trop bien habillé. Clément de Ris lui conseilla de jeter un peu de vin de Bourgogne sur son gilet blanc pour être à la hauteur de ses autres compagnons. Il obéit gaiement en se versant sur la poitrine toute une coupe à vin de Champagne remplie de vin rouge. Alors il fut parfait. C'était le baptême de la vie orageuse — style du temps.

Romieu était en ces rencontres l'animal le plus railleur et le plus sentimental. Il dit tout à coup : « Vivent les grisettes ! Ces demi-comédiennes qui se grisent avec nous sont jolies dans leur dépenaillement ; mais qu'est-ce que cela prouve ? — Vous avez bien raison, dit le prince de Belgiojoso, ce sont des filles sans cœur : on leur dirait de se jeter par la fenêtre pour nous faire plaisir, pas une n'obéirait ! »

Malitourne prit la parole en sage de la Grèce. « Voyez-vous, dit-il, il n'y a encore de bon que la petite ouvrière qui a un amant comme moi et qui s'en contente. — Eh bien, celle-là n'est pas difficile », dis-je à Malitourne. Il se gendarma. « Ah ! vous croyez qu'on ne peut pas être aimé pour soi-même par une simple fleuriste qui ne songe qu'à ses fleurs et à ses amours ? »

Malitourne, à moitié gris, essuya une larme. Je demandai s'il n'y avait pas là un médecin, mais il continua avec abondance de cœur : « Vous n'imaginez pas comme je suis heureux depuis plus de trois mois que j'ai rencontré Athénaïs, car elle s'appelle Athénaïs tout comme la Montespan, mais elle vaut mieux que la maîtresse de Louis XIV. Je lui ai loué, rue Marie-Stuart, deux jolies chambres sous les toits, où elle chante comme un oiseau. Elle a déjà acheté, pour le printems qui vient, des fleurs naturelles... « Qu'elle arrosera de ses larmes, dit Roqueplan. — En attendant, dit le prince Belgiojoso, je suis sûr qu'elle arrose des fleurs artificielles. — Ne riez pas, reprit Malitourne, vous voudriez bien être à ma place, car Athénaïs est une vertu de neige. »

Un grand éclat de rire. « Pourquoi pas ? dit une des drôlesses du souper, il y a des jours où je suis aussi une vertu de neige, car je fonds dans les bras. »

Malitourne redemanda le silence. « Je vous dis que ma maîtresse est la huitième merveille du monde, car elle est heureuse sans argent. — Je m'en rapporte à vous, ô Malitourne ! — Je ne lui donne pas un sou pour lui faire aimer son travail. Il faut voir courir ses mains de fée ! — Pourquoi ne l'épousez-vous pas ? — Le mariage tuerait l'amour. — Une motion, Messieurs, dit le prince : si nous allions voir cette huitième merveille du monde ? — Eh bien ! dit Malitourne d'un air impérial, vous la trouverez chastement couchée dans un lit blanc comme un lit de vierge. — Oui, le sommeil de l'innocence. En route, Messieurs. »

Malitourne paraissait indécis ; il voulait et ne voulait pas montrer celle qu'il avait conquise par occasion dans un bal des dimanches. Comme il revenait d'une mission en Espagne, il avait fait accroire à l'ingénue qu'il était ambassadeur à Tombouctou. « Voilà Malitourne qui recule », dit Roqueplan ; son Athénaïs est une invention. » Devant ce mot, Malitourne se leva et nous invita à trois, lui quatrième, à monter dans la voiture du prince.

Un quart d'heure après, nous étions rue Marie-Stuart. On viola le silence de cette vieille maison tout endormie ; la portière y mit pour cent sous de bonne grâce ; elle passa une jupe et alluma une chandelle. « Je crois, Messieurs, que Mlle Athénaïs est sortie. — Comment, à quatre heures du matin ? »

Malitourne dit que c'était une calomnie. Il prit la chandelle des mains de la portière et il nous montra une clef, de l'air d'un homme qui ne doute de rien.

Nous entrâmes. Athénaïs était envolée, mais elle avait laissé un mot sur le manteau de la cheminée. Je reconnus l'écriture déliée et l'orthographe avancée : « Mon chair ami, si tu vient de bonheur tu ne me

« trouvra pas j'ai été portez un bouquet de mariée
« chez la pratique Vient jeudi dans la journée demain
« jattan le cousin du prefé. »

Je dis à Malitourne : « Et de trois ! sans compter que moi-même j'ai eu l'honneur de dénouer les souliers de la demoiselle. » Il était pâle et stupéfait comme un homme qui a reçu un pot de fleurs sur la tête. « Pourquoi trois ? » demanda-t-il. Je comptai sur mes doigts : « 1° Celui qu'elle est allée rejoindre au bal ou chez lui ; 2° celui qui devait la réveiller ce matin ; 3° le cousin du préfet qui doit venir dans la journée. »

Ce qu'il y eut de comique en ceci, c'est que Malitourne, à son tour, compta sur ses doigts, ne sachant plus où il en était. Heureusement, le philosophe reparut sur l'amoureux. « Ah ! mes amis, dit-il devant les rieurs, toutes les femmes sont la même, comme a dit La Rochefoucauld, ou plutôt vous aurez beau aller à l'École des Femmes, vous ne les connaîtrez jamais. »

En vérité, le carnaval me semblait amusant en ce tems-là avec les Athénaïs. C'est peut-être parce que j'avais vingt et un ans.

VI

Résignation

J'étais un rêveur, mais le cœur content je souriais de tout, même des amertumes de la vie. M. de Voltaire disait en pensant aux optimistes : « Il faut être content. » Puis se tournant vers les misères de la vie, il s'écriait : « De quoi ? » Il était injuste envers sa destinée celui que j'ai appelé le roi Voltaire. N'a-t-il pas eu toutes les royautés ? A dix-huit ans, il était acclamé au Théâtre-Français pour sa première tragédie. Après quelques jolies amourettes, il devenait l'amant de cette belle Adrienne Lecouvreur, tout un roman et tout un poème. Et par surcroît, elle le trompait, ce qui lui apprenait la passion. Roi, il l'était encore parmi les philosophes et parmi les mondains. Beau joueur, il devenait riche en pleine jeunesse : autre royauté. Il lui suffisait de rimer un compliment à madame de Pompadour pour obtenir un brevet de gentilhomme de la chambre du roi, ce qui était à la mode en ce tems-là. Il se payait même la royauté des folies, puisqu'il devenait chambellan du roi de Prusse. Après quoi, il fondait son royaume à Ferney, d'où il écrivait des lettres toutes royales à sa cousine la grande Catherine de Russie. Il daignait même s'occuper de son cousin le roi du ciel, puisqu'il bâtissait une église et la dédiait à Dieu. J'en passe et des meilleures parmi les pages glorieuses de sa vie. Il n'y avait donc pas de quoi se mettre en colère, puisqu'il vivait gaiement ; mais il était du bel air alors, comme aujourd'hui, de se moquer des optimistes, surtout quand on riait entre amis devant une table généreuse ou au coin d'un bon feu. Il fallait prouver qu'on était philosophe. On me dira : Voltaire ouvrait sa fenêtre sur l'humanité pour l'étudier sous ses larmes. Je crois qu'il ne l'ouvrait pas souvent, quoiqu'en ses derniers jours il fût bon apôtre, trouvant l'éloquence du cœur, lui, le railleur perpétuel, pour se faire l'avocat des sacrifiés. Quoi qu'il en soit, Voltaire demeure et demeurera un optimiste malgré lui et malgré son admirable conte. Moi qui n'ai pas l'esprit de Voltaire, j'avoue, comme Candide, que je suis un résigné. Voltaire disait encore : « Tout est bien, tout sera mieux. » C'est mon rêve : comme tant d'autres, j'ai fait un pas en avant vers l'avenir espéré, dans un profond amour de l'humanité, mais je n'ai jamais cru qu'il fallût servir son prochain en pleurant sur son sort. Les doléances sont d'un cœur lâche, la gaieté est une des vertus de l'esprit, puisqu'elle le réconforte. Cachons nos larmes et ne pleurons que chez nous.

Après les larmes de Job et de Jérémie, Salomon vient et s'écrie : « Je vivrai en toutes délices. » Il avoue que tout n'est que vanité, mais il avoue aussi qu'il n'y a rien de meilleur que de « s'éjouir et faire bien sa vie ». *Omnia tempus habent. Tempus flendi et tempus ridendi, tempus plangendi et tempus saltandi.* J'aime mieux Salomon que Jérémie. Je ne veux pas me lamenter, je veux chanter le *Cantique des cantiques*.

Bien loin de montrer le néant à la femme, je veux lui dire comme Salomon : « Tes seins sont des colombes lavées de lait, tes dents sont comme un troupeau de jeunes brebis remontées du lavoir chacune avec deux agneaux blancs. Tes joues sont des vergers où rougit la pomme, tes lèvres sont des roses distillant la myrrhe précieuse, tes mains sont pleines d'hyacinthes, tes cheveux, branches de palmes effluées, sont noirs comme un corbeau. Je descendrai au jardin pour regarder la vigne. »

Les luxuriances radieuses de la nature prouvent que Dieu sourit à tous les hyménées des bois et des prairies. A chaque pas, notre pied heurte un nid d'amoureux. Puisque le mot amour remplit toute la terre, ne voyons pas en Dieu un maître jaloux qui veut les flagellations et les désespérances, ouvrons notre cœur à tout amour et à toute joie, dans les interrègnes des douleurs que nous impose notre passage sur la terre. Voilà la science et la philosophie.

Faisons la tombe moins noire par l'aurore du réveil. Aimons la vie dans toutes ses phases, souriante ou désolée. Si nous ne sommes pas en scène, ne sifflons pas de parti pris ceux qui jouent leur rôle. Ne soyons pas aveugles devant les miracles de la création.

De quelque côté que l'on se tourne, le monde est un tableau de maître; pourquoi ne pas voir le monde en beau? L'injustice, dites-vous, jette un voile sombre sur toute chose. Mais n'est-ce donc pas déjà un privilège divin que d'avoir le sentiment de la justice? Et n'êtes-vous pas plus heureux dans la dignité de votre misère que ces âpres chercheurs d'or qui vous dépouillent pour ne mettre que le néant dans leur cœur? « Ils se sont élevés haut comme les cèdres du Liban : j'ai passé et ils n'étaient plus! »

Ne nous divisons pas en deux. Vivons corps et âme d'une même vie pendant ce voyage qui a ses angoisses mais qui a aussi ses rivages aimés et ses horizons rayonnans. Que la science et la philosophie se prennent enfin d'un même amour. Que ce soit aussi un mariage intime, pour qu'elles nous conduisent toutes les deux à la douceur de vivre.

Est-ce Platon ou Épictète qui a dit ce beau mot : « Assieds-toi au banquet de la vie, mais ne t'y accoude pas, car l'esprit des dieux court sur la table. » Eh bien, mes amis, loin de renverser la table si elle est mauvaise, évertuons-nous à la faire meilleure.

Dès mon entrée dans la vie j'ai étudié ces deux philosophies : Héraclite et Démocrite. J'ai fermé bien vite la porte au pleurnicheur sempiternel. Si la vie n'est qu'un enterrement, pourquoi ne pas se faire enterrer tout de suite ? En ma première jeunesse, je pouvais pourtant dire, comme Voltaire, qu'il n'y avait pas de quoi être content. J'ai déjà conté comment il me fallut traverser des jours très rudes par le froid et la faim, abandonné de ma famille, dans l'âpre travail de la pensée, cet abyme ou plutôt ce tonneau des Danaïdes. Depuis ma première jeunesse, ma vie a paru toute joyeuse aux curiosités du dehors, mais pour ceux qui regardent de plus près, combien de tristesses cachées ! Tout homme, même le plus heureux, monte son Golgotha. Tout rayon de bonheur se paye par des jours d'orage. Je n'en suis pas moins resté obstinément résigné, parce que j'ai reconnu que Dieu avait daigné donner à ses créatures une table bien servie : s'il y a des coupes empoisonnées, n'y a-t-il pas des roses au festin ?

Le pessimisme est une mode qui reparait en toute période comme le mercredi des Cendres. Mais quand j'étudie les pessimistes de près, je m'aperçois qu'ils en prennent gaiement leur parti. Ces malades se portent mieux que le Pont-Neuf. Ils dînent à fond et ils sont amoureux de toutes les femmes. Ce sont bien là les gens qui se plaignent que la mariée est trop belle. Ce qui achève de tuer le pessimisme, c'est que jamais un pessimiste ne s'est jeté du haut des tours Notre-Dame. Ils veulent bien pleurer sur les misères d'autrui, mais ils ont trop le culte d'eux-mêmes pour attenter à leurs jours ; ils s'en viennent d'un air douloureux à toutes les gaietés de la vie. Je continue à prétendre qu'il est bien plus brave de prendre un masque souriant pour cacher son cœur s'il souffre. C'est le soldat qui se jette en avant pour donner du courage à ceux qui n'en ont pas. Dieu a mis bien de l'amertume dans nos larmes ; mais ayons la vaillance de rire de tout pour ne pas pleurer de tout.

VII

Le Lendemain de l'Amour

J'étais depuis quelque temps le... superflu d'une comédienne qui ne demandait qu'à s'échapper de ma prison. Les femmes ont la fureur de se mettre en cage pour avoir le plaisir de s'envoler à la première occasion. Trahison, trahison ! c'est la devise inscrite sur le blason de la femme; seulement la femme le traduit par un autre mot. Combien de charmantes créatures ne prennent un amant que pour le trahir !

Ma comédienne qui était fort courue, mais qui jouait hautement la rébellion — sa vertu la retenant au rivage — c'était son expression — méditait contre moi un tour de son métier. Non seulement elle voulait briser, mais briser avec éclat et à l'improviste, pour que je fusse désespéré. Elle en avait désepéré quelques-uns avant moi, qui ne s'en étaient pas encore consolés, tant son éclat de rire déchirait leur cœur. En amour, celui qui quitte n'a pas de chagrin, celui qui est quitté en a toujours. C'est le vainqueur et le vaincu ; la dame savait cela, et elle avait médité de me jeter dehors avec son impertinence accoutumée. Mais le chagrin des autres m'avait mis sur mes gardes ; d'ailleurs depuis quelques jours je la voyais très distraite, parce que son cœur n'était plus là, non pas qu'elle fût déjà amoureuse ailleurs, mais, comme dit Shakspeare, elle tentait l'orage. Un soir, elle me demanda de la conduire au bal de l'Opéra. J'y étais attendu, mais elle ne le savait pas ; elle y était espérée, mais je ne le savais pas. Nous fîmes donc le voyage ensemble, moi vêtu en diplomate, elle en domino blanc, disant que c'était là se refaire une virginité. Une fois au foyer de l'Opéra, ni vu ni connu ! On se donna rendez-vous pour aller souper, mais nous savions bien que nous ne souperions pas ensemble.

J'avais reçu le matin un petit billet parfumé à la violette qui m'appelait à minuit et demi dans une des avant-scènes. Patte de chat, point de signature. Je n'ai pas peur des rendez-vous anonymes. Il est si ennuyeux de voir toujours les mêmes figures, qu'il est amusant d'entrer en conversation plus ou moins criminelle avec des figures qu'on ne voit pas. Il y avait trois ou quatre dominos dans l'avant-scène, mais je reconnus tout de suite, du premier regard, la femme qui m'attendait ; elle portait d'ailleurs un domino de satin noir émaillé de violettes qui me rappelèrent le parfum de son billet du matin.

En ces rencontres, je vais bon jeu, bon argent, ouvrant le feu sur toute la ligne; il faut vaincre du premier coup; il sera toujours tems pour une retraite savante, quand tombera le masque, si on n'a pas deviné la figure. J'étais tombé sur une femme d'esprit, peut-être un peu sentimentale; mais tout est bon à première volée. Je me grisais déjà dans les beaux cheveux du domino noir, quand tout à coup je vis en face mon domino blanc acoquiné avec un homme vêtu comme moi en diplomate, mais chez lui ce n'était pas un déguisement, car il passait les plus belles heures de sa journée à cacheter des lettres. Je jugeai du premier regard que c'était là mon successeur; la dame en avait assez de la bohême; ce coup d'œil me jeta un peu plus dans les bras du domino noir. Toutefois nous n'étions encore qu'au commencement. Des amis survinrent. On se promena. Voilà que bientôt dans le foyer je me trouve face à face avec le domino blanc appuyé au bras du diplomate : « Tu vois que je me venge, me dit la dame. — Moi, je suis déjà vengé, lui répondis-je. — Tu t'es vengé dans le noir. — Noir ou blanc, c'est toujours la même femme. »

La comédienne était redevenue jalouse; sous prétexte de me serrer la main, elle me tordit les doigts, tout en me disant : « Nous soupons toujours ensemble. » Sur quoi, pour me désespérer, elle s'appuya comme une élégie au bras de son diplomate. On eût dit qu'elle allait se fondre en lui.

Quand je retournai dans l'avant-scène, je surpris dans le petit salon le domino noir, à visage découvert, ce qui me réjouit les yeux et le cœur. — J'étouffais, me dit la dame; si mon visage vous offusque, je vais renouer mon masque. — Jamais! m'écriai-je. Pour les autres oui, pour moi non. Comment êtes-vous si jolie et pourquoi ne vous ai-je pas encore vue ? — C'est que vous n'avez pas l'œil des chercheurs d'étoiles. Du reste, je ne suis à Paris que depuis cet hiver. — Qu'aimez-vous à Paris ? — *Moi, dis-je, et c'est assez.* — Vous avez bien raison de vous aimer, car moi si j'aimais quelqu'un, je n'aimerais que vous seule. — Oui, mais vous ne seriez pas seul. Ainsi, quoique je sois la femme la plus vertueuse, j'ai trois ou quatre amoureux qui ont la prétention de souper avec moi. — Souper avec vous ? voilà une bêtise. — Voulez-vous me traduire cette phrase ? — Eh bien, c'est tout simple, on soupe avec une grue, mais avec une femme comme vous, on ne va pas au cabaret, on la reconduit chez elle et on soupe de sa beauté. — Voilà, monsieur, un nouveau chapitre « Brillat-Savarin ».

La causerie dura quelque temps sur ce ton; vers quatre heures du matin, la dame me permit d'aller souper chez elle. J'étais deux fois heureux en descendant l'escalier de l'Opéra, heureux de me venger avant la lettre du domino blanc, heureux de courir l'aventure avec le domino noir. Ce fut cette nuit-là que je forgeai cet axiome : « Il faut se planter ailleurs avant d'être planté là. »

En effet, l'ancienne passion qui m'avait envahi du cœur à la tête tomba comme par enchantement; je sentis mes fers se briser à mes pieds, comme si la coupe des délices et des amertumes fût tombée par accident.

Vers le soir, je vis arriver chez moi le domino blanc, tout en noir. La comédienne s'était mise en deuil pour me toucher et me ressaisir. Elle fut plus charmante que jamais dans son abandon et dans ses larmes. J'essayais de la ramener à la diplomatie, mais elle était devenue si douce et si triste que je faillis lui sacrifier le domino noir. La vérité, c'est que mon cœur était encore tout à elle, mais je pressentais que si je me rejetais à ses pieds, j'y resterais bientôt malgré elle. Ce qu'elle voulait, c'était me réenchaîner sans renouer la chaîne à son cœur. Je fus héroïque, je jouai le scepticisme, je feignis d'avoir perdu mon cœur dans la nuit, j'offris une amitié teintée d'amour qu'on rejeta bien loin, car on voulait tout ou rien. « Oui, lui dis-je, je vous connais : ce n'est pas tout ou rien que vous voulez, c'est tout pour rien ! Vous avez commencé la chanson, mais vous me laisseriez bientôt chanter le refrain tout seul. » Elle n'en revenait pas, car c'était la première fois qu'on la quittait. Encore si elle avait su que je la quittais en l'adorant !

Elle leva la séance. « Adieu donc, me dit-elle, ne vous y méprenez pas, j'ai joué la comédie de l'amour pour voir jusqu'où vous étiez tombé dans le piège de ce domino noir. Ce sera votre linceul ; adieu. »

Elle sortit comme une reine de théâtre.

J'étais à demi consolé par la victoire que j'avais remportée sur moi-même. Je fus bientôt tout à fait consolé par le Sphinx. C'était le nom de guerre de la dame. Mais quelle était cette dame ?

Une singulière créature qui avait soif du romanesque. Femme de trente ans, je ne sais si elle cultivait « les souvenirs et regrets », mais elle ne parlait jamais du passé. Demain pour elle était le jour de fête. Elle avait le grand art de s'attacher tous ceux qui papillonnaient autour d'elle (Augier, John Lemoinne, Feuillet, Alfred de Musset, Ponsard, Beauvoir et quelques princes étrangers), par des chaînes de roses presque chaînes de fer, tant elle tenait bien son monde par ses cajoleries. Comme

Célimène, elle donnait tout, moins elle-même ; ni veuve ni demoiselle, elle prétendait ne s'être mariée que pour la forme. Son mari ayant passé la première nuit des noces avec une maîtresse sous prétexte de dire adieu à sa vie de garçon, elle s'était séparée de lui sans même vouloir garder son nom, quoiqu'il portât le titre de comte et qu'elle fût née simple bourgeoise. Depuis son mariage, elle avait voyagé, très coquette partout, mais ne se laissant pas prendre. S'il fallait l'en croire, elle avait voulu se consoler dans la solitude de ce mariage ridicule, mais sa mère étant morte, sa mère qui la consolait de tout, elle avait enfin débarqué à Paris pour y vivre en toute liberté avec vingt-cinq mille livres de rentes, ce qui lui permettait en ce tems-là d'avoir une voiture au mois pendant l'hiver. Sa maison était sur un très bon pied : elle donnait à dîner une fois par semaine, ce qui ne l'empêchait pas tous les soirs à minuit de recevoir son monde après l'Opéra ou la Comédie française ; son monde se composait de quelques hommes politiques, de quelques artistes et poëtes.

Quand elle m'emmena souper chez elle la nuit du bal de l'Opéra, son premier mot en entrant dans le salon fut celui-ci : « Ah ! si mes amis le savaient ! » Et elle ajouta : « Parmi mes amis, il y en a beaucoup des vôtres. — Eh bien, dis-je, ils ne le sauront pas. » Elle me quitta pour donner des ordres à la femme de chambre à propos du souper. J'étudiai le salon pour le mieux connaître. C'était le style composite : le Louis XVI de seconde main, mal marié à l'ameublement Empire, tout cela se détachant sur des tentures de damas rouge qui eussent offensé les yeux sans quatre tableaux de Baudry et de Cabanel, une *Vénus* et une *Ève*, une *Aurore* et une *Bai-*

gneuse. C'était bien, mais il y avait aussi des tableautins répandus çà et là, qui faisaient mauvaise figure. Quand elle reparut, elle me dit : « Ne faites pas attention, tout cela m'a été donné, l'amitié m'interdit d'avoir du goût, du moins de prouver que j'ai du goût, mais je sais bien ce qui est beau ». Elle montra la *Vénus*, après quoi elle me dit encore : « Ah! si mes amis le savaient! — Vos amis sont donc vos tuteurs? — Non, mais mes amis sont mes amoureux, ils veillent tous sur moi ; ils veillent les uns sur les autres ; si je trébuchais, ils seraient tous là pour m'empêcher de tomber. Ils me tiennent en chartre privée. Il fallut le bal de l'Opéra pour que je puisse m'envoler. — Que diable faites-vous avec de tels amis? — Je vous dis que ce sont mes amoureux, ils m'amusent et ils amusent mon cœur. Dans mon désœuvrement, ne voulant pas prendre un amant, je me contente de vingt amoureux. — Vingt amoureux! — Oui, Monsieur, vingt amoureux, pas un de moins. Le soir, ceux qui sont libres me viennent tenir compagnie, je leur verse le thé en y mettant un peu de mes maléfices, pour qu'ils n'aillent pas trop chanter leurs sérénades ailleurs. Ils espèrent tous l'emporter l'un sur l'autre. Quelquefois ils m'obsèdent. — Que voulez-vous faire contre vingt? — Je m'évertue à les tempérer et à les rallumer s'ils s'éteignent. Me voyez-vous au milieu d'eux comme si j'étais entourée de vingt bougies qui m'éclairent trop ou qui ne m'éclairent pas assez? Je les éloigne ou je les rapproche. »

Je croyais lire un roman, d'autant mieux que la dame était revenue dans un déshabillé charmant : peignoir blanc à la pompadour, bouillonné de dentelles nouées de rubans roses, cheveux désordonnés, petits pieds jouant dans des mules de satin bleu.

Je voulus dénouer un ruban, mais la belle fit la rebelle, ce qui m'inquiéta, quoique j'eusse toutes les bonnes cartes dans mon jeu. « Voyons, lui dis-je, est-ce que vous vous figurez que je vais être votre vingt et unième amoureux? — Non, dit-elle ; d'abord vous ne seriez pas assez sérieux pour cela, ensuite les vingt autres vous assassineraient au coin de la rue. Figurez-vous que tous ces Othellos, quand je leur dis que je vais me coucher, s'entraînent les uns les autres jusqu'au dernier. Ce n'est pas tout : quand ils sont dans la rue, ils se suivent des yeux. Quelques-uns reviennent pour observer mes fenêtres; si je veux les inquiéter, je n'ai qu'à laisser les bougies allumées. »

Tout ceci n'était pas un conte, car la dame m'avait nommé ses amoureux; je me rappelais même que déjà on m'avait parlé d'elle comme d'une coquette incomparable. J'étais enchanté d'avoir passé par la fenêtre : j'aurais désormais la gaminerie de les regarder du haut de ma conquête. Pourquoi me donnait-elle le pas sur eux ? c'est parce qu'elle ne me connaissait pas — la force de l'inconnu! c'est parce qu'elle m'enlevait à une passion, c'est parce qu'elle était affamée de romanesque, comme je l'ai dit déjà. Je n'y étais presque pour rien, il n'y avait donc pas de quoi m'enorgueillir, mais il y avait de quoi m'amuser.

Que vous dirai-je du souper, un souper froid, mais très animé ; la femme de chambre ne parut pas, si bien qu'on put boire dans le même verre. Je n'ai jamais vu une provinciale se parisianiser ainsi à l'imprévu de l'esprit et à l'esprit de l'imprévu. Je me disais : « Je veux bien croire que les vingt amoureux ne sont que des amoureux, mais combien qui sont venus comme moi après l'heure des sérénades! Qu'importe! en amour on n'a pas besoin d'un certificat de vertu pour être heureux. » Je dois dire que le Sphinx se défendait comme un beau diable de ne s'être jamais aventurée en pareilles frasques. J'eus le bon goût de la laisser croire que je n'en doutais pas. Comment ne serait-on pas bon prince avec une femme charmante, qui vous abandonne une gerbe de cheveux blonds répandant des senteurs de foin coupé?

Par malheur, elle eut l'idée de continuer le roman. Comme je ne voulais pas, elle s'obstina; voilà pourquoi elle se prit d'une belle passion.

* *
*

Après cette passion brûlée jusqu'à la dernière flamme, je ne revis plus que de loin en loin la comédienne et la femme du monde. A une première représentation de l'Opéra-Comique, je lorgnais çà et là, quand je vis ces deux grandes coquettes dans une loge de galerie. Oui, toutes les deux ensemble, jouant à la plus belle. On était dans l'entr'acte. Je ne fis qu'un saut de l'orchestre aux premières loges. Je donnai ma carte à l'ouvreuse, qui reparut en me disant que j'étais attendu. J'entre : Trois éclats de rire. C'est que nous étions si loin du temps où on pleurait! C'est vous! C'est toi! Est-ce bien lui? Est-ce bien elles?

Je leur demandai si elles étaient venues pour méditer un mauvais coup.

— Oui, mais pas contre toi.

— Oh! je sais bien : un homme qu'on n'aime plus est moins qu'un chien.

— Oui, dit l'une, c'est étonnant comme je t'ai oublié.

— Oui, dit l'autre, si je n'avais pas chez moi votre portrait, je ne vous reconnaîtrais plus.

Partant de là, toute une causerie philosophique sur les ascensions et les chutes de l'amour.

Le cœur humain est comme la terre. On a beau la bien cultiver, elle se rebute aux mêmes semailles et aux mêmes moissons.

Le Sphinx me demanda si j'avais mis mon cœur en jachères.

— Oui, lui répondis-je. Et vous n'imaginez pas, ma belle amie, comme il se repose sous les herbes sauvages, même sous l'ortie et sous la ciguë.

— Oh! je vous connais, dit la comédienne, vous y replanterez de la vigne.

— Oui, pour que de vos belles dents vous mordiez à la grappe, mais tout est bien fini entre nous trois. Contez-moi vos prouesses d'à présent.

— N, i, ni, c'est fini, dit le Sphinx; je suis revenue au rivage pour ne plus m'aventurer dans la tempête.

— Ni moins non plus, dit la comédienne.

Sur ces jolis mensonges, le rideau se leva, et ce fut une autre comédie.

Le lendemain la comédienne, qui n'était pas au bout de ses coups d'éventail, voulut me repêcher en me renvoyant une ancienne lettre : « C'est tout ce qui me reste de vous, j'ai failli dire de toi ». Je ne voulus pas me laisser reprendre; je fus content d'avoir ma lettre pour me prouver toute ma folie passée; je la donne telle quelle :

« Comédienne, j'ai soulevé ton masque adorable et sous ton masque je n'ai pas trouvé de femme.

« Tu sais jouer tous les rôles, excepté un seul : le
« tien!

« Je t'ai adorée, ô toi qui n'existes pas ! mais je puis
« maintenant passer devant toi sans vouloir te jeter à
« mes pieds ou me jeter dans tes bras.

« L'amour à deux, dis-tu ? Ce qu'il te faut, abyme
« de ténèbres et de rayonnemens, c'est l'amour à
« trois ; — ou plutôt tu ne nourris ton cœur que des
« larmes des deux amans qui s'en disputent les mor-
« ceaux — et les morceaux n'en sont pas bons. — Ce
« que tu cherches dans l'homme, c'est une musique
« joyeuse, passionnelle, déchirante — et quand tu en
« sais la gamme, tu veux briser l'instrument.

« C'est égal, tu es charmante, et quand on t'a aimée,
« on s'en souvient.

« Tu as joué avec le feu, tu n'as brûlé que moi. —
« Et moi, pour voir brûler quelque chose de toi, j'ai
« brûlé tes lettres, fleurs inouïes mais artificielles du
« sentiment, des cris de cœur appris au Conservatoire.

« Adieu ou plutôt, puisque nous sommes réveillés,
« Bonjour ! »

Quand ces dames m'écrivaient, elles s'arrangeaient
bien aussi.

Je recevais tous les jours des lettres de la comédienne
du monde sur la comédienne du théâtre, laquelle avait
un rude bec de plume. La première m'écrivait :

« Elle a trois amans, elle ne se trompe pas en leur
« écrivant, puisque c'est toujours la même lettre ; je ne
« dirai pas la même flamme, car c'est une fille sans feu
« ni foi. Elle t'envoie aussi des fleurs ; combien n'en a-
« t-elle pas envoyé du même jardin à Octave et à
« Émile ! Pauvres fleurs ! étoiles tombées du ciel sur la
« terre. Et quelle terre ! du fumier.

« Tout mon monde est parti, que n'arrives-tu ? Mais
« tu ne crois plus à rien, pas même à mon cœur. As-tu
« perdu, ma chère âme, les croyances et les illusions,
« l'auréole du poëte ? Viens à moi. Je redonnerai l'enfer
« et le paradis à ton cœur. Tu boiras mes baisers qui
« sont des fleurs et des âmes.

. . . .

« Je rêve à vous, je rêve de vous, c'est tout ce qui
« me reste.

« Et toi, tu t'emprisonnes dans ses bras !

« Le théâtre vous a perdu, vous n'aimez plus que le
« mensonge de l'amour, quand je meurs de la vérité de
« ma passion. »

Vendredi, minuit.

« Voilà tout mon monde dehors, je puis causer avec
toi.

« C'est en vain que j'ai erré dans la rue Richelieu. Je
« n'ai aperçu que des comédiens dont les figures gri-
« maçaient à la lune. Pour reposer mes yeux, je cher-
« chais tes yeux, j'ai vu deux étoiles au ciel qui m'ont
« dit que tes yeux riaient chez elle.

« Il me faut donc supprimer mon cœur encore ce
« soir, quand je voulais qu'il éclatât en fanfares
« joyeuses. »

Et tant d'autres lettres de la comédienne du monde
qui ne croyait peut-être pas un mot de tout ce qu'elle
écrivait.

Voici quelques billets qui me venaient de l'autre
comédienne :

« Il est minuit. Qu'importe, puisque je t'aime à toute
« minute et que je te veux à toute heure !

« Mais, si je te rencontre encore avec cette sentimentale

« romantique, je te ferme toutes mes portes. Renvoie-la
« donc à son bataillon d'adorateurs dont pas un ne
« dénouera le ruban de ses cheveux. Son amour est
« lâche, puisqu'elle avoue ses larmes ; moi, je cache les
« miennes parce que j'ai la fierté du cœur. Aussi tu ne
« sauras jamais combien je t'ai aimé ; si je te le dis
« aujourd'hui, c'est parce que je ne t'aime plus.

« Va donc à elle et ne te retourne pas vers moi, car
« tu ne verrais plus que le fantôme de la passion d'un
« jour.

Et tout un volume où elle jouait ainsi de la rhétorique
du cœur. Ce volume d'ailleurs serait un chef-d'œuvre
à publier.

Elle disait un jour en les relisant chez moi : « Comment, elles sont encore là ? Je croyais qu'elles avaient pris feu ! »

GÉRARD DE NERVAL.

VIII

Le Sage et le Fou

J'ai parlé de mon amitié fraternelle pour Gé
Nerval, je n'ai pas dit assez combien j'adm
sage qui passait pour un fou peut-être parce qu'
trait aujourd'hui à Charenton les sept sages de la

Il y avait ceci d'original, qu'il ne fallait qu'un p
que lui pour que Gérard devînt raisonnable.

Je dînais un jour avec lui au café de Paris, dé
de ses divagations orgueilleuses. Les jours de
c'était une violette, les jours d'orage c'était une
rose.

Ce jour-là, j'avais beau faire pour le parquer

nations, elle venait, à certaines heures, dans le silence de la nuit, se jeter dans ses bras pour l'emporter dans un nuage de volupté. Comme il élevait la voix, j'étais quelque peu ennuyé, à cause du voisinage, non pas dans la peur de dîner avec un fou, mais parce que je ne voulais pas qu'on pût rire de lui.

Survint Roger de Beauvoir, qui était en train de divorcer et qui parlait de sa femme d'un air trop dégagé, car, sans le savoir, il l'aimait toujours. Gérard se tut pour l'écouter. Il admirait celle qui fut Mlle Doze, il s'étonnait qu'à peine marié, Roger de Beauvoir courût à d'autres aventures. Aussi il le chapitra vertement; pendant cinq minutes il lui parla des beautés et des vertus de Mme Roger de Beauvoir, comme si elle eût été sa sœur.

« Vous avez commis deux crimes, poursuivit-il doucement pour n'être pas entendu des curieux qui avaient l'œil et l'oreille sur nous. Le premier a été d'arracher au théâtre cette adorable ingénue qui fût devenue une merveilleuse grande coquette. Vous savez que Mlle Mars l'appelait sa fille. Elle serait à cette heure sociétaire de la Comédie-Française. Le second crime c'est de l'avoir épousée pour ne pas en faire une femme du monde. Tout le théâtre vous en veut; c'est bien naturel, vous savez bien qu'une actrice est la fiancée du parterre. Vous avez pris Mlle Doze à ses cent mille amoureux de chaque soir. On vous eût pardonné si on avait pu dire : « Elle est bien heureuse ! » mais elle pleure toutes ses larmes. Que récolterez-vous de cette moisson-là? Vous aviez des amis sans nombre, prenez garde de n'en avoir bientôt plus un seul. C'est l'esprit qui tue votre cœur; prenez garde à votre esprit! Pour moi, je resterai pourtant votre ami, mais, de grâce, ayez pitié de cette jeune femme qui vous aimait bien, puisqu'elle a jeté à vos pieds sa couronne de comédienne. »

Roger de Beauvoir avait voulu interrompre Gérard par un éclat de rire, mais celui qui était fou le regardait avec tant d'âme et lui parlait avec tant de cœur qu'il rentra en lui-même. Le coup frappait juste. Pour la première fois il vit l'abyme ouvert devant lui comme devant sa femme : tous les deux avaient le vertige. Il fut pris d'une soudaine tristesse et il dit à mi-voix : « Pas si fou ! »

Il se fit servir à dîner à côté de nous. Gérard continua à parler comme un sage. Il s'était enfui, la veille, de la maison du Dr Blanche. Je ne pensais qu'à l'y reconduire ; mais, grâce à la folie en action de Roger de Beauvoir, Gérard retrouva tout son équilibre.

Pendant plus de trois mois, on put l'abandonner à lui-même sans qu'il courût aucun risque*.

Ce fut pendant ces trois mois que Roger de Beauvoir, qui ne passa jamais par une maison de fous, continua ses bruyantes folies. On sait qu'un jour il se déguisa

---

* Toutefois le docteur Blanche, Théo et moi, nous avions toujours peur du lendemain pour lui.

Il me dit un jour qu'il voulait en finir avec la vie. Il ne disait pas, comme George Sand, « J'ai trop bu de la vie »; il disait : « Je n'aime plus le vin de la vie ».

Il était sérieux, mais avec une pointe de folie dans la sagesse.

« Prenez garde, lui dis-je, il y a en nous un petit oiseau qui s'appelle l'âme : prenez garde de tuer l'âme, car le petit oiseau ne s'envolerait pas dans le ciel. »

Cette pensée l'arrêta tout court : « N'ayez peur, me dit-il ; je ne me tuerai pas encore aujourd'hui, mais quand je me tuerai, ce ne sera pas d'un coup de pistolet, car la balle pourrait atteindre l'oiseau. »

avec le célèbre Bache, en juge d'instruction et en commissaire de police, pour inquiéter sa femme par une visite domiciliaire. Ce haut fait l'appela devant les tribunaux. Quand je me mis en campagne pour le sauver de la prison, je rencontrai Gérard, qui voulut venir avec moi chez le président Perrot de Chezelles, qu'il connaissait un peu. Je plaidai la cause de Roger de Beauvoir, mais il la plaida bien mieux que moi. « Il ne faut pas lui en vouloir, disait-il avec son doux sourire : pour lui, la vie est une comédie perpétuelle, il se croit toujours en scène ; on rit et on est désarmé. »

Mais tout en jouant ainsi le Capitan et le Fracasse de bonne maison, Beauvoir avait ses heures d'étude où il méritait le mot de d'Aurévilly : « Beauvoir est un Alfred de Musset brun. » On devrait lui élever au moins le monument de ses œuvres, un beau volume de prose, un beau volume de vers, car il faut sauver de l'oubli ce caractère original, ce cœur vaillant, cette imagination toute de lumière, cette poésie qui rit à belles dents et qui pleure à belles larmes. Il faut que ses fils se mettent à l'œuvre pieusement pour l'éclat de sa mémoire toute française.

LIVRE XXXVIII

RACHEL ET ALFRED DE MUSSET

I

Le premier et le dernier chapitre de la vie de Mlle Rachel

C'est le matin; la scène se passe place Royale; quelques merles sifflent et sautillent de branche en branche, sans s'inquiéter des oiseaux chanteurs, ceux qui vivent dans les arbres et ceux qui sont emprisonnés aux fenêtres.

Mais voici d'autres oiseaux chanteurs qui vont interrompre le merle, ce curieux qui s'intéresse à la comédie humaine, puisqu'il aime mieux les jardins de Paris que les forêts solitaires.

Ces autres oiseaux sont une jeune fille et une fillette, mesdemoiselles Sarah et Rachel, deux sœurs qui, imitant les chardonnerets des Tuileries, cherchent leur pain en chantant.

Rachel était toute pâle sous ses oripeaux, une robe fripée à paillettes, des bas blancs mouchetés de boue, des mules orientales trop grandes pour son joli pied. Sa tête penchait tristement sous une couronne de fleurs artificielles où elle avait noué, par des rubans, des roses rouges cueillies je ne sais où. Ses beaux cheveux encore dorés, flambans sur les épaules, mais qui brunissaient déjà sur les tempes, n'avaient pas beaucoup frémi sous le peigne depuis quelques jours. Elle se contentait de les soulever et de les adoucir avec ses mains. De jolies mains comme de jolis pieds. Qui donc l'avait faite si gentille cette fillette de douze ans, qui battait le pavé en jouant de la guitare, tout en chantant ?

Et quelles chansons ! Ce n'étaient pas les chansons des bois, c'étaient les chansons des rues. Les refrains les plus risqués s'envolaient de cette fine bouche, comme des crapauds sortent d'une fontaine.

(*) Sarah Félix, qui a commencé comme Rachel, par le théâtre en plein vent, m'a montré une figure de sa sœur courant les rues avec sa guitare. C'est une fillette de douze ans, une silhouette presque diaphane, une pâle Mignon qui cherche sa patrie en chantant. Deux éclairs passent dans ses yeux, ce sont les premières lueurs de sa renommée. On ne croit pourtant pas, en la voyant si bohémienne et si abandonnée, qu'elle tiendra le monde sous le prestige de son génie, et ramassera dans sa sébille pour son théâtre et pour elle, plus de douze millions.

Émile de Girardin, qui a adoré Rachel, a payé cette figure mille francs à Sarah. Voilà une peinture qui compromettrait un musée, mais elle aurait droit de cité au foyer de la Comédie-Française. C'est un barbouillis, mais c'est de l'histoire.

Cette bohémienne avait de la gazelle, de la princesse et de la bacchante ; on voyait en elle je ne sais quelle rébellion sauvage qui effrayait ; mais comme ses yeux de jeune tigresse captivaient son monde ! Monstre charmant qui cachait la femme et qui répandait déjà des séductions violentes, par ses cheveux tordus en serpens, par ses regards allumés, par les charbons ardens de ses lèvres sur de petites dents aiguës de bête féroce, par sa voix chaude de contralto. Mais elle était inconsciente de cette action voluptueuse ; d'ailleurs elle ne frappait ainsi les sens qu'au moment où elle chantait ses chansons. Au repos, c'était plutôt une Mignon dépaysée ; sa figure, s'adoucissant sous un vague sourire de candeur, prouvait bien vite qu'il y avait encore en elle une enfant sous la comédienne improvisée. Si je dis la comédienne, c'est que déjà cette fillette avait toutes les ressources d'une artiste qui a étudié les éloquences du geste, de l'attitude et de la figure. Elle se campait en petite fille du Cid, elle mettait le poing sur la hanche comme une forte en gueule des comédies de Molière, elle débitait des gauloiseries avec la bouche gouailleuse des Parisiennes de Montmartre.

Pourquoi le sort l'avait-il condamnée à amuser les passans en cachant souvent ses larmes ? car ce n'était pas la première venue, cette jolie fillette, née grande dame et grande artiste.

La sœur de Rachel n'était pas là pour ne rien faire ; elle ne se contentait pas de ses coquetteries de fillette ni de ses jolies variations sur la harpe, elle chantait aussi, mais la bouche en cœur, pour jouer au sentiment. C'était la romance des salons ; les cuisinières versaient une larme et donnaient deux sous. « Ça tombe de l'anse du panier, » disait Esther, qui trouvait déjà le mot.

Un monsieur tout de noir habillé, qui habitait en face et qui venait de descendre pour traverser la place, s'arrêta comme tout le monde, pour sourire à ce spectacle au vent.

Celui-là n'était pas un artiste du pinceau. C'était un artiste de la plume. Comme on le connaissait quelque peu dans le quartier, plusieurs spectateurs s'inclinèrent et le firent passer malgré lui au premier rang.

Il était attendu à un théâtre, mais la figure de Rachel, qui rayonnait d'intelligence, le retint une minute. Il pensa qu'il ne pouvait mieux placer une pièce de cent sous que dans la main de cette gentille vagabonde. Il lui dit : « J'aime les artistes et les enfans. » Rachel lui baisa la main. « Oh ! si on voulait me faire des chansons ! » Il prit quelques feuillets dans la poche de son habit. « Tenez, mon enfant, voilà des strophes qu'un de mes amis veut mettre en musique : chantez-les sur un vieil air, j'aime les chansons des rues. »

Il baisa le front de Rachel et s'éloigna en toute hâte. Rachel pâlit : « Sarah, dit-elle à sa sœur, est-ce que tu ne vois pas une couronne sur ma tête ? — Non, répondit Sarah. Ce n'est pas une couronne, c'est une auréole. » Rachel était transfigurée.

Dans les admirables gravures d'Albert Dürer, il en est trois, les moins connues peut-être, qui représentent la *Création du monde*. Dieu, tout en débrouillant le chaos d'une main, porte l'autre à son front. Et la lumière et l'intelligence jaillissent du front de Dieu. C'est un beau symbolisme. Voilà pourquoi tous les fronts doués sont frappés de lumière et d'intelligence.

Une femme demanda à Rachel si elle connaissait le

nom du monsieur au beau front.— Non. Et vous ? — Il s'appelle Victor Hugo. »

∗

C'est dans mon livre qui a pour titre : *la Comédienne* et qui est le roman de la vie de Rachel, que j'ai repris ces pages écrites d'après les souvenirs de Sarah. Est-ce de l'histoire ? Si c'est une légende, c'est une belle légende. Je reprends aussi quelques pages où j'ai conté la mort de Rachel — une mort éloquente comme une des plus belles tragédies de son répertoire. — C'est qu'elle ne fut jamais en scène, dans sa vie intime, sans exprimer le caractère de la grandeur, même quand elle gaminait.

Le voyage en Amérique fut la première station de la mort de Rachel. Elle y joua pour la dernière fois Adrienne Lecouvreur, morte jeune comme elle après avoir traversé toutes les belles passions. Un journaliste de Charlestown voyait bien le dénouement fatal quand il écrivit :

« Non ! ce n'est pas Adrienne Lecouvreur que nous avons vue, que nous avons entendue dans le dernier acte. C'est Rachel elle-même, disant adieu aux triomphes du théâtre, à l'amour, à la vie. C'est Rachel, qui ne reparaîtra plus jamais sur aucune scène, et dont la glorieuse carrière est terminée. La fiction n'a pas de ces accens ; il n'appartiennent qu'à l'implacable réalité qui accablait la femme sous le rôle de l'actrice. »

Rachel elle-même ne se faisait plus d'illusions ; elle m'écrivit alors : « Attendez-moi tous, je reviens dans mon cher pays, mais hélas ! vous direz encore que je m'en vais, car je m'en irai bientôt dans un autre monde qui n'est ni le nouveau ni l'ancien. »

La mort lui fut impitoyable, car elle la frappa à plusieurs reprises. La pauvre tragédienne se défendit et s'enfuit jusqu'aux pyramides.

En Égypte Rachel m'écrivit deux fois :

Du bas des Pyramides, je contemple vingt siècles évanouis dans les sables. Ah! mon ami, comme je vois ici le néant des tragédiennes! Je me croyais pyramidale, et je reconnais que je ne suis qu'une ombre qui passe... qui a passé. Je suis venue ici pour retrouver la vie qui m'échappe, et je ne vois que la mort autour de moi. Quand on a été aimée à Paris, il faut y mourir. Faites-moi bien vite faire un trou au Père-Lachaise et creusez-moi un trou dans votre souvenir. M'avez-vous oubliée? Moi, je me souviens.

RACHEL.

J'écris ceci sans bien savoir ce que je dis, mais je sèche l'encre avec la poussière des reines d'Égypte ; c'est ce qu'il y a de plus éloquent dans mon billet.

Je n'ai pas connu une femme aussi bien douée par l'esprit que la grande tragédienne. Elle se piquait de ne pas savoir l'orthographe, mais qui donc, hormis Mme de Girardin et Georges Sand, écrivait d'aussi charmantes lettres où le cœur jouait avec l'esprit?

« Thèbes, 10 mars 1857.

« Voilà plus de huit mois qu'on essaye de me faire juste la boîte qui doit m'ajuster pour me recevoir dans l'autre monde; le menuisier y met véritablement de la mauvaise volonté, car je ne tiens plus sur mes jambes et j'aspire à me voir couchée éternellement dans la position *ori-*

zontale. Je ne suis pas encore morte, mais je n'en vaux guère mieux.

« Je ne mourrai peut-être plus de la poitrine, mais bien certainement je mourrai d'ennui. Quelle solitude morne s'est faite autour de moi ! Songez que je suis seule avec un médecin polonais qui n'est que cela, une cuisinière et Rose. Pourtant, j'ai constamment devant les yeux un ciel pur, un climat doux et ce fleuve hospitalier qui porte la barque du malade aussi doucement, aussi maternellement que la mère porte son nouveau-né ; mais ces souvenirs majestueux de l'antique Égypte, ces ruines amoncelées de temples merveilleux, ces colosses gigantesques taillés dans les flancs des montagnes de granit, tant d'œuvres et de chefs-d'œuvre dégradés par la main des siècles, renversés de leurs piédestaux par des tremblemens de terre : tout ce spectacle vu à l'œil, sans compter ce que notre imagination lui prête encore d'effrayant, est trop lourd à supporter pour des êtres-faibles, des esprits abattus. Aussi n'ai-je pu longtemps suivre Champollion dans sa course à travers l'Égypte. »

Dès que Rachel fut à Thèbes, elle s'y trouva si bien qu'elle résolut d'y vivre tous les hivers. Aussi pria-t-elle MM. de Montaut de lui dessiner un palais qu'elle ferait bâtir pour ses amis comme pour elle. Elle ouvrit un concours, disant qu'elle donnerait un prix au plus savant architecte. MM. de Montaut se mirent à l'œuvre et firent des croquis dans le plus pur style égyptien. J'en ai vu quelques-uns qui sont fort engageans. Un peu plus, ils m'entraînaient moi-même à Thèbes.

Mais heureusement pour Rachel, ce qui manque le plus là-bas ce sont les maçons. Il lui fallut se résigner à habiter les palais de son imagination. Elle avait pourtant déniché une ruine quasi majestueuse dans laquelle on lui fabriqua en bois une maisonnette assez gentille, à peu près comme on voit un nid de pie juché sur les branches. On s'y trouvait à quatre un peu à l'étroit avec les esclaves nubiennes.

. . . .

Ceux qui vont mourir ne songent qu'à changer d'habitation, parce qu'ils ne sont bien nulle part. A son retour à Paris, Rachel vendit son hôtel et se réfugia place Royale, là même où elle avait chanté si gaiement et si tristement ses premières chansons.

Pourquoi alla-t-elle là dans ce *campo santo* où s'agitent les fantômes du passé? C'est qu'elle se sentait déjà d'un autre tems, c'est que sa mélancolie l'entraînait dans cette solitude qui fut douce à son ami Hugo.

Elle m'expliqua avec beaucoup d'éloquence comment son hôtel, où on avait soupé, joué, chanté, valsé, n'était plus le cadre de Rachel se préparant à la mort; elle se voyait trop d'amis autour d'elle, tandis que, place Royale, ce grave salon et ce grand escalier semblaient destinés à ses funérailles.

Elle était très occupée aux tentures avec les tapissiers, passant du style italien au style flamand. « Voyez, je travaille à ma chambre funéraire. — Je n'en crois pas un mot. On m'a toujours dit que les habitans de la place Royale vivaient cent ans. Vos deux voisines, Marion Delorme et Ninon de Lenclos, sont mortes si vieilles qu'on ne savait plus leur âge. On assure même que Marion Delorme n'est pas encore morte. — Tant pis pour elle! d'autant plus qu'elle n'était pas mère. Moi, ce qui me retient, ce sont mes enfans. »

Nous nous penchâmes à une des fenêtres. « Je fais l'esprit fort, continua Rachel : la vérité, c'est que, s'il était tems encore, je ne viendrais pas ici. Je vais vous dire pourquoi : ô vision de la destinée ! quand ma sœur Sarah traînait une harpe et que je jouais de la guitare ou de la mandoline, j'ai vu un matin sous la porte de cette maison un cercueil couvert de fleurs ; je me suis figuré que c'était moi qu'on avait mise dans le cercueil et j'en suis demeurée triste toute la journée. J'avais beau me dire que je n'étais pas morte, je me voyais toujours toute blanche sous les fleurs. J'ai loué ici sans que ce souvenir me fût revenu ; mais hier j'ai vu passer un enterrement et je ne pense plus qu'à cela. Aussi, pour m'égayer, vous allez dîner avec moi. J'espère, d'ailleurs, que Sarah viendra tout à l'heure. Nous nous étions un peu perdues de vue, mais elle est si gaie que je lui pardonne toujours ses torts. Il n'y a qu'elle qui m'amuse, même quand je ne veux pas être amusée. »

C'est vrai que Sarah était intarissable de toutes les gaietés : elle contait, elle contait encore, elle contait toujours. Sa causerie était émaillée de mots gaulois et de lazzi imprévus. Comme disait Rachel, on ne pouvait pas s'encanailler plus agréablement, ce qui n'empêchait pas Sarah d'avoir ses jours de grand air.

Ce soir là elle ne vint pas, mais les deux plus jeunes sœurs de Rachel parurent bientôt, deux comédiennes encore, deux comédiennes de race, qui laisseront leur nom dans le livre d'or. La première, une contre-épreuve de Rachel, qui en plus d'une soirée a rappelé les triomphes de sa sœur ; moins déesse, mais plus humaine ; la seconde a joué Molière dans l'esprit du maître. Jolie, forte en gueule au théâtre, charmante femme du monde chez elle, sachant tout, hormis le métier de femme savante.

Pendant le dîner on s'efforça de prouver à Rachel qu'elle ne s'était jamais mieux portée. « Hélas! dit-elle, le soleil s'en va. »

A peine dans son appartement depuis huit jours, elle rêvait de courir ailleurs. Aussi elle nous parla de Madère, de Menton, d'Alger. Ceux qui vont mourir n'ont plus de patrie, sinon l'autre monde.

* * *

Rachel avait dit : Je veux habiter la place Royale pour être à moitié chemin du Père-Lachaise. Elle eut beau rire à ses enfans, la grande ombre de la mort la suivait pas à pas; déjà elle frissonnait sous le suaire, elle appelait ses amis comme pour la défendre ; mais le joyeux bataillon des Victoires et Conquêtes s'était dispersé. Rien ne dure, à Paris moins qu'ailleurs. Les figures y passent comme sur un miroir. Des songes! des songes! des songes! Et puis on ne soupait plus chez Rachel, on avait peur des attristemens. Elle se sentit dans le noir et aspira au soleil, cet ami qui lui avait été si doux en Égypte et qu'elle espérait revoir sur les bords de la Méditerranée. Elle se décida à partir, dût-elle mourir sous le baiser du soleil.

Elle partit, elle ne revint pas. Je me trompe, elle revint, mais couchée dans un cercueil de velours. Sa dernière robe! comme elle avait dit.

C'était une morte quand on la porta dans le wagon ; mais elle se ranima au départ pour pencher la tête une dernière fois vers tout ce monde qui l'adorait.

Pendant le voyage, elle fut triste, mais résignée ; le soleil ne lui apparut qu'à son déclin, vers trois heures.

« Enfin ! dit-elle, je revois mon ami, mais c'est le dernier ! Au moins, celui-là sera fidèle.

Pendant son séjour au Cannet, ce fut lui qui la réveilla tous les matins. Elle avait voulu qu'on laissât les rideaux entr'ouverts. « Cela t'empêchera de dormir, dit Sarah. — Qu'importe ! quand je serai à six pieds sous terre le soleil ne me réveillera plus. »

Ce fut une lente agonie ; chaque jour la frappait plus cruellement. La mort n'avait aucune pitié pour cette belle et douce créature qui s'était mise en ses bras. Penchée sur le lit, elle ne la prenait pas, mais elle ne la quittait pas.

Le photographe a l'horrible courage du reporter. Au Cannet, un de ces portraitistes de la dernière heure osa se présenter devant Rachel mourante : « Attendez quelques jours, dit-elle, vous me fixerez dans le tombeau. » Elle jouait toujours sur les mots. Elle ajouta en souriant : « Cette fois-là, vous n'aurez pas besoin de dire : Ne bougez plus. »

Elle se résigna à descendre au jardin, la pauvre diaphane qui n'avait plus qu'un souffle et un sourire. Le soleil, ce collaborateur ordinaire des photographes, permit de faire un beau portrait de cette adorable femme qu'on n'osait plus regarder en face, tant son air de résignation déchirait le cœur. On la voit — ô contraste ! — presque adossée à une statue de l'Amour, le regard perdu dans le ciel, repliée sur elle-même, les mains croisées, habillée d'une robe de laine blanche, presque un suaire. Ses yeux, ses beaux yeux, sont noyés de toutes les tristesses. Elle aspire au ciel, mais que de souvenirs l'enchaînent encore à cette patrie d'un jour qui s'appelle la terre !

Rachel dit un soir à Sarah : « Tu vois, je savais si bien mourir sur le théâtre ! tu te rappelles *Adrienne Lecouvreur* et les autres? maintenant il me faut mourir moi-même... et je ne puis pas mourir... — C'est que tu vivras, lui répondit Sarah qui la berçait toujours du rêve de la vie. »

Mais les espérances n'étaient plus pour elle que de pâles fleurs d'automne s'effeuillant sans parfum.

Rachel cherchait des consolations plus haut, elle croyait au Dieu d'Israël et se tournait vers lui à peine confiante, le scepticisme ayant atteint son esprit, sinon son cœur. « Hélas! disait-elle, qu'irais-je faire devant Dieu? » Elle lisait la *Bible* et n'y trouvait pas l'âme immortelle. « La seule immortalité, pensait-elle, est celle du théâtre. On ne m'oubliera pas demain; il viendra, quelque jour, une grande artiste pour me faire revivre comme j'ai moi-même fait revivre tant de mortes. »

Elle oubliait, cette grande tragédienne, qu'aucun drame n'avait déchiré sa vie. Elle mourait jeune, mais combien de plus jeunes se sont couchées dans le tombeau toutes meurtries par les désespérances de la passion ! « Après tout, dit-elle un jour, je meurs à tems, comme Lecouvreur, comme Malibran. Au théâtre il ne faut pas vieillir ; j'ai trop vu les rides de Mlle Georges. On me gardera un souvenir poétique, parce qu'on dira : « Elle était belle encore. » Elle demanda son miroir : « Hélas! je ne me reconnais pas ! »

Elle écrivait beaucoup pour faire passer plus vite les heures sombres. C'était toujours l'épistolière charmeuse qui trouvait le mot imprévu.

Son dernier travail fut celui-ci : elle avait emporté, pour les relire là-bas, toutes les lettres qui lui étaient chères; elle y retrouvait sa vie de femme et d'artiste.

Quand elle sentit qu'elle ne les relirait plus, elle fit la part de chacun : elle-même écrivit un nom sur plus de vingt enveloppes, renfermant les lettres de ses amis. Voilà pourquoi, quelques jours après sa mort, un messager fidèle porta par tout Paris tant de lettres où sa vie était renfermée et qui renfermaient un peu de la vie de ceux qui les avaient écrites : ce fut pour moi comme pour plusieurs de mes amis, une bien vive émotion, quand nos lettres à Rachel nous furent remises discrètement, selon cette délicate pensée d'une mourante. Sur l'enveloppe, je reconnus son écriture sans comprendre ; je brisai le cachet, mais pas un mot parmi les lettres. C'était l'adieu d'une morte. C'était une autre lettre de faire part, c'était une pieuse restitution de sentimens qui ne la touchaient plus. Je ne sais pas d'autres exemples de cette belle manière de comprendre les lettres. Rachel semblait dire : « Ces lettres ne sont plus à moi, puisque je suis morte. »

Elle ne put écrire les derniers jours, mais ne semblait-il pas qu'elle eût prévu ses défaillances ? Elle data du 1er janvier plusieurs de ses billets écrits le jour de Noël. « Pourquoi ? lui demanda Sarah. — Parce que je veux souhaiter la bonne année à mes plus chers amis et parce que je n'aurai plus la force d'écrire ce jour-là. » Et souriant de son sourire toujours charmant, quoique désolé : « Et puis j'ai voulu faire une niche à la mort, elle n'aura pas le courage de me prendre avant le 1er janvier. »

En effet, Rachel écrivit au prince Napoléon :

« *Je postdate cette lettre... il me semble que cela va me forcer à vivre jusque-là...* »

Elle croyait finir avec l'année ; elle s'étonna de vivre le 1er janvier, puis le 2 janvier, puis le 3 janvier.

On venait encore de toutes parts lui offrir de la sauver ; une grande dame lui envoya une nourrice, qui lui offrit son lait, au moment où son médecin lui parlait de la transfusion du sang. « Tout ce monde-là murmurait-elle, ne sait pas que je dis le mot de Hamlet et de Mirabeau : — *Dormir !* — tant j'ai le mal de la vie ! »

Quoiqu'elle prît la mort au sérieux, il y avait encore en elle des retours de gaieté ; elle se moquait des médecins par des gestes de gamine de Paris. C'était à rire et à pleurer, écrivait Sarah à Jules Janin.

Sarah lui fut douce jusqu'au dernier moment, comme Rachel elle-même fut douce envers la mort. On retrouvera un jour une lettre de Sarah où elle conte heure par heure la journée funèbre. Dans l'après-midi Rachel évoqua encore toutes les images du passé ; mais, en même tems, elle voyait plus distinctement les chères figures qui étaient parties avant elle ; il lui semblait que sa sœur Rébecca venait la chercher. Elle dit à plusieurs reprises à Sarah : « Tu ne la vois pas penchée au pied du lit ? J'ai plus froid, car elle est glacée. »

Rachel ne pouvait déjà plus parler, quand elle dit à Sarah : « Je suis contente de mourir un dimanche ; il est triste de vivre un lundi. »

Elle dit encore à Sarah : « Pourquoi Dieu promet-il à ses élus l'étoile du matin ? moi, je ne la connais pas, cette étoile-là, car je n'ai jamais vu l'aurore ; je ne connais que l'étoile du soir. » Sarah répondit à tout hasard : — L'étoile du matin, c'est la résurrection. »

Rachel parut contente de cette réponse et tomba dans son sommeil éternel.

Elle avait monté jusqu'au haut de la montagne tout

en fleurs, elle savait que le revers est toujours triste; elle avait aimé les Alpes du côté du soleil : à quoi bon descendre du côté des neiges éternelles ? Après la seconde jeunesse, il n'y a plus qu'avalanches et précipices; la chimère, attelée au char de feu qui nous emportait dans les sentiers chanteurs et parfumés, s'est cassé la tête aux roches aiguës des sommets; elle ne descend jamais l'autre versant peuplé de tombeaux où chante la *desesperanza*.

La mauvaise nouvelle vint frapper tous les esprits. Quand une grande figure s'en va, Paris se désole, car il a une lumière de moins. La grande ville, comme une mère de famille, pleure tous ses enfans glorieux.

**

Le génie de Rachel

Quatre grandes figures de comédiennes dominent le théâtre au xixe siècle, Mars, George, Dorval et Rachel.* C'est la dernière venue qui a été la plus glorieuse, parce qu'elle a été la plus imprévue. Mars et George n'ont pas commencé, comme Rachel, par frapper un grand coup : l'art ne s'est donné à elles que peu à peu. Dorval, plus passionnée, a plus rapidement trouvé le grand cri du cœur, mais sans jamais trouver la beauté souveraine qui marque l'empreinte immortelle; elle fut belle par le sentiment, mais belle de la beauté désordonnée et grimaçante; ses larmes nous entraînaient, mais, revenus de notre émotion, nous nous demandions si toutes ces expansions et tous ces déchiremens ne tra-

---

* Ces pages étaient écrites avant que Sarah Bernahrdt ne révélât son génie.

hissaient pas la vérité elle-même ! Le génie est comme le marbre, qui garde toujours sa dignité, même dans les larmes. Mlle George était, elle, moins terrible et moins touchante en restant plus fière; ainsi dirai-je de Mlle Rachel.

Ceux-là qui ne trouvaient pas d'âme à Rachel ne lui ont pas vu jouer la *Thisbé;* ceux-là savaient-ils que la tragédie ne pleure pas ? Quand je décidai Rachel à jouer le drame moderne, je ne doutais pas qu'elle ne s'y révélât avec toutes les tempêtes de la passion, tour à tour amère et railleuse, attendrie et éplorée, abandonnant son cœur à tous les déchiremens de l'amour. Il fallait qu'elle fût téméraire pour s'incarner dans le rôle de la *Thisbé*, qui avait été le triomphe de Mlle Mars. Ç'a été aussi son triomphe. Et pourtant la tragédienne et la comédienne étaient si dessemblables ! Aussi ce fut une autre Thisbé qui apparut sur la scène ; mais Victor Hugo la reconnut pour sa fille. Il dut même avouer que Mlle Rachel avait mieux accentué cette adorable figure jetée vivante en pleine poésie : la courtisane qui reprend ses droits de femme par les droits de la passion. On avait peur pour Rachel, sous prétexte que la tragédie marche sur un chemin connu, tandis que le drame traverse les abymes; mais le génie de Rachel donnait le vertige sans jamais tomber dans le précipice.

Aussi, à la fin de la représentation, Victor Hugo tenait Rachel dans ses bras comme s'il eût étreint sa poésie : « Prenez garde, lui dit-elle, vous allez vous apercevoir que je suis une femme. » Elle jura de jouer toutes les héroïnes de Victor Hugo; elle était de bonne foi ; mais vrai serment de femmes de théâtre, qui oublient le lendemain ce qu'elles ont juré la veille, parce qu'elles ne savent jamais si elles sont sur les planches ou dans la vie réelle.

M{ lle} Rachel fut aussi grande comédienne dans le monde que grande tragédienne sur le théâtre, et elle joua constamment son rôle de femme avec un naturel exquis. Le naturel abrupt est maladroit, le naturel étudié est une œuvre d'art. La vie est un livre comme un autre, il faut savoir le lire, si on ne veut vivre avec les sauvages. Bien jeune encore, Rachel apprit à lire le livre de la vie dans le meilleur monde de Paris. Ici à l'Abbaye-au-Bois avec « la société polie » du XVIII{ e} siècle ; là avec les duchesses de race qui l'appelaient dans leurs salons, pour mieux comprendre Racine et Corneille ; plus loin avec des hommes d'esprit qui jetaient la lumière sur toutes choses. Elle quittait donc l'école de Samson pour entrer dans l'école du monde : elle fut une grande actrice et une grande mondaine. Certes elle eut, comme presque toutes les femmes, ses jours d'entraînement où elle subit les déchéances des filles d'Ève ; mais comme elle rachetait ses péchés par les hautes vertus du génie et le haut amour de la famille! Quelle est la femme de son temps qui lui eût jeté la première pierre? Elle a aimé son théâtre et ses enfants jusqu'à en mourir. Qui donc a parlé d'argent? Personne n'ose répondre. Je l'ai vue à l'œuvre pendant longtemps ; elle aurait pu, comme tant d'autres, vendre ses œillades et ses sourires ; mais ce n'était pas l'or qui nourrissait cette grande âme, c'étaient les acclamations de ce parterre de rois qu'elle transporta toujours. Quand je dis ce parterre de rois, je parle de ces spectateurs qui pendant les belles années de son triomphe ont formé l'élite de la France.

Dès que parut M{ lle} Rachel, elle fut victorieuse. Ç'a été un triomphe d'autant plus imprévu que les victoires des

romantiques avaient tout envahi; Victor Hugo en était
à sa bataille d'Austerlitz.

Le Théâtre-Français voyait tout son répertoire abandonné, depuis Corneille jusqu'au dernier tragédiste.
Rachel ramena la vie dans ce campo santo : les morts
illustres sortirent de leur tombeau. Ce fut la contre-
révolution. Ne semble-t-il pas étrange que tout d'un
coup cette fillette qui, la veille encore, vendait des bouquets dans la rue, ait fait ce miracle inouï dans les idées ?
Chateaubriand, qui avait salué en Victor Hugo l'enfant
sublime, fut aux anges quand il salua cette autre enfant sublime qui s'appelait Rachel, car ç'a été à l'Abbaye-
au-Bois que Rachel la juive fut baptisée pour le monde
des arts. Elle entraîna dans son triomphe beaucoup de
romantiques qui croyaient que Jérusalem était avec elle.
Ah! s'il s'était trouvé là, parmi ces transfuges ou parmi les poëtes du vieux jeu, des hommes de génie, la
contre-révolution eût porté ses fruits ; mais Rachel ne
vit venir à elle que les Campistrons de Campistron. Tant
qu'elle vécut pourtant, elle tint en échec tous les trou-
veurs du romantisme, parce que les spectateurs l'adoraient
et ne voyaient que par ses yeux. Elle était d'ailleurs plus
inconsciente que capricieuse : dans le coup de soleil de
son triomphe elle fut éblouie et ne comprit pas que
son devoir était de se consacrer aux maîtres contemporains comme aux maîtres, anciens. Ses amis la trom-
pèrent. Au lieu de prendre les maîtres, elle prit les demi-
maîtres : ni Hugo, ni Dumas, ni Vigny, qui se fussent
évertués a créer des chefs-d'œuvre pour elle. Quand
j'arrivai au Théâtre-Français, je voulus consacrer encore
son génie en lui faisant jouer Hugo, Augier, Dumas;
mais il était trop tard pour que ces créateurs lui fissent

des rôles nouveaux : la politique avait pris le poëte d'*Hernani;* Alexandre Dumas, devenu directeur de théâtre, composait des trilogies en trois journées, et Augier manqua son coup en lui donnant un drame sans couleur. Un instant je décidai Alfred de Vigny, pareillement Alfred de Musset. Mais tous deux en étaient là qu'ils remettaient les chefs-d'œuvre au lendemain; le premier parce que son printemps ne refleurissait plus, le second parce qu'il ne vivait plus que par la griserie des passions.

Rachel imposait le respect par sa dignité tragique. Même quand elle était souriante, il semblait toujours qu'elle descendît d'un bas-relief de Cléomène, sinon de Phidias. Telle elle était sur la scène, telle elle était partout, hormis quand elle se reposait d'être la grande tragédienne dans les folies d'un souper et dans l'abandon d'une fête de famille, où le jeu de l'oie était de rigueur. Je n'ai jamais vu, dans le monde non plus qu'à la cour, un si grand air et une désinvolture si altière ; c'était la dominatrice, cette fille des Grecs et des Romains, qui semblait n'oublier jamais son origine, car ce n'était pas son père qui l'avait mise au monde de l'art, c'était Eschyle lui-même. Corneille et Racine avaient bien plus francisé la tragédie que Rachel ne le fit elle-même; aussi n'avait-elle rien du siècle de Louis XIV. A ses débuts, je l'ai rencontrée un jour, au bras de sa mère, qui étudiait au Louvre les belles poses, les fières attitudes, les grâces de la tunique ou du péplum dans les déesses des vases étrusques et des bas-reliefs. Aussi fut-elle irréprochable à la scène par la vérité du costume; c'est à ce point que, hors de la scène, si on la voyait passer enveloppée dans un châle, on reconnaissait une fille de l'antiquité. Tous les sculpteurs contemporains ont étudié sa suprême élégance et sa souveraine démarche ; les peintres étudiaient le style charmant de sa coiffure et les couleurs harmonieuses de ses robes comme de ses péplums.

Voilà pourquoi elle ne fut jamais la grande actrice du répertoire moderne. Elle avait trop de racines dans l'antiquité. Elle a créé un grand rôle avec *Valéria,* elle n'a rien fait du tout de la *Lady Tartufe* de Mme de Girardin, ni de la *Diane* d'Émile Augier.

Mlle Rachel mourut en même temps que le sculpteur Simart, un autre antique qu'elle avait émerveillé. Déjà son admirateur Pradier l'avait précédée chez les morts ; Clésinger, qui l'a trois fois sculptée, lui survécut pour la sculpter encore en lui donnant l'accent contemporain ; mais Ingres et Delacroix regrettèrent profondément de n'avoir pas pris le temps de faire vivre éternellement cette figure par la vie de l'art : à peine l'ont-ils vaguement représentée, Ingres par un dessin que j'ai sous les yeux, et Delacroix par une ébauche rapide qui a disparu. Heureusement Gérôme l'a peinte en pied, cette muse de la tragédie, et Muller l'a peinte en buste, cette mondaine incomparable. On dirait deux femmes, quoique ces deux portraits si dissemblables expriment la vérité. J'ai trois ou quatre autres portraits de Rachel, pris aux diverses périodes de sa vie : un par moi dans son sourire charmeur et inquiétant ; un de Couder, à ses débuts ; un de Mme O'Connell quand déjà la mort avait donné son premier avertissement. Dans chacun de ses portraits, même dans les plus mauvais, on voit qu'il y a quelque chose là, parce qu'elle n'est jamais apparue sans prestige : c'est là le privilège de toutes les grandes comédiennes, de faire la lumière autour d'elles.

PAGES DE LA VIE D'ALFRED DE MUSSET

Un Souper avec des Muses

On ne saurait mieux faire, quand on a parlé de Rachel, de parler d'Alfred de Musset, deux figures éclatantes qui apparaîtront toujours dans leur jeunesse éternelle, puisque la mort les a prises en même temps avant l'âge fatal qui condamne les cœurs les plus vaillans aux neiges de la vieillesse.

En 1845, nous nous rencontrions souvent Alfred de Musset, Eugène Sue, Nestor Roqueplan, Malitourne aux Frères Provençaux à l'heure du dîner avec le docteur Véron qui payait la carte : chapitre de profits et pertes du *Constitutionnel*.

Un jour que nous montions l'escalier, nous fûmes surpris par toute une avalanche de femmes qui s'étaient trompées d'étage : on eût dit une descente de la Cour-

Ces dames criaient, chantaient et riaient comme si elles fussent chez elles. Le chef de l'établissement intervint pour faire respecter sa cravate blanche, un peu plus il leur eût dit comme Montrouge : *En classe, Mesdemoiselles.*

Elles passèrent devant nous en nous reluquant d'un regard séditieux. Tout, d'ailleurs, en elles, était provocant : cheveux en révolte, ceintures relâchées, couleurs tapageuses. M. de Montyon n'eût pas, j'en ai peur, trouvé parmi elles à distribuer un prix de vertu.

Une grande amazone qui marchait en tête, dit tout à coup : « Comment Alfred n'est-il pas là ? »

Une autre s'écria : « Il manque à tous ses devoirs. »

Là-dessus l'avalanche, transformée en vague tempétueuse, disparut dans un des grand salons.

Le docteur Véron, qui était très fort sur la morale, avait déjà passé de l'autre côté, suivi d'Eugène Sue et de Malitourne. Malitourne tout essoufflé, car il arrivait en retard, mais il arrivait toujours. Cet homme de plume qui n'écrivait pas ne dînait qu'à la condition de jouer les confidens chez le docteur.

Plus curieux, nous deux Roqueplan, nous étions restés sur le palier. Voilà que tout à coup, nous voyons apparaître Alfred de Musset chantonnant et agitant sa badine. « C'est l'Alfred de ces dames, » me dit Roqueplan.

Il arriva à nous d'un air moitié vainqueur, moitié fâché. On se tire toujours d'un mauvais pas par une citation : le poëte crut s'en tirer par un vers dont on a bien abusé, au théâtre et hors du théâtre : *La place m'est heureuse à vous y rencontrer.* Mais tout heureuse que lui fût la place, il passa outre sans vouloir écouter nos complimens et sans nous inviter à sa petite fête. Pourtant il nous dit : « Si vous vous ennuyez trop par là, vous pouvez venir par ici. »

Nous rejoignîmes nos compagnons et nous causâmes quelque peu de la rencontre. Le docteur nous dit qu'il était bien heureux de voir que ses écus s'amusaient. « Ce sont pourtant des écus du *Constitutionnel !* s'écria Roqueplan. — Oui, reprit Véron ; s'il ne faut jamais ouvrir ses mains pleines de vérités, il ne faut peut-être jamais les ouvrir quand elles sont pleines d'or. »

Il nous raconta que le matin, Alfred de Musset était venu lui apporter son manuscrit de *Carmosine*. Selon ses habitudes, Véron, avait joué au grand seigneur : au lieu de lui donner 500 francs par acte, prix convenu, il lui avait donné 3,000 francs pour les trois actes. Depuis bien longtemps, Alfred de Musset ne s'était trouvé à pareille fête, et lui-même avait voulu jouer au grand seigneur en donnant un festin en l'honneur de *Carmosine*. Comme le faubourg Saint-Germain était alors en villégiature, le poëte avait été forcé d'inviter des femmes d'un autre monde.

Le docteur qui demeurait alors rue Taitbout, pensait que c'était peut-être ses « voisines ».

Après avoir mangé une soupe à la tortue et bu un verre de Château-Yquem, le docteur se mit à prêcher contre les mœurs du siècle avec l'autorité que lui donnait l'austérité de sa vie.

Nous étions tous édifiés. Pourtant nous lui fîmes remarquer qu'il avait soupé lui-même plus d'une fois en très galante compagnie ; mais il riposta que l'usage qui fait loi, puisqu'il est l'expression de la sagesse des nations, octroyait grâce au corps de ballet comme aux comédiennes qui ont des indulgences plénières pour le commerce de l'amour.

Pendant le prêche de Véron, on entendait caqueter nos voisines, mais nous avions beau ouvrir l'oreille, la voix de de Musset ne perçait pas la cloison.

Quoique nous fussions de mœurs irréprochables, nous aurions bien voulu voir la figure de l'amphitryon, car si ce dîner en pareille compagnie était une étude de mœurs pour lui, c'était pour nous une étude bien plus curieuse de percer à jour l'âme de ce grand poëte dans ses heures d'abandon : voilà pourquoi je priai l'homme des Frères Provençaux de nous dire comment Alfred de Musset se tenait à table.

Il lui fit une visite de cérémonie et nous revint bientôt en nous disant : « Il se tient très bien, — droit et ferme. — Il cause avec ces dames, mais comme un général avec ses soldats.

C'était bien là le caractère d'Alfred de Musset : quoi qu'il fît, il portait la tête haute, défiant l'opinion. L'ivresse la plus troublante n'obscurcissait pas son front. C'est que la poésie était là toujours qui veillait, vestale infatigable, sur le feu sacré.

Le docteur Véron prêcha une seconde fois. Le docteur Malherbe vous a dit dans ses souvenirs que son ami prêchait beaucoup; mais ce n'était pas avec les coups de foudre de Bossuet. Ce soir-là, quand il eut bien parlé, quand Malitourne, admirable confident, eut dix fois salué son éloquence, il retomba dans ses habitudes de viveur : il envoya une coupe de vin de Champagne bien frappé à cet éternel enfant prodigue, qui était l'enfant gâté du siècle, comme Victor Hugo en fut l'enfant sublime.

Alfred de Musset fut touché du souvenir, il y répondit par une coupe de vin de Champagne tout aussi bien frappé, mais cette fois ce ne fut pas le maître de l'établissement qui devint le messager. Nous vîmes entrer, la coupe à la main, l'amazone du régiment, une belle créature nourrie de chair, comme on dit des femmes de Rubens. Par malheur pour elle, elle n'avait point passé par le Conservatoire, où M. Samson lui eût appris le grand art des attitudes. Elle marchait comme une grue; elle nous fit la révérence comme une oie; à cela près, une créature accomplie et superbement bête, comme les aimait Gœthe — pour reposer son esprit.

Le docteur prit la coupe et fit à cette fille une question impertinente : « Combien Alfred vous donne-t-il à chacune de vous pour payer votre marchand de gants ? » L'amazone qui s'était inclinée, répondit que ni elle ni ses amies n'étaient venues pour « les gants », mais par amitié pour l'amphitryon.

Je rappelle la question de Véron comme trait de caractère : il avait donné l'argent, il voulait savoir comment on le dépensait. Il congédia la messagère en lui disant : « Si je redeviens un jour directeur de l'Opéra, c'est vous qui dirigerez les chœurs. — Les cœurs ? dit-elle en s'en allant, il n'en faut pas ! »

Quand je revis Alfred de Musset, je lui demandai s'il s'était bien amusé. « Oh ! mon Dieu, dit-il, d'un air insouciant, c'était une simple étude de caractères. Les anciens, qui n'étaient pas bêtes, avaient mis neuf femmes dans le cortège d'Apollon ; les Apollons d'aujourd'hui sont des hommes de cabinet, des poëtes en chambre, qui ont quelquefois une femme et une maîtresse ; mais qu'est-ce que cela ? »

III

Autre souper avec des Muses

En 1852, cette fête eut une seconde édition revue et corrigée par le personnel ; voici ce qui se passa :

Un soir que j'avais donné au Théâtre-Français : *Il ne faut jurer de rien* après *Phèdre*, tout simplement pour qu'un billet de 500 francs fût offert comme droits d'auteur à Alfred de Musset, il m'invita à souper aux Frères Provençaux.

Je lui avais remis par avance les cinq cents francs, ce qui ne me coûtait rien et ce qui, pour lui, doublait le prix.

Comme le marquis de Belloy et Roger de Beauvoir étaient dans mon cabinet, il les invita aussi, jugeant qu'ils étaient d'assez bonne maison pour ne pas le discréditer, car il choisissait son monde. S'il est devenu l'ami de Grassot, c'est parce que Grassot était gentilhomme du bock, comme Guichardet et autres ivrognes de haute lignée. Alfred de Musset ne se commit jamais avec des gens de lettres sans lettres ni avec des buveurs de mauvais vins, comme il y en a trop. Nous nous étions d'ailleurs déjà rencontrés tous les quatre, ici et là. Belloy fit bien quelques façons, parce qu'il n'aimait pas à souper ; mais Beauvoir, qui était de la vieille France soupeuse, n'eut pas de peine à entraîner le marquis.

Alfred de Musset nous donna rendez-vous pour minuit et demi.

Pourquoi partait-il en avant? Nous nous imaginions

souper à quatre et nous perdre en paradoxes littéraires ou mondains. Aussi fûmes-nous quelque peu surpris de voir arriver cinq demoiselles inattendues. Le poëte nous les présenta comme des femmes du monde qu'il avait rencontrées à une réception officielle. « En effet, dis-je, ces dames sont fièrement décolletées. Eh bien ! dit Alfred de Musset, si vous êtes offusqué, jetez-leur le mouchoir.

Il faut dire tout de suite que ces cinq grandes dames ne venaient ni de la rue Taitbout ni de la rue du Hasard — que Musset lui-même appelait la rue du Jeu-de-l'Amour et du Hasard.—C'étaient des odalisques sans sérail fixe, des comètes éperdues, des étoiles filantes. Elles répondaient à l'appel d'une dame espagnole — Madame de Planès, qui avait, en ce tems-là, plus de crédit que Mme Leroy aujourd'hui. Elle avait un salon ouvert au boulevard des Capucines, où ses jeunes amies venaient goûter au retour du Bois, quelquefois souper au retour du théâtre. Véritable agence de mariages éphémères, pas beaucoup plus immorale que toutes les agences affichées dans les journaux ; aussi ladite dame se disait-elle patentée avec garantie du gouvernement, sous prétexte que les hommes de cour venaient chez elle.

Cette fois donc, Alfred de Musset s'était adressé à cette agence matrimoniale, où il était bien connu et où, d'ailleurs, on ne recevait que la meilleure société.

En nous quittant, il avait passé boulevard des Capucines et il nous était revenu avec les cinq soupeuses. *Tout comme la vertu, le vice a ses degrés.* Certes, ces soupeuses-là étaient mille fois plus perverties que les dîneuses de la première fête, quoiqu'elles fussent moins médaillées, mais elles appartenaient à ces femmes tombées, plus ou moins séparées de corps, qui ont passé par l'école du monde.

Toutes les cinq étaient jolies, ce qui est bien rare dans ces compagnies-là, puisque celles qui sont belles ont la faveur d'avoir des amies laides comme si l'ombre donnait plus d'éclat à la lumière. « J'ai pris cinq femmes, dit Alfred de Musset, parce qu'il y en a toujours une qu'il faut mettre à la porte. » Toutes les cinq se récrièrent à la fois : « Ce n'est pas moi ! ce n'est pas moi ! »

Le souper fut très gai et d'un admirable décousu : les femmes changeaient de place, elles n'étaient pas trop bêtes pour des femmes d'esprit. Beaucoup de phrases imprimées déjà, mais aussi beaucoup d'imprévu. Quand une pointe de vin de Champagne fait jaser les femmes, elles trouvent sans chercher. C'est le flot qui passe plus ou moins frappé de soleil. Alfred de Musset jetait des mots à tort et à travers, des mots d'un effroyable scepticisme. Il développa avec beaucoup d'éloquence ce paradoxe que je reproduis par à peu près :

« La femme est née perdue avec toutes les perversités des Vénus et des Èves, avec toutes les férocités des bêtes fauves. Les comparer aux jeunes lionnes serait les flatter, il faut les comparer aux jeunes tigresses. L'innocence première n'est qu'une fable pour les enfants qui vont au catéchisme ; ce n'est qu'en traversant toutes les stations des crimes amoureux, qu'elles finissent par s'élever à la vertu ; le vers de Victor Hugo n'est pas vrai : la femme revient à la virginité idéale sans l'avoir perdue ; elle ne s'élève qu'à force de chutes : voilà pourquoi Madeleine Pécheresse est plus simple que les plus simples. Voilà pourquoi Vénus garde la souveraineté de l'Olympe, quand Junon n'est qu'une petite bourgeoise de qualité. »

Les cinq soupeuses écoutaient Alfred de Musset avec admiration. Quand il eut parlé pendant un quart d'heure, elles détachèrent des roses de leur corsage et improvisèrent une couronne, que la plus pervertie alla poser sur le front du poëte avec un baiser sonore. Il voulut d'abord jeter cette couronne, mais il la porta gaiement, comme eût fait Horace. « Après tout, dit-il, j'aime mieux ça qu'une couronne d'épines ou qu'une couronne impériale. »

C'était au temps où on parlait du couronnement de Napoléon III. « Et pourtant, reprit de Musset, je voudrais bien pour huit jours porter cette couronne-là; je me reposerais peut-être le dimanche, mais je ne laisserais pas grand'chose à faire.

La femme qui lui avait posé la couronne lui dit : « Qu'est-ce que tu ferais pour moi? »

Il la regarda. « Toi, tu es née comédienne, je te ferai un rôle. — Et moi? » dit une autre.

C'était la moins tombante des cinq, elle prenait çà et là des airs de biche effarouchée. « Toi, je te jetterais à Saint-Lazare pour t'apprendre à vivre. — Et moi, dit la troisième, qui jouait au bel-esprit. — Toi, je te condamnerais à trois ans de Buloz et de la *Revue des Deux Mondes.* »

Au nom de Buloz, Roger de Beauvoir partit comme une fusée. Buloz était son antipode. A tout propos, il le hachait menu comme chair à pâté.

Tout en parlant, on buvait; on finit par parler si haut, qu'on ne s'entendit plus. Cependant on prit plaisir à continuer cette comédie sans queue ni tête; on oublia l'heure, on ne songea pas à s'en aller, si bien que l'aurore aux doigts de roses nous ouvrit les portes du soleil.

Je ne sais plus qui rapatria les femmes, mais il fallut rapatrier Alfred de Musset lui-même.

Le lendemain, dans les coulisses de la Comédie française, il eut l'air d'avoir tout à fait oublié le souper, tant il se montra grave et digne. « Vous êtes-vous bien amusé cette nuit? lui demandai-je après avoir causé théâtre. — Moi, je me suis amusé plus que vous et les autres, plus que les femmes elles-mêmes. — Pourquoi? — Parce que je n'étais pas là. »

Le prince de Chimay nous louait pour L'*Artiste* un pavillon de son hôtel, quai Malaquais, ce qui nous donnait un petit air seigneurial. Là, nous avions d'abord succédé à la *Revue de Paris*. Alfred de Musset, qui en savait bien le chemin, nous arriva un jour à l'improviste. Ce fut Gérard de Nerval qui le reçut ; ils eurent toutes les peines du monde à s'entendre ; car, si, d'un côté, Alfred de Musset arrivait après avoir savouré jusqu'à la griserie le kiew du poëte persan, Gérard de Nerval, d'un autre côté, venait d'échapper à la folie. Je survins tout à propos en compagnie de Henry Mürger, qui posa trois ou quatre points d'admiration devant Alfred de Musset. « Allons donc! dit le poëte de *Namouna*, qui est-ce qui n'est pas un grand poëte aujourd'hui? Moi, vous, lui, tout le monde. Ne voilà-t-il pas une belle équipée de mettre des rimes, comme les sauvages se mettent des verroteries, à tous les beaux sentiments que nous avons dans le cœur! Tout bien compté, il n'y a que la poésie en action. »

Nous fûmes tous de cette opinion ; seulement Gérard soutint que la poésie en action c'était de faire le tour du monde. Comme il n'avait jamais voyagé qu'en Grèce et en Égypte, il aspirait aux chutes du Niagara et aux œillades des Japonaises. Mürger ne voulait pas aller si loin, il ne demandait que six mille livres de rente pour courir en noctambule le pays latin.

Alfred de Musset salua la compagnie, la mauvaise compagnie, puisque c'étaient des gens de lettres.

Je le reconduisis sur le quai : à tout seigneur tout honneur ! « Ce quai est insupportable, » murmura-t-il, « des livres, des livres, des livres ! — Sans compter, » lui dis-je, « qu'il conduit tout droit à l'Institut. — Oui, mais ce n'est pas mon chemin. — Pourquoi ? — Vous savez bien que je vais tous les soirs dans une autre académie plus gaie et plus spirituelle. »

* * *

On avait dit à Alfred de Musset, moi tout le premier, qu'il n'avait qu'à se présenter à l'Institut pour que la porte s'ouvrît à deux battants. Entre Hugo et lui, il y avait eu quelques nuages. Il aima mieux faire sa visite à Victor Hugo en ma compagnie. Victor Hugo lui fut charmant et lui dit que l'Académie le recevrait tout d'une voix, mais il lui rappela que lui, Victor Hugo, avait frappé trois ou quatre fois à la porte pour voir passer des médiocrités de l'ancien tems.

Comme ces médiocrités avaient presque toutes disparu, Victor Hugo présageait que le poète de *Rolla* et de l'*Espoir en Dieu* — des antithèses ! — ne trouverait plus d'opposition : « Toujours ! dit Musset ; ainsi M. Nisard se présente : on va dire que je ne suis que la littérature facile devant la littérature difficile. — Difficile à lire, dit Victor Hugo ; ne vous inquiétez pas ; cette fois, la poésie passera devant la critique. »

Ce fut la critique qui passa devant la poésie.

Alfred de Musset fut élu pourtant, mais bien tard dans sa vie, puisqu'il était déjà mort à moitié.

* * *

Alfred de Musset nous disait, un soir, dans les coulisses du Théâtre-Français, par devant Mlles Rachel et Brohan qui lui reprochaient de fuir leur compagnie pour des aventures et des aventurières indignes de lui :

« Votre sagesse me jette un froid ! Si je traîne à souper des créatures qui ne sont encore des femmes que parce que l'habit fait le moine, c'est qu'elles me mettent sur le chemin de mes visions. Tandis que vous restez attachées à ce monde comme des chiens à leur niche, moi, je prends mon billet pour les mondes inaccessibles. La coupe vous donne une ivresse blanche, elle me donne à moi une ivresse rouge. Non seulement je parcours les mondes évanouis où je me fais un cortège de toutes les Cléopâtres et de toutes les Impérias, mais je parcours aussi les mondes futurs, dans les horizons radieux de l'avenir ; je me crée des royautés inouïes avec une cour de femmes adorables, émaillée de Lucrèces et de Messalines. Écoutez bien : la question, quand on est poëte, n'est pas de vivre comme un bourgeois ; c'est de lâcher la bride aux quatre chevaux qui emportent nos passions. Croyez-vous que je tienne beaucoup à une épitaphe comme celle-ci, que j'ai vue hier au Père-Lachaise, où je suis allé pour rire un peu : « *Bon fils, bon époux, bon citoyen ; regrets éternels de sa mère, de sa femme et de sa patrie* » ? Bon fils, oui, parce que j'ai une bonne mère ; bon époux, peut-être, parce que je ne sais pas le nombre de mes femmes ; bon citoyen, sans doute, mais je suis obligé de dire « ingrate patrie ! »

L'ingrate patrie a gardé les os d'Alfred de Musset et elle va permettre de lui dédier une statue ; mais elle doit reconnaître qu'elle a été l'ingrate patrie, puisque, en 1848, elle l'a destitué de son titre de bibliothécaire. Les républiques, depuis celle de Platon, n'aiment pas la poésie.

En 1848, Musset avait fait tous ses chefs-d'œuvre ; l'Académie aurait dû le venger de la République ; elle s'en garda bien. Deux ans après, elle daigna songer à lui. C'était en 1850 ; mais elle ne lui donna d'abord que cinq voix !

* * *

Alfred de Musset, cet esprit tout français, avait aussi çà et là l'humour de lord Byron et de lord Lytton. Son esprit mordait à vif. Je ne veux citer qu'un mot entre mille.

Une comédienne, peut-être était-ce Mlle Figeac, une vraie comédienne, qui eut ses beaux jours en 1855, avait la manie de vouloir passer pour impeccable ; mais elle ne passait pas. Alfred de Musset lui avait fait deux doigts de cour, comme on boit deux doigts de vin de Porto. Mais il s'était enchaîné au bras d'une de ses camarades. Ce qui n'empêcha pas que le bruit des coulisses n'accusât la belle d'avoir été trop douce au poëte. Comme elle était jalouse de son amie, elle prit de grands airs devant Alfred de Musset, lui parlant du bout des lèvres ou ne lui parlant pas.

Un jour elle le rencontre dans mon cabinet au Théâtre-Français : « Ah c'est vous, monsieur Alfred de Musset ? »

Le poëte regarde la comédienne en face tout en la saluant à froid.

Elle reprend : « Dites-moi, Monsieur, il nous faut une explication devant témoins, et bien à propos voici un témoin digne de nous.

La comédienne se tourna vers moi : « Non pas, répondis-je : un galant homme et une galante femme ne doivent avoir d'explications qu'en face d'eux-mêmes.

Mais elle, n'en voulant pas démordre, posa nettement cette question à Alfred de Musset, croyant l'embarrasser beaucoup : « Monsieur, vous vous êtes vanté d'être mon amant ?

Alfred de Musset, pas du tout embarrassé, lui répondit en souriant : « Mais, Madame, je me suis toujours vanté du contraire. »

C'est la comédienne qui fut attrapée !

Le soir même au, foyer des artistes, elle se vengea. Sa rivale était grosse comme la tour de Babel, quoique très agréable. On se demanda pourquoi Alfred de Musset ne paraissait pas au foyer, puisqu'on l'avait vu dans les coulisses. « Vous ne savez donc pas, dit la comédienne outragée, qu'il vient d'entreprendre de faire le tour de sa maîtresse ? »

IV

Alfred de Musset et Georgette

Il était minuit, j'allais rentrer chez moi par un beau clair de lune, quand une femme que je n'avais pas vue me prit par le bras et me fit faire un demi-tour. « Vous passez bien fier, monsieur le lunatique. » Je regardai la créature, tout en voulant passer outre. « Voyons, Arsène Houssaye, vous ne me reconnaissez pas ? — Pas du tout. Mais je ne me reconnais pas moi-même. — Oh ! je sais bien qu'il y a longtemps que nous n'avons soupé ensemble avec notre cher Alfred de Musset. »

Je reconnus alors, toute ravagée sous son maquillage, cheveux en spirale, chapeau à la diable, robe hors de service, une femme qui avait eu ses beaux jours et ses belles nuits. « Que diable faites-vous là, Georgette? — Vous le voyez bien, je suis comme Diogène, je cherche un homme. — Je vous ai toujours connue cherchant un homme : vous ne l'avez donc pas encore trouvé ? — C'est mal, ce que vous dites là ; vous savez bien que quand j'avais trouvé Edgar Ney, le prince Murat, Alfred de Musset, je n'en cherchais pas d'autres. — Non, à cela près que vous les trompiez tous les trois avec un quatrième. — Vous n'êtes pas un philosophe ! Tromper les hommes, c'est le génie de la femme. — Ma pauvre Georgette, comment diable en êtes-vous arrivée à cette extrémité de vous promener après minuit et à pied vers l'Arc-de-Triomphe ? »

Georgette soupira. « Oui, autrefois, quand j'avais dansé à l'Opéra, si je venais à l'Arc-de-Triomphe, c'était dans mon coupé ou dans ma victoria, avec des chevaux à moi. — Oui, et avec des hommes qui n'étaient pas à vous. — Toutes mes frasques m'ont fermé l'Opéra. J'ai couru les théâtres étrangers, mais ce n'était plus ça. J'ai pourtant amusé le vice-roi en Égypte ; j'ai eu beau me décolleter à l'inverse devant les pyramides, les Pharaons ne sont pas sortis. Après avoir tenté toutes les fortunes, je suis revenue à Paris ; mais il n'y avait plus personne pour moi, sinon un carabin à l'hôpital. »

Georgette soupira profondément. « Vous n'avez donc pas réservé une poire pour la soif dans tous vos festins, ma pauvre Georgette? » Ici, la figure de Georgette, un instant blanche et lumineuse, se rembrunit comme si un nuage fût passé sur la lune. « Une poire pour la soif? J'ai faim ! »

Je vis les dents de Georgette s'allonger sous un sourire amer. « Venez souper avec moi, » reprit-elle?

Elle était logique : j'avais soupé chez elle, pourquoi ne pas lui offrir à souper? C'est que le temps avait passé sur nous; c'est qu'elle n'était plus belle ; c'est que je ne soupais plus : « Tenez, ma chère enfant, lui dis-je en lui donnant quelques louis, allez souper où il vous plaira et avec qui il vous plaira. — Mais je veux vous revoir. — Je ne demande pas mieux. Écrivez-moi vos souvenirs sur Alfred de Musset et venez me les apporter un matin. — Tout pour la plume maintenant? Mais savez-vous que j'écris comme une danseuse ou comme une cuisinière? — Tant mieux, vous serez plus sincère en écrivant vos souvenirs. — Combien me donnerez-vous de la ligne? — Deux francs; mais ne dépassez guère cent lignes. »

Georgette s'en alla souper, elle ne se fit sans doute pas servir des cailles ou des ortolans en chaudfroid.

Je n'attendis pas longtemps ses cent lignes. Le surlendemain matin elle m'apportait le manuscrit, en me disant : « Je n'avais pas la plume de George Sand ; mais j'ai écrit avec une vieille plume d'Alfred de Musset que je garde comme un fétiche. »

Je croyais qu'elle peindrait mieux l'homme dans Alfred de Musset. Mais la plupart des femmes qui n'écrivent pas ne savent pas écrire. Elles ne trouvent ni l'accent, ni la couleur, ni la curiosité. Toutefois, il m'a paru que cela valait la peine d'être imprimé.

Le manuscrit se compose de sept feuillets écrits à la volée en un seul alinéa, ce qui prouve que, pareille à Alfred de Musset, elle ne pêchait pas à la ligne.

* *
*

« Un soir que je soupais avec un prince, fils d'un an-
« cien roi, bon prince et galant homme, voilà que M. Al-
« fred de Musset arrive au dessert. Il fit crier ses dents
« par un grincement extraordinaire pour me dire que
« j'étais jolie. Je lui répondis que je n'en doutais pas, mais
« il ajouta que j'étais plus jolie que ça. Il se mit à table
« et m'offrit des pêches en nous racontant une histoire
« invraisemblable sur la vertu des pêches appliquée aux
« jeunes demoiselles. Je lui demandai s'il me prenait
« pour une Jeanne d'Arc ; alors il leva le front et parla
« plus haut : « Jeanne d'Arc, sachez qu'elle fut mon ar-
« rière-grand'tante! » En disant cela il but son troisième
« verre de vin de champagne après y avoir jeté un petit
« verre de fine champagne. Il nous conta mille folies. Le
« prince l'encensait à chaque instant en lui récitant ses
« vers. Et moi donc ! car j'avais lu *Frédéric et Berne-*
« *rette* et j'avais chanté l'*Andalouse*. Et puis il me restait
« dans la mémoire une foule de vers de sa fabrique. Le
« temps passe vite pour une femme quand elle a deux
« hommes à ses côtés, deux gentilshommes comme di-
« sait Alfred de Musset. Le prince, qui était mon prince,
« mais qui était toujours aux Tuileries, me confia le

« poëte en me disant à l'oreille : « Tu vas rester avec
« lui ; quand il parlera de s'en aller, tu le feras monter
« dans mon coupé et tu le conduiras chez lui, rue Mon-
« thabor, à moins qu'il ne veuille aller au café de la
« Régence.. » Alfred de Musset ne parlait pas de s'en
« aller ; à la fin je lui fis remarquer l'heure à ma montre.
« Minuit ! Il me dit que ma montre était trop belle pour
« bien marcher. Il tira la sienne, une tocante de quatre
« sous qui ne marchait plus depuis longtemps. « Tu vois
« bien, me dit-il, qu'il n'est pas minuit. » Mais comme
« je nouais les brides de mon chapeau, il se décida à se lever
« de table et à prendre le sien. « Où allons-nous ? » lui dis-je.
« — Pardieu, chez toi.—Vous ne savez donc pas que chez
« moi je ne suis pas chez moi, puisque c'est le petit
« hôtel du prince ? — Ne t'inquiète pas : ton prince est
« un prince Charmant qui trouvera tout naturel de nous
« revoir ensemble, même si nous sommes couchés. —
« Ah ! par exemple, voilà une forfanterie ; sachez d'ail-
« leurs que je couche toujours seule. — Cela te
« changera » Explique ça qui pourra : j'étais devenue
« amoureuse du grand poëte comme par miracle ; d'ail-
« leurs, depuis trois mois, mon amour avec le prince
« s'était envolé. Je n'avais jamais fait une si longue sta-
« tion. J'oubliais de dire que j'étais danseuse à l'Opéra,
« où je ne reconnaissais jamais mon amant quand je
« m'en allais après la représentation. Le prince seul
« avait fait long feu ; je ne me jetai pourtant pas
« comme une affolée dans les bras d'Alfred de Musset.
« En arrivant à l'hôtel je le conduisis dans la chambre
« du prince en lui disant : « C'est ici que nous l'atten-
« drons. » Je croyais qu'il allait bien se tenir ; mais sans
« plus de façon et malgré mes cris, le voilà qui se dés-

« habille quatre à quatre et qui se couche comme s'il
« eût été chez lui. « Je vous garde votre place, me dit-il.
« — Vous ne savez donc pas, Monsieur, que vous êtes
« dans le lit du prince ? — Qu'est-ce que ça me fait,
« puisque c'est aussi votre lit ? — Mon lit ! mais il est
« là-bas dans ma chambre; je ne couche jamais ici. —
« Eh bien! raison de plus pour y coucher aujourd'hui. —
« Mais votre ami ? — Mon ami me donnera deux fois
« l'hospitalité écossaise. » Et autres discours superflus.
« Mais voilà le prince qui rentre. Je vais au-devant de
« lui dans le petit salon pour lui dire ce qui se passe.
« — Il faut le laisser faire, me dit le prince; pour moi, je
« ne couche pas ici, je viens chercher ma valise, car je
« retourne à Compiègne. » Il mit un pied dans sa cham-
« bre et dit à Alfred de Musset : « Bonne nuit ! — Bon-
« soir ! répondit de Musset. » Que vous dirai-je ? Je ne
« sais plus bien dans quel lit je passai la nuit. Ce qui
« est certain, c'est que mon cher Alfred de Musset est
« resté dix jours sans désemparer, écrivant des pages
« sans suite, débitant des vers amoureux ou des vers
« de tragédie. Je ne sais pas pourquoi il m'avait sur-
« nommée Frédégonde. Je lui désapprenais le fameux
« verre d'absinthe; je l'amusais par mes chansons et
« par mes pointes, car je n'avais pas quitté l'Opéra pour
« lui. Quoique je fusse bien inquiète du prince je pas-
« sai ces dix jours-là dans un vertige amoureux sachant
« que c'était un bonheur éphémère. Mon poëte s'en alla
« un soir que j'étais sortie. Je le retrouvai au café de
« la Régence, mais il m'envoya me promener. Toutes
« mes prières, tous mes sourires n'y firent rien. Il ne
« revint qu'au bout de six mois, sans tambour ni trom-
« pette. J'étais quelque peu déchue. Le prince n'avait

« reparu à l'hôtel que pour y reprendre ses bibelots de
« prix. Il me donna ses meubles, je croyais qu'il me
« donnerait l'hôtel comme adieu. Mais, outre que l'hôtel
« n'était pas à lui, il avait trop joué en ce temps-là pour
« me l'acheter. Pourtant il ne fallait pas beaucoup d'ar-
« gent, pas plus que pour l'hôtel de Dumas fils, rue
« de Calais. Je le gardai à loyer, ce petit hôtel, pour
« moins que rien, deux mille huit cents francs par an,
« croyant bien que ces messieurs de l'Opéra se met-
« traient en quatre pour les quatre termes de l'année.
« Alfred de Musset y reparut de loin en loin, mais celui-là
« ne payait jamais le terme échu, quoiqu'il fût généreux à
« certains jours quand on l'avait bien joué dans le mois.
« Pauvre cher ami, les larmes me tombent des yeux quand
« je pense que c'est chez moi que la mort lui a donné
« le premier avertissement ; c'est de chez moi que Paul
« de Musset l'a emporté mourant, malgré mes supplica-
« tions. Il a eu une bonne garde-malade, mais j'aurais
« voulu être à son lit de douleur, il me semble que
« j'eusse défié la mort. Il m'a bien prise sur son cœur
« avant de monter dans le fiacre où le poussait son
« frère : » « Adieu ! m'a-t-il dit, viens me voir. » Quand
« je me suis présentée à sa porte, on m'a dit que le mé-
« decin ne permettait pas qu'on lui parlât. J'ai insisté,
« mais on m'a jeté la porte au nez. Je n'ai pas osé aller
« à son enterrement, du moins j'y suis allée bien arrière
« le convoi et j'ai embrassé la terre où il repose quand
« tout le monde fut parti. Son frère a été bien cruel,
« il me prit des lettres et des vers d'Alfred avec beau-
« coup d'autres papiers laissés chez moi à diverses vi-
« sites. Voilà tout ce que je sais de son histoire. Il était
« bien gentil dans l'intimité, quand il ne montait pas sur

« ses grands chevaux, car alors il ne se connaissait plus.
« Mais cela se comprend, me disait-on, car ses grands
« chevaux, c'étaient ceux du dieu Apollon. Je vous don-
« nerai une chanson un peu décolletée écrite par lui. »

V

Listz et Alfred de Musset.

J'aime mes amis, les morts et les vivans ; on n'a qu'à se bien tenir devant eux, car, tant que je resterai debout, je serai la sentinelle avancée de leur renommée et de leur caractère. Je me croirais coupable d'un crime de lèse-amitié si je ne mettais en garde les lecteurs de Rome, de Londres et de Paris contre un souvenir de Listz sur Alfred de Musset.

Listz a écrit ses mémoires que publie, à Rome, la *Revue internationale.* Il y a là des pages de maître, mais surtout de maëstro. Ce n'est pas l'heure de juger Liszt comme plumitif ; je vais droit à son récit à propos d'une intoxication d'Alfred de Musset.

Cette intoxication, Liszt ne l'a pas donnée à Alfred de Musset en lui offrant un verre de château-yquem, mais en lui jouant un grand air sur le piano, ce qui ne me surprend point du tout. Quand je l'écoutais, moi-même j'avais le vertige ; s'il ne me prenait pas l'envie de m'en aller, c'est que Listz, comme il le disait lui-même, était le Jupiter ou le Michel-Ange du piano. S'il a marié une de ses filles à Wagner, c'est qu'il avait dépassé Wagner dans ses inspirations supermusicales.

Mais voici comment Liszt raconte l'histoire : c'était

au temps où Alfred de Musset foudroyait George Sand de ses vers superbes, non pas quand il venait de se brouiller avec le romancier de *Lélia*, comme le dit Listz, mais à quelques années de là. Peu importe la date. Musset va le voir. Listz est au piano, il continue son tapage ; c'est sa manière de causer avec les survenans. Musset, déjà surexcité par la griserie de la veille, ne peut pas écouter Listz sans se trouver mal. Le musicien appelle sa mère. On jette à la face du poëte du vinaigre des Quatre-Voleurs. Il ouvre les yeux, se lève et se promène à grands pas.

Ici, je laisse parler Listz :

« Oublieux des années envolées, il me conjura de le réconcilier avec sa Circé capricieuse, ne se rappelant plus que Mme d'Agoult avait réussi à mettre du froid (!) dans mes relations avec George Sand.

« Le feu des réminiscences voluptueuses qui l'assiégeaient (!) révélait une vitalité de mémoire inouïe ; il redevenait jeune, beau, fascinant. Les accents passionnés qu'il retrouvait pour me faire comprendre le vide et l'anéantissement que cette femme avait laissés dans sa vie furent ce que j'ai jamais entendu de plus navrant. »

Simple jeu d'un virtuose qui croit plus à sa poésie qu'à son cœur ! Listz continue :

« Vous crieriez au mélodrame ? Ah ! si j'étais capable de répéter ses faits et gestes ! mais je vous assure, qu'en face de ces spectres d'amour, on se sentait mal à l'aise.

« Il finit par m'enlacer de ses bras, se plaignant des persécutions de Louise Collet (!), mêlant le vrai et le faux, le passé et le présent d'une manière si vivace, si effrayante même, qu'à peine si je savais à quoi m'en tenir. Il lui échappait des strophes d'un élan fulgurant que je n'ai jamais pu retrouver dans ses œuvres; il disait les avoir rêvées durant mon jeu.

« Je pris enfin le parti de me remettre au piano, croyant par là calmer son exaltation fiévreuse; mais je n'y parvins point.

« Je fis venir une voiture et lui demandai où il désirait être conduit. Alors il eut un moment d'embarras et me pria de le déposer rue du Bac, ce que je fis.

« Après qu'il fut descendu de voiture, je donnai mes instructions au cocher et, quelques minutes plus tard, au tournant d'une rue voisine, je l'aperçus juste au moment où d'un pas furtif il entrait dans un cabaret de mauvais aloi. »

C'est ici que je me fâche tout rouge comme le vin que veut faire boire Listz à Alfred de Musset, lui qui n'a jamais bu que de bon vin, quand il daignait boire du vin. Je le connaissais bien alors, car c'était après nos rencontres chez la princesse Belgiojoso.

Ce que Listz appelle un cabaret de mauvais aloi, c'était tout simplement un ancien hôtel flanqué en avant par la célèbre fontaine de Bouchardon. Là demeurait Alfred de Musset avec sa mère, son frère et sa sœur; il rentrait chez lui tout simplement.

Donc le cabaret que voyait Liszt était une fontaine !

* * *

Le poëte de *Rolla* pouvait aller partout, comme son héros, mais jamais il n'a mis les pieds dans « un cabaret de mauvais aloi », non plus qu'Edgar Poë, non plus que Hoffmann, deux autres gentilshommes de la plume.

M. Georges d'Orcet, qui l'a bien connu aussi, écrivait il n'y a pas longtemps : « Edgar Poë rappelle Alfred de Musset; c'est la même élégance et la même précision qu'on est si étonné de rencontrer chez deux poëtes dont la muse était l'alcool; mais tout dépend de la manière de s'administrer ce toxique : celle d'Alfred de Musset n'avait rien de commun avec l'ivresse du cabaret, c'était un empoisonnement raisonné et non une ivresse de chiffonnier. »

Listz dit, dans cette page de ses Mémoires : « Vous comprendrez que je ne me vantai pas de l'aventure; elle me faisait l'effet d'un sacrilège quand je pensais au génie du malheureux poëte. »

Alors pourquoi, mon cher Listz, rappelez-vous ce sacrilège?

Il y eut toujours deux hommes dans Musset : l'homme naturel et l'homme qui se grisait mathématiquement, l'un comme l'autre étant digne des plus sérieuses amitiés. Si le premier avait les vertus chevaleresques du gentilhomme, le second vous surprenait par des coups de génie. Il y a des poëtes qui s'arrêtent court sur les coteaux modérés de Sainte-Beuve. Alfred de Musset a dérobé le feu du ciel par la passion de l'amour et par la force de l'intoxication; non seulement, quand il écrivait ses *Nuits*, il lui fallait la lumière de vingt-quatre bougies, — un soleil nocturne; — mais il lui fallait aussi cette ivresse montante et remontante qui rouvrait les yeux de son imagination sur ces images superbes peignant par leurs couleurs immortelles les désespérances de son âme.

Combien d'esprits bien doués ont dans leur cœur des trésors qu'ils ne montreront jamais à la curiosité littéraire, parce qu'ils n'auront pas la force de les jeter par la fenêtre ! Le génie, qu'est-ce autre chose qu'une heure de vertige au bord des abymes ?

Et, pour les chercheurs d'absolu, tout est bon qui les jette hors d'eux-mêmes. Ils tombent avec délices dans le *kief* ou *nirwana* que le poëte persan décrit ainsi : « Cet état de feu me dévore et je vois cent miracles se réaliser : des paroles claires comme la source limpide semblent m'expliquer le mystère de toutes choses. »

Et alors, qu'importe si on tombe en kief ou nirwana par l'opium ou la morphine, le haschich ou l'absinthe, puisque l'imagination donne les mêmes rêves lumineux ?

* * *

Pourquoi ni Sand ni Musset n'ont-ils pas écrit leur voyage à Rome et à Venise que nous ne connaissons que par des pages éparses ? S'il fallait en croire Alfred de Musset, George Sand ne l'avait pas dominé longtemps par ses beaux yeux de Transtévérine. Il me conta ceci un jour en traversant les Tuileries : « Cette femme étrange, je l'ai aimée à Venise, parce que Venise donne toujours l'amour aux poëtes et aux artistes. A première rencontre à Paris, j'avais senti un coup de foudre ; mais je ne lui ai trouvé ni beauté ni charme. Tout en jouant de la cravache en souvenir du maréchal de Saxe, un de ses trente-six pères, elle n'avait dépouillé ni la bourgeoise ni la provinciale. Je l'admirais dans son génie, mais non dans sa figure ; je n'aime pas les femmes qui s'habillent en homme, pas plus que les vraies femmes n'aiment les hommes qui se déguisent en femme. Toutefois l'idée d'un voyage en Italie avec elle me grisa

quelque peu. Je n'étais pas fâché d'ailleurs de l'enlever
à plusieurs soupirans qui allumaient le feu autour
d'elle. Le voyage fut charmant. Elle, qui n'avait rien
appris, parlait de tout comme par merveille ; je me
croyais son maître, mais je m'inclinais devant elle. On a
dit qu'à Venise elle m'avait trahi. Pourquoi pas ? Je l'avais
trahie moi-même avec quelque coureuse de l'Adriatique.
Qu'est-ce que cela ! Nous n'étions pas mariés, nous
n'avions pas bâti de lendemain. Plusieurs attardés
s'imaginent que je la pleure; elle-même en est con-
vaincue, mais elle en rabattrait beaucoup si elle savait
la vérité. »

Alfred de Musset n'aimait pas à parler de ses aventures amoureuses ; il ne m'ouvrit son cœur que parce
que la causerie amenait naturellement cette confession,
que je redis mot à mot.

*
* *

On s'est imaginé que Musset n'avait recherché les griseries de l'imagination que pour se consoler de ses mé-
saventures avec Lélia. Il en riait tout le premier. Il faudrait dire plutôt que, dès les premiers jours de cette
passion, il tenta de donner sa méthode inspiratrice à la
grande romancière. Déjà, en sa dix-huitième année, au
temps où la lune tombait « sur le clocher jauni comme
un point sur un *i* », il s'était oublié en l'orgie romantique, dans son haut dédain du prosaïsme de la vie
bourgeoise.

Tout homme est doué d'une passion irrésistible qu'on
pourrait appeler la soif de l'infini, pour parer la marchandise.

Il en est qui cherchent l'ivresse dans le vin, comme Noé ; d'autres dans la femme, comme Salomon. Ne voyez pas là un appétit purement humain ou purement charnel. Ce n'est que le point de départ — ivresse du vin ou ivresse de l'amour — d'une aspiration plus haute. Si nos passions étaient circonscrites dans l'atmosphère terrestre, tout homme s'emprisonnerait avec elles, sans chercher plus loin ; mais elles nous entraînent toujours vers un monde extrahumain. Les griseries du vin et les griseries de la femme nous font dieux un instant. C'est la porte ouverte des destinées entrevues, des horizons d'or et de pourpre qui nous promettent un lendemain. Voilà pourquoi les ivrognes ne pensent pas d'eux-mêmes tout le mal qu'ils entendent dire. Je crois même qu'ils plaignent ces sages impertubables, lesquels tuent en eux la petite bête qui fait marcher la pendule.

Alfred de Musset n'était pas un de ces sages-là. Il eût même dédaigné de signer les sentences des sept sages de la Grèce ; mais ceux qui l'accusent d'avoir pris trop souvent le chemin du café de la Régence et de la rue des Jeux de l'Amour et du Hasard ne savent pas que, comme Hoffmann et Edgar Poë, il ne cherchait là que les visions et les sensations d'un monde surnaturel.

Quelques esprits timorés — ceux-là qui veulent qu'on ne représente les femmes qu'en buste et qu'on ne peigne les poëtes que sous leur figure sacerdotale, s'effarouchent de voir les hommes illustres dans l'exercice de leurs passions. Ils ne savent pas que, pour les grands esprits, tout a sa moralité.

LIVRE XXXIX
SOUVENIRS DU SECOND EMPIRE

―――――

I

Le Palais pompéien.

Au chapitre de mes folies il ne faut pas oublier l'équipée du Palais pompéien. On sait que le prince Napoléon avait bâti ce palais dans l'avenue Montaigne avec un rare sentiment de l'architecture romaine et de l'art antique. Il y donna des fêtes à ses amis. On y joua la comédie. Ce fut le rendez-vous du tout Paris de la cour et du tout Paris des arts. Les invitations du prince étaient bien plus recherchées que celles de l'empereur, parce qu'il se moquait du monde officiel quand le monde officiel était ennuyeux; ainsi il n'invitait jamais que trois ou quatre ministres; les artistes et les gens de lettres du dessus du panier étaient heureux de se rencontrer là, comme ils se rencontraient au palais de Meudon, dans une hospitalité toute cordiale. Le prince étaient charmant, spirituel, abandonné, mais sans abdiquer la dignité impériale.

On ne dira certes pas que le prince Napoléon donnait des fêtes comme tout le monde et à la portée de tout le monde. Dans ses dîners au Palais-Royal, au château de Meudon, au Palais pompéien et ailleurs, il y avait toujours le ragoût de l'imprévu : convives, festins, comédies. A la cour l'empereur était obligé envers tous les hauts personnages de l'État; mais combien de non-valeurs dans les hommes politiques qui ont par hasard escaladé le pouvoir, et qui ne seront jamais ni des hommes d'esprit ni des hommes de bonne compagnie ! tandis que le prince Napoléon, qui n'était obligé à rien, fermait hautement sa porte à tous les courtisans et à tous ceux que le génie et l'esprit n'avaient pas frappés d'une auréole. La princesse Mathilde lui avait donné l'exemple ; mais il n'était pas de ceux qui prennent des leçons; d'ailleurs la princesse Mathilde était moins farouche encore contre les non-valeurs, tantôt pour complaire à l'empereur, tantôt à l'impératrice.

C'était donc une faveur non pareille que d'être en familiarité avec le prince Napoléon, car hormis pour les grandes réceptions, la liste d'or n'était pas longue. On peut dire que chaque nom rayonnait.

Une des plus belles fêtes données au Palais pompéien fut la répétition de *La femme de Diomède* et du *Joueur de flûte*, où l'on vit en scène, entre autres comédiens, Théophile Gautier, Émile Augier, Madeleine Brohan, Samson, Got, Mlle Favart. Nous eûmes vraiment l'illusion du théâtre antique dans son plus beau caractère. Ce fut un enthousiasme inouï. Les spectatrices votèrent des actions de grâce toutes romaines à celui qui réédifiant un palais pompéien à Paris, donnait le spectacle de l'art antique dans le plus pur sentiment de la vérité. C'était là un vrai jeu de prince impérial. Aussi, quand toutes les dames remercièrent l'amphitryon, elles demandèrent à revêtir le péplum et à signer un engagement pour le théâtre du Palais pompéien. Il fut convenu ce soir-là que j'écrirais une comédie antique : *Les danseuses d'Herculanum.*

Quand mourut le roi Jérôme, le prince retourna au Palais-Royal et ne vint plus que de loin en loin au Palais pompéien. Un jour le palais fut affiché pour être vendu au plus offrant et dernier enchérisseur. Pourquoi ce caprice? le prince n'avait pas pu répondre. Il aimait son palais, qui était son œuvre; mais, pareil aux peintres qui ont travaillé longtemps un tableau, ils veulent le vendre pour avoir de l'argent, mais surtout pour ne plus le voir.

Ce fut une surprise et une tristesse chez tous les amis du prince. Jules de Lesseps me vint un matin et me proposa de l'acheter à nous deux. Nous allâmes le visiter en acheteurs, de la cave au grenier, mais nous n'avions pas franchi le seuil, que le voisin du prince, le comte de Quinsonnas, nous dit que lui aussi songeait à acheter le palais; bientôt le marquis Costa de Beauregard parla d'y mettre une enchère, le baron de Soubeyran voulut y mordre aussi. Ce fut M. de Quinsonnas qui fut adjudicataire pour nous tous; le mobilier fut vendu quelques jours après, moins le beau sphinx en marbre que me donna le prince; nous rachetâmes tout ce qui était beau, c'est-à-dire presque tout, y compris les statues et les bustes. Il vint alors à Jules de Lesseps l'idée la plus fantasque : ouvrir le palais comme on ouvre l'exposition avec un tourniquet moyennant un franc tous les jours et cinq francs le vendredi. N'était-ce pas un musée, d'autant que chacun de nous y avait exposé ce qu'il possédait de plus précieux : tableaux, marbres, bronzes, livres, sans parler des beaux mobiliers antiques que nous avions rachetés * ?

Les premiers jours donnèrent raison à cette folie ; on faisait autant de recettes que dans un théâtre sans être obligé de jouer la comédie, ni d'allumer les chandelles. Le premier vendredi fut éblouissant, puis le second, puis le troisième, puis ce fut tout : on tomba presque à zéro. La mode conduite par la curiosité était venue au galop ; elle s'en alla au triple galop. Nous n'étions pas gens à nous faire du chagrin, d'autant que chacun de nous était prêt à prendre le palais pour son compte, soit pour l'habiter, soit pour le louer. Nous allions fermer les portes sur une recette de dix louis, quand un industriel qui avait déjà ruiné beaucoup de monde au Pré Catelan, nous proposa de nous ruiner au Palais pompéien. Naturellement nous acceptâmes avec joie. Ce n'est pas si triste que cela d'aller à sa perte, puisqu'on y va toujours gaiement. Cet industriel, c'était Beer; il venait de s'acoquiner à un désœuvré qui, depuis longtemps, pratiquait le principe de l'argent des autres ; celui-là s'appelait Meyer « Meyer Beer, dis-je, c'est de

---

* Gérôme, le pompéien, a eu tout naturellement les honneurs du salon. On y admire encore de lui un Homère aveugle conduit par un jeune Ionien. Cette grande figure du poëte des poëtes est au repos, le front tout resplendissant des rayons de la pensée. L'enfant qui s'appuie sur Homère est une adorable création où la fleur de jeunesse est répandue. Dans les deux pendentifs qui accompagnent si heureusement ce chef-d'œuvre, j'ai fait peindre par Verhaz deux figures symbolisant l'*Iliade* et l'*Odyssée*, ces deux filles d'Homère, immortelles comme lui.

bon augure : notre fortune va s'élever au son des violons. — Oui, s'écrièrent-ils, car nous voulons donner des concerts comme on n'en a jamais entendu. — Bravo! dit Lesseps; on mettra Meyer Beer sur l'affiche.

Et sans plus tarder, nous nous livrons à ces deux malins, moitié pour eux, moitié pour nous ; cela voulait dire, dans le langage de Meyer-Beer, toutes les recettes pour eux, toutes les dépenses pour nous ; nous en eûmes bientôt la preuve. Meyer-Beer invitèrent les journalistes à un dîner pompéien, dont le menu fut emprunté aux tablettes de Lucullus. On s'en souvient ! Tout Paris voulut être de la fête. Le dîner, œuvre de Chevet, devait être de cent francs par tête : on ne pouvait pas moins faire dans un palais impérial. Mais on avait oublié les vins, ce qui nous fit boire beaucoup de lachryma-christi, car ce ne fut pas Meyer-Beer qui payèrent le dîner, Chevet ne les acceptant que comme nos intendans. Nous avions bien dîné, nous ne fîmes pas de façons, Total 15,000 francs. Sans compter que trois ou quatre hommes d'esprit — il n'y en avait pas moins de cent ce jour-là, — se noyèrent dans les bassins et dans la piscine; il n'y avait point de garde-fous; on parvint à les repêcher et à les rendre à leur famille. Sérieusement ce fut beau ce soir-là; mais vinrent les jours mélancoliques, nous n'avions pas de contrôle, nos deux représentans étaient toujours au tourniquet, sous prétexte de veiller sur notre bien. On en était arrivé cahin, caha, jusqu'à l'Exposition de 1867. On fit alors beaucoup d'argent, mais si Meyer-Beer y trouvèrent leur compte, les mécomptes furent pour nous.

Décidément ce nom de Meyer-Beer ne nous porta pas bonheur; nous ne pouvons jamais nous regarder sans rire,

Quinsonas, Lesseps et moi. MM. Costa de Beauregard et de Soubeyran avaient eu la malice de retirer leur épingle d'or du jeu.

Celui qui fut content en cette aventure, ce fut Charles Coligny, secrétaire de L'*Artiste*, car il avait transporté orgueilleusement au Palais pompéien les pénates du journal ; il fallait le voir avec sa figure à la Molière, secouant luxueusement ses cheveux et troussant impérieusement sa moustache. *Bourgeois de Paris, ne risquez pas vos femmes au Palais pompéien*, disait-il haut la voix; mais le soir il se contentait d'aller dîner au cabaret avec une blanchisseuse de la rue Jean-Goujon.

Je passai moi-même tout un hiver au Palais pompéien. Au bout du jardinet planté, il y avait un pavillon dans le goût des petites maisons du dix-huitième siècle, tout tendu dans la chambre à coucher et dans le cabinet de toilette d'étoffes engageantes, couleur du ciel et couleur de roses, meublé dans le plus pur style Pompadour avec des glaces aux plafonds. Ce n'est pas là que j'ai passé mon hiver, mais c'est là que je recevais par une petite porte s'ouvrant sur la rue Jean-Goujon. J'ai perdu plus de mille louis en cette mésaventure du Palais pompéien; mais en vérité ce n'était pas trop cher, et je voudrais bien recommencer. Vous direz que je suis un fat. Pas du tout, je suis un curieux.

J'ai encore chez moi le sphinx de l'atrium. Ce beau sphinx semble garder le secret de l'Antiquité. Souvent je le questionne encore dans son impassibilité :

> *Rabbin, prophète, oracle, brahme,*
> *Les sibylles de la forêt,*
> *L'eau qui chante, le vent qui brame,*
> *Ne m'ont jamais dit le secret.*

— O sphinx, daigne m'ouvrir ton livre
A la page de la Raison :
— C'est dans sa MAISON *qu'il faut vivre,*
La FENÊTRE *sur l'horizon.*

La MAISON, *c'est mon corps. La joie*
Y fleurit comme un pampre vert.
La FENÊTRE *où le jour flamboie,*
C'est mon âme — le ciel ouvert.

J'ai retrouvé ces jours-ci des pages éparses de ma comédie antique les *Danseuses de Pompéia*, presque tout l'acte où l'on mettait en scène le tableau de Gleyre, qui lui aussi avait ramené les esprits vers les mirages de l'antiquité. Déjà sur les marges Cabanel avait à grands traits dessiné les figures des danseuses :

CABANEL.

* * *

Né sous l'empire, le grand empire, j'ai vu passer tant de régimes, tour à tour acclamés et maudits, que par expérience j'ai le droit de juger tous les gouvernemens qui ont divisé la France au lieu de l'embrasser en une seule étreinte. J'ai vu les rois par la grâce de Dieu Louis XVIII, Charles X, les journées de Juillet, le roi-citoyen, le despotisme de Guizot, le 24 Février, le Gouvernement provisoire, les terribles journées de Juin, la présidence de Cavaignac, la présidence de Louis-Napoléon, Louis-Napoléon chef du pouvoir, l'empire de Napoléon III, le 4 Septembre, la Défense nationale, Gambetta, premier consul sans consulat, M. Thiers, chef du pouvoir, la présidence de Mac Mahon, le demi coup d'État, le septennat de Jules Grévy, la présidence de Carnot III. Je pourrais signaler aussi le régime stérile de l'opportunisme.

Je ne veux pas faire l'addition de tous les gouvernemens, mais quiconque a pu, comme moi, en voir les rouages et les actions, peut juger que la vraie France a toujours été sacrifiée aux hommes de parti, ceux-là qui allument les révolutions et manœuvrent du même bras les pompes à incendie. Et on s'étonne encore de l'appauvrissement de la patrie par l'argent comme par le caractère! Il nous reste l'armée. Dieu nous garde l'armée! là se retrouveront tous les cœurs de la vieille France.

Je ne suis pas de ceux, grâce à Dieu, qui ont la haine de leur temps ni la haine du passé. Je n'imite pas ces gamins du journalisme qui jettent des pierres à toutes les statues et qui injurient tous les grands souvenirs. Je reconnais que depuis un siècle tout le monde s'est aveuglé aux visions de la terre promise. Monarchistes, républicains, impérialistes, chacun a cru parler au nom de la Vérité, soit pour les droits de Dieu, soit pour les droits de l'homme. Les plus exaltés, les Dons Quichottes de la tribune et de la plume, parlaient et écrivaient au nom d'un principe ; mais combien ai-je vu de principes échouer à Charenton ! Un peu moins de principes, s'il vous plait, mais un peu plus d'amour pour la patrie.

Je soulèverai encore le rideau devant cette période du second empire, qui fut un monde nouveau. Presque tous les esprits du siècle étaient encore debout. C'était le temps où les figures se profilaient énergiquement dans la lumière, Morny comme Rouher, Persigny comme Saint-Arnaud, Nieuwerkerke comme Canrobert, Walewski comme Mac Mahon; autre temps, autres hommes. Chaque politique amène de nouveaux convives au banquet de la France, les hommes du monde, ceux de l'aristocratie comme ceux de la bourgeoisie, en attendant l'avènement du Voracisme.

Les commencemens sont toujours très beaux. Voilà pourquoi je me retourne avec quelque joie au cœur vers ce passé qui porte la date de 1850, où j'ai vécu à plein esprit et à pleines lèvres. Chaque fois que je rencontre un gai compagnon de ce tems-là, le sourire épanouit ma figure comme la sienne. C'est qu'alors c'était l'heure cueillie d'Horace : *Carpe diem.*

* *

La seconde période radieuse du siècle a été celle des meilleurs jours de Napoléon III.

1848 fut le réveil de la grandeur d'âme et des idées humanitaires, qui firent battre le cœur de la France.

Un instant on put croire à la fraternité des peuples. On s'imagina qu'on allait tout droit à la terre promise. Il y eut là un grand pas en avant. Quoique le génie romantique eût enflammé les âmes en 1830, ce ne fut alors une révolution que dans quelques esprits. Le romantisme était à son aurore, il fut à son zénith un quart de siècle après, quand toute la nation fut pénétrée de sa poésie. Jusque-là, le monde politique, qu'il s'appelât Armand Carrel ou Armand Marrast, le président Dupin ou le ministre Thiers, protesta contre les hardiesses shakspeariennes des maîtres nouveaux. Il ne faut pas oublier que presque tout Paris se jeta dans la réaction ponsardisante par la tragédie de *Lucrèce*. Toute l'Académie avait pris les armes contre Hugo et ses disciples. Le théâtre d'Alfred de Musset acheva d'entraîner les vieilles écoles tombées dans l'anémie. *Il faut qu'une porte soit ouverte ou fermée.* Il sembla qu'il était réservé à Alfred de Musset d'ouvrir la porte radieuse à deux battans; alors tous les nuages tombèrent du ciel romantique, tous les dieux et tous les demi-dieux furent acclamés dans le monde, comme dans les journaux, depuis l'homme de génie Lamartine, jusqu'à l'homme d'esprit Jules Janin, depuis Hugo jusqu'à Karr, depuis Alfred de Musset jusqu'à Gozlan, depuis Dumas jusqu'à Méry. Et quel éclat partout ! La critique se nommait Sainte-Beuve, Théophile Gautier, Paul de Saint-Victor. Tous étaient encore debout. A peine si on fermait la tombe de Chateaubriand. Et quelle vaillance dans toutes les plumes dans le livre, au théâtre, dans le journalisme ! Alfred de Vigny, les Dumas, Michelet, Veuillot, Balzac, Sardou, Proudhon, Renan. Et cette femme incomparable qui n'avait jamais ouvert une grammaire et qui écrivait mieux que les plus savans, celle qui signait George Sand. N'oublions pas Augier, un maître aussi en prose et en vers.

Et combien d'autres glorieux il me faut oublier ! car on pourrait compter jusqu'à cent maréchaux de France littéraires selon le mot de Balzac. Dans les arts, c'était le même rayonnement : Ingres peignait alors *la Source*, Delacroix, *le Plafond d'Apollon*, Baudry s'annonçait comme grande figure, Pradier sculptait sa *Phryné*, Clésinger, sa *Bacchante*, Cavelier, sa *Pénélope*.

Et combien d'illustres musiciens à l'œuvre et au chef-d'œuvre !

Au théâtre, combien de grands artistes ! Georges reparaissait çà et là sur la scène; on allait faire un linceul de fleurs à Dorval; Rachel avait grandi encore depuis ses débuts. Le Théâtre-Français était radieux de toutes ses comédiennes et de tous ses comédiens : Beauvallet, Geffroy, Samson, Provost, Delaunay, Got, Brindeau, Bressant, Mlle Rachel, Mme Plessy, Mme Allan, Augustine Brohan, Mlle Judith, Mlle Fix, Madeleine Brohan, Mlle Luther, Favart, enfin cette grande Sarah !

Au point de vue de l'architecture humaine, c'était encore le bon tems. Il n'y avait pas seulement des hommes majestueux parmi les cent-gardes, on en rencontrait partout. Il faut les chercher aujourd'hui.

J'ai pensé que cette période où les belles femmes aussi ont eu leur règne était digne d'être rappelée par mes souvenirs. Voilà pourquoi on trouvera dans les pages suivantes beaucoup de tableautins et de profils des choses et des hommes. La vie intime d'un peuple a aussi sa place dans l'histoire pour l'étude des mœurs, des passions et des mouvemens de l'esprit humain.

Chateaubriand ministre de Louis XVIII a Gand

II

De Chateaubriand et de Napoléon

Chateaubriand ne consultait pas sa servante sur ses œuvres, mais il ne livrait rien au public sans le visa de ses amis. Voilà pourquoi on lut plus d'une fois des chapitres de ses mémoires à l'Abbaye-aux-Bois. Je fus, de par Sainte-Beuve, à une des glorieuses auditions. Mlle Rachel y était venue. Mme Récamier la pria de lire; mais Mlle Rachel, qui ne lisait bien que les vers, déclara qu'elle lirait mal cette belle prose. « D'ailleurs, dit-elle, je suis venue pour entendre et je comprends mal ce que je lis tout haut. »

Ce fut Arthur de Gobineau, devenu plus tard ambassadeur, qui, ce jour-là, lut le manuscrit. Chateaubriand jouait à l'absence ; mais, tout en clignotant des yeux, il étudiait les physionomies, à moitié grisé par les exclamations admiratrices. Comme il y avait toujours en lui du Breton tout bretonnant, il dit tout haut : « Je ne m'inquiète pas de l'opinion des hommes ; M. de Buffon a demandé son carrosse pour ne pas ouïr le chef-d'œuvre de Bernardin de Saint-Pierre ; mais les femmes ne se trompent pas. — Merci ! » dit Sainte-Beuve, qui ne voulait jamais perdre son droit d'oracle. Ballanche donna raison à Chateaubriand.

A l'Abbaye-au-Bois, Chateaubriand m'a parlé de Napoléon dont il est encore jusqu'ici le premier historien. C'est que le génie seul sait comprendre le génie. La figure de l'empereur, même dans la mort, l'hypnotisait, quoi qu'il fît pour s'en défendre.

Il bénissait le comte de Chambord pour obéir à son bourbonnisme d'ancienne date ; mais il aimait à se « désembourbonniser » avec l'homme d'Austerlitz et de Sainte-Hélène.

Jusqu'en ces derniers jours on a tout dit contre Napoléon, mais on aura beau répandre l'encre la plus noire sur le marbre blanc de sa statue, l'Alexandre et le César de la France dominera les siècles par sa figure impérissable.

Et telles sont la grandeur et la magie de cette figure, que, même après la catastrophe de Sedan, celui qui, dans l'histoire, porte le nom de Napoléon III lui emprunte encore un reflet de sa traînée éblouissante.

En ses mémoires, passant d'un Napoléon à l'autre, Chateaubriand parle ainsi de Napoléon III :

« Ce jeune prince, qui fut traité d'idiot à son aventure de Strasbourg, m'écrivait comme eût fait Machiavel lui-même; » aussi Chateaubriand dit-il des lettres de la mère et du fils : « Les Bourbons m'ont-ils jamais écrit de pareilles lettres ? »

Le prince ne désespérait pas de conquérir Chateaubriand.

Quelque temps après, la reine Hortense le décida, par cette lettre, de dîner à Arenenberg avec Mme Récamier: « Monsieur le vicomte, j'ai failli dire Monseigneur, vous aimez trop les ruines, les montagnes escarpées et les choses qui s'en vont, pour ne pas venir dîner chez moi, où vous ne trouverez que des enthousiastes de votre génie. D'ailleurs, comment ne feriez-vous pas cette partie de campagne pour accompagner Mme Récamier? »

Chateaubriand ne se fait pas prier, il va dîner à Arenenberg. Nul n'a mieux peint que lui cette petite cour des royautés évanouies. Sous sa plume colorée, on voit passer la beauté pâlie de la reine Hortense.

« Je l'ai vue dans un pavillon à part, tout tapissé de cartes topographiques et stratégiques : industrie qui faisait comme par hasard penser au conquérant sans le nommer. » Chateaubriand ne voyait pas que cette « industrie » révélait l'ambition d'un Bonaparte qui voulait, lui aussi, refaire la carte de l'Europe et qui défit la carte de la France.

III

Un conte de Napoléon III

Napoléon III nous a conté un jour à déjeuner pourquoi Napoléon Ier avait en grand souci le Trésor public et pourquoi il fut économe aussi de sa fortune, quoique généreux comme César. Voici le récit par à peu près :

« Napoléon était un prodigue, mais ce prodige renfermait un économe. C'est ainsi qu'il faut être comme chef d'État. Dans sa première jeunesse il avait vécu de peu, il disait même de rien ; mais dès qu'il connut Mme de Beauharnais, il jeta l'argent par les fenêtres pour faire comme les Incroyables du Directoire.

« Quand il partit pour l'Égypte, Barras le recommanda par une lettre très cordiale à Clary, le célèbre banquier de Marseille. Il arriva à l'heure où Sa Majesté l'Argent recevait son courrier. Sa Majesté ne se dérangea pas devant le célèbre général : « Asseyez-vous, général, je vous écoute. » Bonaparte remet sa lettre d'introduction. On cause des guerres passées, présentes et futures. Le général s'aperçoit que, tout en lisant les lettres du matin, même celle de Barras, le banquier en détache délicatement le papier blanc et le met sous un marbre. « Général, vous dînerez chez moi. » Bonaparte était effrayé, car un homme qui fait de telles économies de papier blanc doit mal dîner. Faute de mieux, comme Bonaparte n'est pas riche, il accepte « A ce soir, général — C'est dit, Monsieur, à ce soir. »

« Le soir, Bonaparte vient mélancoliquement pour se mettre à table. Changement de théâtre. Il n'est pas peu surpris de se trouver dans un magnifique salon illuminé à giorno, s'ouvrant sur une salle à manger pareillement éblouissante. Le banquier a eu le temps d'inviter le plus beau monde de Marseille. Bonaparte est ravi, d'autant plus qu'il a faim comme un homme qui a peur de mal dîner et que le festin s'annonce majestueusement. Tout va bien. Le menu est digne de Lucullus, le dessert est somptueux, les vins rappellent les meilleures vignes de France, d'Italie et d'Espagne. On se lève de table pour aller savourer le café dans un salon oriental qu'on eût dit transporté de Constantinople. « De plus fort en plus fort, pensa Bonaparte. » Il ne peut s'empêcher d'interroger le maître de la maison. « Citoyen, expliquez-moi pourquoi le matin vous avez la main si avare pour le papier, et le soir la main si prodigue pour vos convives. — Général, n'oubliez pas ceci, si le matin je ne recueillais pas le papier blanc des cent et une lettres qui me sont adressées, je ne pourrais pas vous donner, le soir, un dîner digne de vous. »

Cette leçon d'économie politique ne fut pas perdue. On a remarqué que, pendant toute sa vie, Napoléon a imité le banquier de Marseille, même aux Tuileries, même en campagne.

Le général Bertrand raconte en effet qu'à Sainte-Hélène l'empereur découpait encore le papier blanc de son courrier de France, comme au temps où il remuait des millions d'or et des millions d'hommes. Dans sa correspondance, combien de billets écrits sur des feuilles disparates, qui valent mieux aujourd'hui que des billets de banque !

* *

C'était à la commission des théâtres. M. Scribe dit à Victor Hugo : « Vous oubliez *les Templiers,* de Raynouard. — Non, je n'oublie pas, dit Victor Hugo, il y a un beau vers. »

Victor Hugo niait les œuvres littéraires de l'empire, quoique Napoléon eût fondé un prix de cent mille francs pour avoir un poëte.

J'ai vu souvent Napoléon III s'impatienter d'entendre dire que Napoléon Ier n'avait eu ni art ni littérature. Un jour à table il prit ainsi la parole :

« Le Français passe sa vie à élever des statues et à les briser. Deux joies pour une. » On veut prouver que Napoléon n'était qu'un sauvage qui faisait battre tout le monde en s'abritant. Nier à l'empereur un cortège illustre dans l'armée pacifique des lettres, des arts et des sciences, c'est mal étudier les figures de ses contemporains. N'a-t-il pas eu de grands peintres et de grands sculpteurs : David, Gérard, Gros, Prud'hon, Bosio, Cortot ? Chénier était président de l'Académie ; Volney était vice-président, Suart secrétaire perpétuel ; quand, le 27 février 1808, l'empereur au Conseil d'État reçut une députation de l'Institut, Chénier présenta tour à tour Bernardin de Saint-Pierre, Boufflers, Andrieux, Lacretelle ; les autres étaient absents, mais on en pouvait citer plus d'un digne du cortège, comme Chateaubriand, Fontanes, Delille, Lebrun, Parny, Millevoye, Sieyès, Cabanis, Sismondi. Les savans étaient en nombre, Lagrange, Prony, Lacépède, Bichat, Montgolfier, Darcey, Cuvier, pour n'en rappeler que quelques-uns. Ce n'est pas sa faute si la guillotine avait coupé la tête à André Chénier, à Bailly, à Lavoisier ! On sait d'ailleurs que Napoléon, pour mieux encourager les poètes et les savans, venait lui-même leur distribuer des récompenses, leur disant, comme à ses soldats : « Je suis content de vous. » Le tort des souverains est de ne pas présider eux-mêmes ces solennités des récompenses. Car alors ce n'est plus qu'une espèce de maître d'école qui préside. Du reste l'empereur n'avait institué que des prix décennaux ; aussi, dix ans après, il lui fallut bien se contenter de distribuer ses prix à Sainte-Hélène. Tous les grands hommes de son tems s'étaient évanouis; aux yeux de l'empereur, seul Chateaubriand restait fièrement debout, mais Napoléon distribua ses prix à Corneille.

Et Napoléon III termina ainsi le dénombrement des figures du tems de son oncle: « Vous voyez, Messieurs, qu'il y avait alors des hommes comme il y en a aujourd'hui; mais Napoléon était si grand et si glorieux qu'il faisait ombre à la grandeur et à la gloire des autres. »

Alors, tout à côté de moi, un des auditeurs dit à mi-voix: « Mon bonhomme, c'est toi qui seras dans l'ombre des hommes de ton tems. » Celui qui parlait ainsi était pourtant un homme de cour, un de ces enfans terribles, qui caressent d'une main et frappent de l'autre.

IV

A quoi tiennent les révolutions

L'ancien ministre Bardoux ne sait pas seulement son métier de ministre, il sait aussi l'histoire ancienne et l'histoire de son tems. Un soir, à un dîner de l'académie des Spartiates dont il est un des membres les plus athéniens, il nous conta comment M. de Morny couchait hors de chez lui par force majeure, dans la semaine qui a précédé le coup d'État. C'est une histoire que nul de nous ne savait, pas même ceux qui, comme moi, croyaient savoir toutes les péripéties de cette Révolution d'en haut. Le ci-devant ministre avait commencé, comme tant d'hommes considérables aujourd'hui, à barbouiller du papier timbré chez un avoué, tout en faisant son droit. Or il dut lui-même rédiger une requête, en vertu d'un jugement pour que M. de Morny fût appréhendé au corps à propos d'une bagatelle de six cent mille francs, non pas que M. de Morny fût insolvable, mais il était de l'école de Brumel et de d'Orsay, qui ont décidé que la meilleure politique pour se faire une grande situation c'était de ne pas payer ses dettes, car on met dans son escadron volant tous ses créanciers, qui sont autant de trompettes de la Renommée.

Je ne veux pas insister sur ce paradoxe; seulement M. de Morny, qui était un homme de ressources et qui avait de quoi payer ses dettes et vivre en grand seigneur, n'équilibrait jamais son budget; il payait comptant ses menues folies, mais, comme brasseur d'affaires à la manière anglaise, il faisait traîner son passif par ses compagnons de fortune. C'est ainsi que, co propriétaire de mines, de terrains, de canaux, de chemins de fer avec le duc de Mecklembourg, le duc de Galiéra, le beau Manuel, ce grand d'Espagne qui se croyait un grand seigneur, tout en maniant d'une main dédaigneuse le crayon de l'agent de change; c'est ainsi que, co propriétaire avec ces messieurs, Morny était tout à la fois créancier et débiteur de quelques millions. Mais comme il avait horreur des chiffres, il ne voulait jamais faire son compte. Quand on lui disait qu'il avait fallu verser pour lui ici et là en son absence, il répondait que c'était bien; il achetait des tableaux, jouait au lansquenet et chiffonnait des billets de banque avec les soupeuses plus ou moins héraldiques. Il n'était pas dans sa nature de se lever matin pour aller porter pieusement sa bourse de jeu dans les coffres-forts de ses amis le duc de Galiéra et le duc de Mecklembourg ; mais un jour ces deux ducs décidèrent que celui qui devint duc un jour était trop talon-rouge avec eux ; d'ailleurs, en 1851 toutes les fortunes chancelaient, c'était à qui liquiderait ses comptes. Morny n'avait pu croire que les deux ducs se fâcheraient jusqu'à la prise de corps. Pour les payer, il lui aurait fallu alors trop vendre au-dessous du cours : il les remit à trois mois. Ils ne lui accordèrent que trois jours, après quoi ce fut la prise de corps. Les deux ducs, furieux de quelques mots impertinens de Morny, promirent dix mille francs, pas un sou de moins, à un garde du commerce s'il leur amenait Morny pieds et poings liés, opération indigne de deux ducs, mais permise par la république de 1848. On a dit que Napoléon III n'avait démoli la prison pour dettes que parce que tous ses aides de camp y avaient passé le quart d'heure de Rabelais. Il n'est pas moins vrai qu'il a fait là une belle action.

Morny savait que sa tête était mise à prix pour dix mille francs ; comme il aimait la comédie, sachant la faire et sachant la jouer, il appela le chef des gardes du commerce — après le soleil couché — pour lui offrir douze mille francs s'il lui permettait de coucher en son hôtel et d'y dormir après le lever du soleil ; mais le garde du commerce était un Romain, il refusa. — Remarquez, lui dit Morny en lui offrant un cigare, que vous êtes un homme immoral, vous allez me forcer à découcher. — Je sais bien, dit en souriant le garde du commerce, que ce n'est pas dans vos habitudes. — Et vous vous imaginez que vous mettrez la main sur moi parce que je vais changer de lit ? — Oui, monsieur le comte. — Vous savez donc où je découcherai ? — Peut-être. — Eh bien! vous êtes plus avancé que moi. — Oh ! je sais bien que M. le comte de Morny n'est pas en peine, il n'est pas homme à coucher à la belle étoile, ni à chanter les sérénades. — Non. Voulez-vous douze mille francs pour trois jours de liberté ? — Non. Mais il serait si simple à vous de payer ces messieurs! — Oui, mais ces messieurs ont mis le feu aux poudres, je veux qu'ils se brûlent les doigts.

Ainsi finit, seigneur, cet illustre entretien.

Voyez à quoi tiennent les destinées des empires ! Voilà donc Morny mis à la porte de chez lui à la veille du coup d'État; or, comme le jour ne pouvait être fixé longtemps d'avance, il fallut que Morny donnât tous les soirs le mot d'ordre. « Je couche ici, je couche là-bas, je couche plus loin. » L'empereur, toujours fataliste, jugea que ces bonnes fortunes forcées d'un homme qui aimait les aventures, étaient une bonne fortune pour le coup d'État. En effet, Morny couchant chez lui pouvait être appréhendé au corps, non pas par les gardes du commerce après le coucher du soleil, mais par les amis de Morny, les orléanistes, qui étaient les pires ennemis du prince, ou par une émeute imprévue, si le bruit du coup d'État se répandait trop tôt dans Paris. Distraire Morny du coup d'État, c'était faire manquer le coup d'État, le président le savait bien.

L'heure sonna, Morny n'entendit pas sonner l'heure, c'est-à-dire qu'à la dernière entrevue on avait jugé que l'affaire ne viendrait que dans la nuit du 3 au 4 décembre. Le soir il courut les théâtres. On cite ce mot de lui à l'Opéra-Comique : « S'il y a un coup de balai, je serai du côté du manche ». Il passa par le Théâtre-Français, où nous causâmes cinq minutes. Où alla-t-il se coucher? C'est le secret des déesses—des déesses de théâtre. Ce qu'il y a de plus dramatique, ou de plus comique, c'est que le chef des gardes du commerce le savait bien. « Enfin! s'écria-t-il après avoir filé le futur homme d'État du Théâtre-Français à son petit hôtel des Champs-Élysées, de là à un autre petit hôtel perdu dans la région de l'ancienne avenue Charles-Dix, enfin je tiens mon Morny et les dix mille francs. »

Cet homme, qui savait son monde, ne pouvait supposer que dans un si joli réduit, en compagnie d'une déesse, Morny s'échapperait avant le lever du soleil. Pour plus de sûreté, comme il était déjà tard, il réunit ses hommes et les tint sous les armes dans un café borgne de l'avenue Charles-Dix, mais cela n'empêcha pas l'eau de couler sous le Pont-Royal. Quand à l'Élysée tout fut bien décidé pour la nuit même, on s'étonna tout haut que Morny ne fût pas là. « C'est vrai, dit le président, mais j'ai le mot d'ordre; c'est égal, il est temps d'y penser, car je n'ai pas vu Morny aujourd'hui. »

Il donna l'ordre de détacher quelques dragons pour chercher Morny; c'est là que la malice des choses montre son doigt. Le président n'avait pas le mot d'ordre tout en croyant l'avoir. L'hôtel de Morny est à deux pas, on court chez lui. On revient : « M. le comte de Morny n'est pas encore rentré. » Grande émotion. Le prince retrouve un mot de son frère qui lui marque trois maisons où il se cache la nuit. « Ce n'est pas là », dit avec fatuité un des acteurs du drame nocturne, peut-être le seul survivant aujourd'hui. Et il indiqua une quatrième maison. Il ne se trompait pas. On détache huit dragons qui en vont faire le siège et qui ramènent Morny.

Je n'ai pas à peindre la figure des gardes du commerce qui, à l'aurore, s'en vont à leur tour faire le siège et qui, ne sachant rien des événemens, croient déjà saisir leur proie. Pénétrant dans l'hôtel de la comédienne, ils la trouvèrent dormant du sommeil des anges.

Cette histoire — ou cette légende — n'est pas contée pour compromettre la comédienne, car on peut donner l'hospitalité à un galant homme sans lui prendre son manteau. Il est vrai que Morny n'était pas de la tribu de Jacob.

* * *

Le coup d'État faillit manquer parce que tout le monde voulait le faire, surtout les brouillons de la politique. Le colonel Fleury passait son temps, en 1851, à éteindre les mèches trop tôt allumées. Comme on le savait très bien renseigné, on croyait à sa parole, d'autant plus qu'il prouvait par des raisonnemens d'homme politique que le prince n'avait qu'à se confier à la force des choses. « D'ailleurs, disait le colonel, comment faire un coup d'État contre les fantômes de l'Assemblée nationale? Un jour ils fermeront la porte eux-mêmes. »

J'ai donc vu Fleury à l'œuvre pour désarmer les gens trop pressés, Romieu entre autres.

Romieu était un drôle de corps; il y avait chez lui du préfet et du clown, du viveur et du croque-mort. Sa bouche était fendue jusqu'aux oreilles, ce qui le faisait rire même quand il pleurait. Je l'ai vu pleurer de vraies larmes à la mort de son fils, jeune maréchal des logis, en qui il avait vu un futur maréchal de France. Il se croyait un personnage politique ; comme tel, il avait publié *le Spectre rouge* et *l'Ère des Césars*, deux brochures qui firent quelque bruit ; mais on se demandait toujours si c'était pour rire. Il savait tout, il avait passé par l'École polytechnique, par les philosophes, par les hommes d'État — et par les femmes. — Préfet de Périgueux, il y découvrit entre deux truffes celui qui fut le maréchal Bugeaud. Aussi disait-il : « J'ai fait un maréchal, je ferai un empereur. » Il s'attela au char de triomphe du second empire. Dès le 10 décembre 1848, il nous parla au café de Paris d'un coup d'État. Rien ne lui paraissait plus simple, il criait à tout propos : « Il n'y aurait pas eu de Napoléon sans le 18 Brumaire. » Quand Véron loua la Tuilerie, ce vieux château d'Auteuil, il y logea Romieu. C'était loger la poudre ; Véron faillit sauter. « Saute, marquis, comme à l'Opéra. » Mais un jour, à la fin du dîner, le colonel Fleury vint en ambassadeur extraordinaire dire à Véron : « Le prince vous prie de renvoyer Romieu dans ses truffes du Périgord ; il compromet le président, il vous compromet par ses billevesées de coup d'État. Il n'y aura de coup d'État que la raison d'État. »

Ce qu'il y avait de plus singulier, c'est que le prince était alors de bonne foi. Il croyait triompher de ses ennemis par la force des choses, « par l'influence de son étoile ». Mais Romieu continuait son travail souterrain ; il appelait à lui tous les colonels bonapartistes, moins le colonel Fleury. Le préfet de police Carlier était de la conjuration. Romieu, furieux contre le prince, disait : « S'il ne veut pas qu'on lui serve l'empire sur un plat d'argent, nous prendrons un de ses cousins. » Il y eut même des partisans du roi Jérôme, parce que le roi

Jérôme était l'image vivante de l'empereur vu sous les pâleurs de Sainte-Hélène.

On sait le reste. Napoléon III, qui avait traité Romieu d'idéologue et de factieux, lui qui était un idéologue et un factieux, voulut pourtant qu'on récompensât le ci-devant préfet. Il lui offrit d'être préfet du palais ; mais Romieu, qui avait alors une petite amie aspirant au théâtre, demanda la direction des Beaux-Arts, ce qui lui fut adjugé. C'était au temps de ma direction du Théâtre-Français. Il m'en fit voir de toutes les couleurs, arrachant la signature du ministre pour exiler du répertoire des chefs-d'œuvre comme *Tartufe*. C'était à se demander si c'était une nouvelle farce de ce viveur endurci dans la religion et le despotisme ; heureusement que Persigny déchirait l'ordre une heure après. Très bon diable dans les coulisses du théâtre, où il avait une maîtresse, Mlle de Saint-Hilaire, quand Romieu vit que, malgré ses défenses, on jouait toujours *Tartufe*, il me pria de donner le rôle de Dorine à Mlle de Saint-Hilaire. Ce fut le dernier mot de la comédie.

V

Une comédie toute faite.

Un des aides de camp de l'empereur, surnommé le brillant Colonel, brillait surtout par son esprit, mais aussi par ses manières d'enfant prodigue. Il avait commencé par là, il a fini comme un sage. Il ne voyait que la bonne compagnie — parmi les hommes — beaucoup d'esprit et d'entrain. On a pu dire de lui avec beaucoup de sens ce joli mot : « Il était brave devant l'ennemi comme devant les femmes. » C'est qu'il était né diplomate comme il était né soldat, c'est qu'il savait bien que le chemin des femmes est le train express pour tous les horizons de la vie. En sa jeunesse, il n'avait jamais assez d'argent, parce qu'il ne fermait jamais la main. Son frère, nommé grâce à lui consul dans une capitale voisine, jetait comme lui l'argent par les fenêtres, si bien que le père, qui n'était pas un Romain, fut fort appauvri par ses fils. Le colonel lui voulant donner une situation, prit la première venue : Directeur de Clichy-villégiature, ce qui voulait dire la prison pour dettes. Le jour même — il y a d'étranges rapprochemens — le colonel emprunte 25,000 francs à M. du Corbeau, un banquier à la petite semaine. A l'échéance, très rapprochée, le colonel oublie sa dette. On a beau habiter l'Élysée, il y a des juges à Paris. Il est condamné bien vite à rembourser M. du Corbeau ; mais il le prend de haut et se croit au-dessus du jugement des hommes. Un matin, l'empereur lui dit : « Soyez aujourd'hui mon grand écuyer ; avertissez Ney ; nous allons faire un tour au Bois pour essayer les chevaux que m'envoie la reine d'Angleterre. » Le colonel met tout en œuvre ; il commence lui-même par monter le cheval le moins dompté, il sort brusquement de l'Élysée et caracole avenue de Marigny. Mais voilà que quatre messieurs, tout en noir, le viennent saluer en cérémonie ; il retient la bride, tout surpris. Aussitôt les sbires du commerce se précipitent sur lui et sur le cheval : « Colonel, vous êtes notre prisonnier. — Moi, jamais ! »

Il a beau se débattre avec héroïsme, il est fait prisonnier, lui qui n'était jamais tombé aux mains de l'ennemi. « Colonel, au nom de la justice, nous vous conduisons à la prison pour dettes. — Laissez moi rentrer à l'Élysée. — Pas si bêtes! on nous donne mille francs pour le désagrément de vous arrêter. — Conduisez-moi à M. du Corbeau. »

On ne l'écoute plus, il a beau crier, comme d'Assas : A moi, d'Auvergne ! Il est jeté brutalement dans un fiacre, trois gardes se mettent à ses côtés, le quatrième monte sur le siège ; fouette, cocher !

Le colonel furieux descend à la porte de la prison pour dettes. C'est son père qui le reçoit ! Il avait déjà oublié la magistrature de son père.

Et son père le salue par ces mots : « Malheureux enfant ! ne sais-tu donc pas que ton frère est déjà ici ? » Le colonel éclate de rire, à la pensée de déjeuner en famille. « Oh! mon père, rassure-toi, on m'a pris après le soleil levant, mais avant le soleil couchant je serai réintégré à l'Élysée. »

En effet, dès que l'empereur apprit l'aventure, il voulut délivrer le colonel ; mais dans sa bonté de cœur celui qui fut Napoléon III n'avait jamais d'argent. Heureusement pour le colonel, une belle âme veillait. C'était la femme de M. du Corbeau, la plus belle femme de Paris en ce tems mémorable. Le colonel, aimait ces oiseaux-là, il avait conquis Mme du Corbeau — certes sans arrière-pensée d'emprunt — car il avait le cœur trop gentilhomme pour le placer à 5 o/o. Ceci n'empêchait pas Mme du Corbeau d'être indignée des façons de vivre de son mari. C'était donc une vengeance, mais vengeance contre vengeance ! Que fit la dame ? Elle avait sa bourse de jeu — de bourse. — Quand son mari, au déjeuner, lui apprit en se frottant les mains la mésaventure du colonel, elle se leva de table et courut à son tiroir à secret où elle mettait ses trésors, c'est-à-dire ses billets doux et ses billets de banque. De là, elle sauta en fiacre et courut chez Edgar Ney, un confident des deux amoureux, pour le charger de payer M. du Corbeau au nom de l'empereur, si l'empereur ne l'avait déjà fait. Elle arriva donc première pour ce sauvetage. On en parla quelque peu dans le fumoir de l'Élysée. « Voilà, me dit un soir le colonel, une dette de cœur d'autant plus sacrée que j'ai été tout un mois sans pouvoir la rembourser. » N'y avait-t-il pas là le sujet d'une petite comédie pour ce colonel du gymnase qui s'appelait Bressant?

L'empereur a eu tant d'ennuis par ses amis à cause de la prison pour dettes, qu'il résolut de la supprimer en pensant que, s'il eût vécu à Paris dans sa jeunesse, c'est lui qui aurait souvent passé par là !

VI

A propos du mariage de l'Empereur.

Napoléon III eut beau être proclamé empereur, il sentait encore la terre se dérober sous ses pieds. Nulle amitié, ni amour, sinon Miss Howards. Avait-il un seul ami parmi ses ministres, républicains de la veille, orléanistes du lendemain? Il n'aimait pas assez Morny pour que Morny l'aimât. Walewski était aussi de la famille, mais était-ce un homme d'État? Sa sœur de lait, Mme Cornu, lui en voulait d'avoir trahi la République malgré ses conseils, elle qui lui avait dit de s'arrêter au consulat.

On peut faire un coup d'État, on peut être acclamé par toute la France, on peut être proclamé empereur sans créer un second soi-même, qui soit votre conscience et votre frère d'armes jusqu'à l'héroïsme.

Tout autour de Napoléon III s'agitait un monde de courtisans, une peuplade de hauts faméliques, qui demandaient la lune et les étoiles, sinon le soleil.

Le général Fleury était pour Napoléon III un ami de la première heure, comme il fut un ami de la dernière heure. Certes, il songeait à faire son chemin comme tout le monde, mais il n'ouvrait pas une fenêtre, comme tant d'ambitieux, sur d'autres horizons politiques ; pour lui, c'était à la vie, à la mort. Il s'attristait de voir l'empereur aux premiers jours de l'empire plus inquiet de son triomphe que beaucoup de ses ennemis. Et parmi ses ennemis il pouvait nombrer toutes les royautés de l'Europe.

J'étais un bien petit seigneur dans mon pachalick du Théâtre-Français, mais tout le monde sait que je n'étais pas courtisan. Les gens de lettres ont cette vertu sur les gens de politique, qu'ils font bon marché de leurs fonctions. S'ils les perdent, ils retrouvent leur plume, qu'ils n'ont jamais sacrifiée.

Un matin que j'étais allé pour voir l'empereur, Fleury me dit :

« Vous arrivez à propos, vous allez lui parler des choses du théâtre, ce qui l'arrachera à ses préoccupations. — Ses préoccupations ? m'écriai-je, ah ! je voudrais bien le voir au Théâtre-Français ! Il lui est plus facile de gouverner la France après un coup d'État que la Comédie-Française. — Oui, oui, dit Edgar Ney, vous avez eu aussi votre coup d'État, mais vous aviez Rachel pour vous, tandis que nous nous n'avons pas une femme ici.

A cet instant, on vint demander Fleury de par l'empereur ; il m'emmena, et nous entrâmes comme chez nous dans ce cabinet de travail où je croyais toujours voir apparaître la destinée des nations. — Sire, dit Fleury, je sais bien que Votre Majesté est très occupée, mais Arsène Houssaye... — Oui, oui, dit l'empereur en m'indiquant un fauteuil. — Arsène Houssaye ne doute de rien, reprit Fleury, il vient demander à Votre Majesté des conseils pour gouverner le Théâtre-Français.

L'empereur eut la même pensée qu'Edgar Ney : « M. Arsène Houssaye n'a-t-il pas Rachel ? — Oui, Sire, mais, ma constitution de 1850 ne vaut pas votre constitution de 1852.

— Tant vaut l'homme, tant vaut la constitution », repartit l'empereur en accentuant ces paroles.

Fleury prit les ordres de l'empereur et sortit en me saluant de la main.

J'avais remarqué la pâleur et la tristesse sur la figure de Napoléon III. Il prit la parole et commença par me dire que ce qu'il y avait de plus ingouvernable en France ce n'était pas les Français, c'était les ministres. Les siens s'évertuaient à prouver leur génie dans les infiniment petites choses. Ils l'impatientaient en lui supposant des dessous de cartes, quand il jouait cartes sur table. Ces messieurs croyaient toujours à deux politiques, la politique occulte dans la politique au grand jour. Quand il ne disait rien, ils interprétaient son silence comme une épée de Damoclès sur leur tête. « Ils viennent au Conseil avec des portefeuilles tout pleins d'idées enfantines. Ils s'imaginent tous qu'ils ont sauvé l'État, quand ils ont refermé leurs portefeuilles. Il n'en est pas un, hormis Persigny, qui ne demande à brouiller la justice naturelle des choses par mille et une faveurs toujours renaissantes. — Ce qui ne les empêche pas, Sire, de se croire des stoïciens. — C'est à qui jouera le premier rôle en politique. Il semble que le ministre de la guerre tienne dans ses mains la vaillance française ; il semble que le ministre des finances fasse la richesse publique en vidant ses poches ; il semble que le ministre de l'instruction publique mette la plume à la main à tous les hommes de science et de poésie. Il n'est pas jusqu'au ministre de la police, qui ne me fasse sentir que, grâce à lui, je l'ai échappée belle hier en allant me promener tout seul quand je n'ai été « embêté » que pas ses estafiers. »

L'empereur se mit à rire. — « Il n'y a que moi qui sois sage, car je sais bien qu'au fond, presque toujours, s'il n'y avait ni chef d'État ni ministres, les choses n'en iraient que mieux. N'est-ce pas votre opinion ?

— C'est si bien mon opinion, Sire, qu'il m'arrive souvent de ne pas aller aux répétitions parce que je suis la critique pour les comédiens : je les « embête », puisque le mot est bien français ; ils n'ont plus leurs coudées franches pour s'incarner dans leurs rôles.

— On m'a dit qu'il fallait mettre en musique les rôles de Mlle Rachel pour qu'elle trouve bien le diapason.

— C'est encore une calomnie que fait courir son maître M. Samson, parce qu'il lui a donné la becquée de Racine et de Corneille. La vérité c'est que Rachel répète mal et qu'elle joue bien. Dès qu'elle est en scène, elle trouve le diapason — le diapason du génie ; tandis que ses camarades, qui répètent bien, ne trouvent que le diapason du talent — à peu près comme vos ministres.

— Oui, oui, des comédiens qui apprennent leur rôle, mais dont pas un ne pourrait faire la pièce.

— La pièce, c'est votre affaire, Sire. Vous êtes l'auteur, les ministres sont les acteurs. » Et me rappelant les paroles d'Edgar Ney, je me risquai à cette réflexion: « Mais il n'y a pas de bonne pièce sans femme. »

L'empereur devint silencieux : « Les femmes, les femmes, reprit-il, où sont-elles? — Ah! les femmes comme il les faut, Sire, c'est toujours une aiguille à trouver dans une botte de foin. Et d'ailleurs vous seriez sûr de trouver la grande Catherine ou la grande Marie-Thérèse, que vous ne la chercheriez peut-être pas. Quand on a été élevé par la reine Hortense, on aime mieux les femmes de cœur que les femmes d'action. »

Me voyant sympathique à sa mère, Napoléon III eut une effusion de tendres souvenirs : « Ah! si elle avait pu vivre jusqu'aujourd'hui, comme j'aurais vu clair, par ses yeux! »

Encore un silence. L'empereur était parti pour Arenenberg. Il me sembla lire dans son silence qu'il souffrait de sa solitude bruyante et qu'il lui serait doux de se reposer le soir dans l'amour d'une bonne créature, non pas compliquée, comme toutes les femmes à qui on apprend tout hormis la science d'aimer, mais ne sachant qu'aimer et ne voyant que par l'œil simple. Ce sont bien là les vraies croyantes et les vraies savantes. Mais celles-là, où étaient-elles? Je ne parlerai pas de Mme Howards, puisque c'était une passion à fin de bail, mais peut-être eût-il bien fait de la consulter, car elle l'aimait encore par delà elle-même.

L'esprit de la conversation changea. Nous avions bien souvent parlé, dans l'avant-scène du Théâtre-Français, des malices et des fourberies de femmes; nous retombâmes sur ce sujet inépuisable à jamais. Le Souverain sentimental descendit des sommets pour reprendre la familiarité parisienne.

Il me garda à déjeuner avec les aides de camp. Je ne sais plus à propos de quoi on vint à parler des filles de la Légion d'honneur, sans doute parce que l'une d'elles, très jolie, la plus jolie peut-être, entrait en couvent. — « C'est un meurtre, dit le prince Murat moitié sérieux, moitié riant : savez-vous, Sire, que l'on vous marie à une fille de la Légion d'honneur ? — Comment donc ! dit Napoléon III, sur le même ton, j'en épouserais plutôt deux qu'une. »

Ce qui nous prouva que l'empereur n'avait jamais songé à cette belle action d'épouser une vraie Française, pour ainsi dire fille adoptive de son oncle.

Le prince Murat parla de faire une visite à la maison de Saint-Denis par curiosité et par respect.

« J'irais bien, dit Napoléon III, si, comme Louis XV, je n'aimais pas Saint-Denis ; je n'ai pourtant pas peur d'y être enterré, mais il y a là-bas trop de fantômes de rois. — Eh bien, Sire, venez ce soir à la Comédie-Française, on y rira beaucoup devant le *Mariage de Figaro* et le *Médecin malgré lui*. — J'y avais songé. On jouera bien ? — On joue toujours bien devant l'empereur, les premiers sujets seront en scène. — Oui, mais vous avez tant de mauvais sujets ! »

L'empereur disait cela sans chercher à faire un mot, et il avait bien raison, mais il avait bien tort de parler des mauvais sujets de la Comédie-Française au temps où l'on comptait vingt comédiens et comédiennes de haute marque.

Le soir, j'allai comme de coutume saluer Napoléon III dans son avant-scène.

Je le trouvai très occupé à lorgner une belle dame dans l'avant-scène d'en face. C'était Mlle de Montijo, qui avait à ses côtés sa mère et la marquise de Santa-Cruz. Je ne savais pas le premier mot du roman. On n'en était, d'ailleurs, qu'à la préface. Je me rappelai le sentimentalisme du matin. Le soir Werther semblait content, mais sans abandon. Je lui dis que je ne doutais pas de son plaisir à la comédie, tous les grands sujets étant en scène sans parler de ceux qui n'étaient pas sur l'affiche, et pour prouver ma discrétion, je nommai plusieurs belles spectatrices des premières loges. Mais l'empereur était tout à l'avant-scène, il oubliait déjà que les ambassadeurs venaient de frapper pour lui à la porte de quelques princesses à marier ; par exemple, à Londres, Walewsky avait fait un pas plus ou moins diplomatique vers une nièce de la reine d'Angleterre, la princesse Adélaïde de Hohenlohe, qui n'avait dit ni oui ni non.

Lord Cowley et lord Mamelsbury, de leur côté, avaient fait aussi un pas. Ce n'était pas tout. D'autres princesses étaient pressenties ; on débitait même des vers à ce propos :

Monsieur Napoléon joue au prince Charmant,
Espérant réveiller la belle au Bois dormant.

Or, pendant qu'il la cherchait bien loin, il la rencontra tout près. Elle ne l'endormit pas longtemps dans les délices de Capoue, parce qu'il reconnut bien vite que sous cette beauté éblouissante, s'il y avait des vertus de souveraine, il y avait des caprices superféminins.

Je ne veux pas oublier de dire que le lendemain, quand Walewsky vint parler à l'empereur d'une des princesses à marier, il lui dit en prenant son air fataliste : « Je suis pris, la destinée a parlé. » Hélas ! c'était une destinée fatale !

VII

Les fêtes du second Empire.

Quoique l'impératrice adorât Marie-Antoinette, il faut bien reconnaître qu'elle ne fit pas, comme la belle Autrichienne, des folies romanesques, et que si elle jeta çà et là l'argent par les fenêtres, ce fut dans les fenêtres des pauvres. On doit l'accuser d'avoir voulu l'horrible guerre de 1870, mais il ne faut pas oublier toutes ses bonnes œuvres. Et d'ailleurs, est-ce sa faute si l'empereur s'était jeté pieds et poings liés dans la gueule du lion en voulant couronner l'édifice? Ce n'était plus qu'un Louis XVI, le matin du 10 août.

Les fêtes du second Empire ont été trop bien peintes pour qu'il me faille en rappeler les splendeurs. Je me contenterai de reproduire quelques pages que j'écrivais alors dans des chroniques :

Avril 1869.

La princesse Mathilde a donné samedi soir la comédie : la comédie, c'était *la Revanche de Scapin*, de M. Théodore de Banville, jouée par M. Coquelin et Mlle Emma Fleury. Le théâtre, improvisé dans le grand salon, n'était guère indiqué que par un paravent : *Ceci représente la mer*, comme dans Shakspeare. Le directeur de la scène a frappé les trois coups et le paravent s'est replié. L'empereur avait à sa gauche l'impératrice ; à sa droite, la princesse Clotilde. Le parterre était un parterre de princesses. Les hommes ne se montraient que dans l'embrasure des portes-loges de côté ; — seul, le prince de Metternich se montrait dans la coulisse. Le nonce du pape avait pris sa stalle au paradis des femmes. Les vers de M. de Banville ont éclaté comme des fusées. C'était la gaieté couronnée de diamants et de roses. On saluait les rimes et les mots au passage, et on ne se disait pas : Que font ici ces beaux vers ?

A la fin de la comédie, on aurait voulu qu'elle continuât, tant c'était une fête de rire en pleine poésie. L'empereur a voulu qu'on lui présentât l'auteur et lui a dit : « Monsieur de Banville, j'ai cru d'abord que c'était *le Scapin* de Molière. » Le poëte n'avait jamais été si finement loué.

La fin de la soirée s'est passée en conversation. Les arts et les lettres étaient représentés par MM. Théophile Gautier, Robert-Fleury, Nieuwerkerke, Émile Augier, Hébert, Viollet-le-Duc, Flaubert, Goncourt, Baudry. L'empereur a causé avec moi * de la liberté des théâtres et des œuvres imprévues qu'elle créerait, des institutions romaines avant César (l'Introduction au livre de S. M.), de Léonard de Vinci, dont je viens de retrouver le tombeau.

L'impératrice a demandé que M. Gustave Doré lui fût présenté. Elle a complimenté avec une grâce charmante le jeune artiste qui lui a fait relire le chef-d'œuvre des Espagnes par ses belles illustrations.

* L'empereur avait causé si longtems avec moi, au grand déplaisir de beaucoup d'aspirans, qu'un grand financier, Émile Pereire, me dit en souriant : « Si vous voulez faire un emprunt public demain, il sera souscrit avant midi. »

Nous avons dit : un parterre de princesses — princesses par la naissance, ou par la beauté, ou par l'esprit ; — il y en a qui sont trois fois princesses, comme la maîtresse de la maison; autour d'elle, on remarquait la princesse Clotilde, la duchesse de Morny, Mme de Galifet, la princesse de Metternich, Mme de Girardin, la comtesse de Chasseloup-Laubat, la princesse Troubetzkoï, madame de Pourtalès. »

***

Mai 1870.

Le mois de mai a été splendide. Aussi les jolis oiseaux de la volière parisienne vont faire miroiter leur plumage plus tôt que de coutume à travers champs, aux bains de mer, aux eaux françaises et étrangères, — jusqu'à Monaco, ce pays merveilleux où il fait froid l'été et chaud l'hiver.

C'en est donc fait des belles fêtes de la saison. Les lundis de l'impératrice en auront été le bouquet.

Voltaire a dit : « Le premier qui a comparé une femme à une rose était un poète, le second était un imbécile. » Moi, qui ne suis ni l'un ni l'autre, je voudrais pourtant dire que le premier *lundi* de l'impératrice a été le bal des roses, avec le sourire des roses et la valse des Roses d'Olivier Métra.

Jamais bal du mois de mai n'aura jeté plus d'éclat et de gaieté.

On dansait dans la salle des Maréchaux. Les maréchaux eux-mêmes, qui dans leurs cadres s'ennuient bien quelquefois, avaient pris une figure de circonstance.

En sa merveilleuse robe couleur du soleil, l'impératrice avait maintenu la robe à queue, qui apprenait aux hommes à marcher à distance. Mme de Metternich avait inauguré la robe courte, la vraie robe Louis XV, toute fleurie de roses thé, les plus belles qui se soient jamais épanouies sous les doigts d'une fleuriste ou dans l'atelier de Chaplin.

Tout l'escadron volant des beautés à la haute mode, la duchesse de Persigny, la comtesse Walewska, la maréchale Canrobert, Mlle Jurien de la Gravière, la marquise de Gallifet ; l'empereur, l'impératrice, la princesse Mathilde, le prince Napoléon, toute la cour, allaient et venaient sans la solennité de l'étiquette ; c'était familier, intime et charmant.

Le bal a commencé à minuit et demi avec le plus vif entrain ; les accessoires du cotillon étaient des objets d'art. Mais on se demandait où était M. de Caux, car il n'y a plus de conducteur de cotillon. L'emploi est-il supprimé, grand Dieu !

La haute diplomatie était là en familière compagnie avec Lefuel, Gounod, Baudry, Alexandre Dumas, Henry Houssaye, Félicien David, About, Albéric Second, Sacy, Chaplin, Nisard, Augier, Feuillet, Cabanel.

François Ier disait : « Une cour sans femmes est un printemps sans roses. » Encore faut-il que la reine ne s'appelle pas Frédégonde, Marguerite de Bourgogne, Catherine de Médicis. Mais les cours qui ont pour reine des femmes comme Marie-Antoinette et Eugénie, font toutes les dames d'honneur à leur image.

Si Winterhalter avait été un peintre de la vérité, on pourrait dire que, dans son célèbre *Décaméron*, qui s'efface déjà, toutes les femmes qui entourent l'impératrice lui ressemblent comme par magie.

Aujourd'hui encore, quand l'impératrice ne se ressemble plus, on la retrouve pour ainsi dire dans la marquise de Gallifet, dans la comtesse de Pourtalès dans la comtesse Walewska, dans cette jolie lectrice officielle qui contait aussi bien qu'elle lisait. Ces belles du temps passé ont écrit mieux que personne la chronique intime des Tuileries. Étincelle, la comtesse de Molènes, Violette, Mme Stevens, Mme de Mirabeau et autres Sévignés, n'ont jamais eu plus d'esprit et de grâce à bien dire. Où sont ces belles années insouciantes, où l'impératrice disait à Chaplin, qui peignait le plafond de son petit salon : « Pas un nuage au ciel, n'est-ce pas ? » Mais Mérimée, conseiller sceptique de l'impératrice, ne voyait que des nuages, tant il avait de nuées sur le front, lui qui ne croyait pas au ciel.

MÉRIMÉE

* * *

Le décaméron de l'impératrice fut l'enchantement de tous les mondes. Ceux qui n'allaient pas à la cour couraient au Bois, pour le voir rayonner encore. Les jalouses disaient que tous leurs charmes étaient d'être enjuponnées par Worth. Les puritains se voilaient la face aux fêtes des Tuileries, parce que ces dames étaient un peu beaucoup décolletées. C'était Tartufe disant : « Cachez-moi ces beaux seins que je ne saurais voir ». La vérité, c'est qu'elles étaient belles et qu'elles gazouillaient comme les oiseaux bleus couleur du temps. Il y avait les nonchalantes et les capiteuses, la grâce qui entraîne et la coupe qui enivre. Plus ou moins vertueuses, mais la vieille chanson ne dit-elle pas aux bégueules qu'il faut de la vertu, mais qu'il n'en faut pas trop? On a dit aussi que ces merveilleuses avaient leur grand-seize comme les oisifs de l'empire. J'ai peint, dans les *Grandes Dames*, l'hôtel du *Plaisir-Mesdames*. Mais pourquoi les malmener toutes ces adorables, toutes ces adorées qui ont suivi les conseils de leur beauté et qui ont été la joie des yeux? N'ont-elles pas fait assez pénitence après leurs grands jours et leurs belles nuits étoilées?

Les *Grandes Dames*, du moins celles de mon roman, menaient grand tapage aux Tuileries comme ailleurs.

C'était à qui dénouerait les masques : les femmes mettaient des noms sous les pseudonymes.

En ce temps-là, j'étais bien venu dans tout cercle féminin. Un soir, aux Tuileries, je m'avisai de lire dans les yeux et dans la main ; je soutins que toute femme porte sur elle la cosmographie de ses passions.

« Comme cela se trouve! dit Mme de Persigny, puisque aussi bien la mode nous amène au bal à moitié nues, vous pouvez lire nos destinées.

— Oui, Madame; mais le livre n'étant ouvert qu'à moitié, vous n'aurez qu'un demi-horoscope.

— Eh bien, dépêchez-vous, ô Cagliostro !

Je ne voulais pas dire la vérité ; mais la vie de la dame était de verre, et j'effleurai puritainement ce chapitre délicat ; et ce que je ne disais pas, tous les yeux se le disaient.

« Vous avez le mont de la lune rayé et très développé, la ligne de cœur en chaîne, l'anneau de Vénus brisé et la voie lactée très imprimée. En outre des croix dans la plaine de Mars.

— Qu'est-ce que cela veut dire, Monsieur le devin ? c'est de l'hébreu pour moi.

— Cela veut dire, Madame, que vous êtes une héroïne de vertu, puisque vous traversez de tels périls sans faire de coups de tête.

L'impératrice, qui écoutait, dit à la duchesse :

— Vous ne voyez donc pas comme il se moque de vous ?

— Votre Majesté, dis-je, est bien meilleure physionomiste que moi, elle lit dans tous les cœurs, mais elle a trop d'esprit pour...

— Chut ! ne parlons pas d'esprit. C'est un jeu de cartes ; on peut apprendre le jeu, mais on ne voit jamais le dessous des cartes.

L'impératrice voulut que la séance continuât, et il me fallut, une heure durant, m'évertuer à dire des à peu près étranges à toutes ces dames.

Mme de Persigny me redonna sa main, et je lus à trois

lignes verticales de la percussion qu'elle serait veuve et se remarirait deux fois. Je ne lui en dis rien, naturellement. Le troisième mariage de la duchesse me donna raison.

*　*　*

1885

La comtesse de Pourtalès, celle que le général Ducrot appelait l'adorable comtesse, non point parce qu'il en était amoureux, mais parce qu'elle avait l'âme de l'Alsace française, prouve une fois de plus que celles qui ont été belles le sont toujours. Il y a tout un quart de siècle que je la vois ainsi dans son beau profil dessiné par Reynolds et dans son charmant ovale peint par Cabanel. Rien à critiquer dans cette figure, sinon l'oreille, qui n'est pas ciselée par un maître florentin. Mais tout le reste, quelle merveille de grâce idéale! Et puis, si l'oreille est grande, c'est qu'il lui fallait entendre tant de douceurs!

Dans le Décaméron des femmes de la cour, n'a-t-elle pas eu la première place à côté de l'impératrice? mais le règne de sa beauté a duré plus longtemps. Sans doute la blancheur de sa vertu n'a jamais été atteinte. Pareille à la Diane antique, nul n'a monté sur son piédestal de marbre, sous la chaste lumière de Phébé, pour lui donner l'étreinte qui brise et qui brûle les femmes. Je sais bien que les Ninons ne vieillissent pas non plus; mais tout bien considéré, j'aime les Dianes et les Ninons.

Hier encore, chez Mme la princesse Mathilde, on vit arriver Mme de Pourtalès dans son auréole de jeunesse. Nous fûmes presque éblouis, le prince Victor, le général Fleury et moi. « C'est charmant, cette apparition, dis-je au général, mais comme c'est triste pour nous qu'elle soit la seule survivante des visions de nos belles années ! Toutes les autres femmes de la pléiade impériale ont quitté le rivage ! »

« Vous en souvient-il ? disait Henry de Pène. Il y a un siècle, il n'y a qu'un jour, la promenade au Bois était une féerie. Sur les bas-côtés de l'avenue, la haie des curieux groupés en lignes profondes, depuis la Grande-Cascade jusqu'au milieu de la place de la Concorde. Et, au milieu des coupés, des victorias, des phaétons et des landaus, s'avançant au pas cadencé de leurs quatre chevaux, les deux daumonts du duc de Larochefoucauld, dont les jockeys portaient la casaque de velours violet et le brassard armorié ; celle de Mme de Quinto, à la livrée bleu céleste et or ; celle du duc de Mouchy, précédée d'un piqueur « à la vieille française », habit bleu de roi, culotte rouge et chapeau en bataille ; le huit-ressorts aux laquais poudrés de Mme Musard se croisant avec les équipages de la cour, tandis que, conduits d'une main ferme et habile, les « drags » du prince Troubeskoï et de M. Nariskine, ou le mail-coach si bien stylé de M. Wilkinson se frayaient difficilement un passage dans la foule étincelante que le soleil — à son déclin — inondait de rayons empourprés.

Et le coupé discret de la duchesse de Castiglione, et la calèche indiscrète de Marguerite Bellanger !

Et ce huit-ressorts, portant sur ses panneaux un écusson timbré d'une couronne princière et attelé de quatre chevaux superbes que conduisaient deux jockeys vêtus en satin jaune et noir ! Deux jeunes femmes dans ce huit-ressorts : l'une célèbre par son esprit aussi bien que par sa naissance, était une grande dame étrangère, la princesse de Metternich, ambassadrice d'Autriche ; l'autre était Française, c'était la comtesse de Pourtalès. La première parlait par le feu de ses yeux, la seconde par les charmeries caressantes de son sourire.

L'ancienne lectrice de l'impératrice Eugénie, Mme Carette, qui fut la belle Mlle Bouvet, a publié ses *Souvenirs des Tuileries*, dans un style de bonne compagnie — de trop bonne compagnie — car Mme Carette se croit toujours sous l'œil de l'empereur et de l'impératrice. Elle a peur de la liberté de l'expression. Le peintre Mignard disait : « Je peins les femmes comme elles veulent être et non comme elles sont. » Mme Carette est de l'école de Mignard, elle peint en beau, surtout en joli. Cela finit par être irritant de voir tant de cœur, tant d'esprit, tant de vertus. D'après Mme Carette il n'y avait que des anges aux Tuileries. Toutefois, il y a dans ses *Souvenirs*, des pages charmantes qui resteront pour l'histoire intime du siècle.

Je ne vous donne pas les portraits vus dans le bleu, j'aime mieux vous inviter à un dîner de famille sous Napoléon III. Vous pouvez d'autant mieux accepter que vous ne resterez que trois quarts d'heure à table, montre à la main ; Napoléon III voulant en ça, comme en beaucoup du choses imiter son oncle Napoléon Ier. « Le chef du service de la bouche, dirigeait tout en habit noir. Derrière l'empereur se tenait un de ses huissiers ; également pour le prince Impérial. Ils avaient l'habit marron à la française. Derrière l'impératrice, outre son premier huissier, se tenait un jeune nègre, noir comme de l'ébène, qu'on avait ramené d'Égypte, superbement vêtu comme ceux de Paul Véronèse. Effet très décoratif. Il présentait à l'impératrice les assiettes avec un air de hauteur orientale, comme s'il eût accompli une haute fonction. Il se prétendait de grande race et refusait d'obéir à quiconque, hors à Sa Majesté. »

A part le plaisir de voir un si beau nègre servir une impératrice blanche, rose et blonde, j'avoue que cette manière de dîner ne serait pas la mienne, si j'avais le malheur de m'asseoir sur le trône en France ou ailleurs. N'est-ce pas que ce dîner impérial est dans toute une atmosphère d'ennui à couper au couteau?

L'empereur des Français m'a fait plusieurs fois la grâce de m'appeler à sa table, à Paris, à Saint-Cloud, à Compiègne. Mais ces jours-là, il y appelait en même temps la gaieté, soit qu'on fût en belle compagnie mondaine, littéraire et artistique, soit qu'on fût en petit comité et non pas seulement en famille. Alors l'esprit courait sur la nappe, et il ne semblait pas que le dîner fût un travail de trois quarts d'heure, montre à la main.

VIII

Le jeu des destinées

Quand j'ai rappelé la lecture de L'Ane et le Ruisseau au palais des Tuileries, par Alfred de Musset, j'ai cité sa prédiction sur l'impératrice. En effet, il me dit, en descendant le grand escalier :

« Tout en lisant ma pièce, je regardais l'impératrice avec l'effroi du lendemain. On dit qu'elle est Espagnole ; n'en croyez rien. Je l'ai bien vue. Par ses cheveux, par ses yeux, par ses lèvres, c'est encore une Autrichienne, comme Marie-Louise et Marie-Antoinette. Elle est charmante, mais je vous dis qu'elle joue fatalement un rôle. Tout cela est beau aujourd'hui, pourtant je ne donnerais pas deux sous du dernier acte. La terre tremble et vous voulez bâtir. »

En disant ces paroles, le comte de Maistre pressentait toutes les révolutions du siècle après la grande Révolution de 1789.

La terre tremble. Aussi tous les monumens de la civilisation chancellent sur leurs bases. Or, savez-vous pourquoi la terre tremble plus que jamais ? je vais vous le dire. C'est qu'en 1870 une femme a voulu régenter la France. Le pape avait dit à cette femme : « Vous aussi, vous serez la sœur de l'Église. » Elle s'est prise au sérieux. Elle a soufflé la tempête, et la tempête en la frappant a refrappé le vieux monde.

Devant la figure de cette femme, Bossuet ne manquerait pas d'évoquer les idées providentielles. Cette femme, qui a lancé la foudre, n'a pas seulement mis la France à feu et à sang, elle a inquiété toutes les nations, elle a créé le péril pour les peuples comme pour les rois. C'est grâce aux dernières révolutions que le navire de l'humanité ne jette plus son ancre dans le ciel ; l'athéisme armé de la science croit, comme l'astronome Laplace, que la nécessité de Dieu ne se fait pas sentir dans la mécanique céleste ni dans la mécanique de la terre. Or nous voyons comment le navire sans Dieu est sans gouvernail.

Étudions donc dans la dernière impératrice des Français ce qu'on appelle le hasard des choses, la fatalité, la force voulue, la destinée des nations. Cette femme n'était-elle qu'un accident ou était-elle marquée pour recommencer le jeu terrible des révolutions? On a beau ne croire à rien, on va de surprise en surprise quand on suit Mlle de Montijo dans son histoire et dans l'Histoire.

Nous croyons savoir l'histoire ancienne, nous ne savons même pas l'histoire contemporaine. C'est donc un devoir pour celui qui comme moi a été le spectateur dans la coulisse, de soulever le rideau sur le théâtre du monde quand le drame est digne du public.

Un de mes amis, bien connu, m'écrivait ceci en 1886 :

« Quand un grand deuil me força d'abandonner les Champs-Élysées pour la place Vendôme, je louai dans un des vieux hôtels du temps de Louis XIV un appartement qui avait été habité par l'impératrice, quand elle était mademoiselle de Montijo. L'appartement était vacant depuis son départ pour les Tuileries. Elle en était donc sortie heureuse, quand, moi, j'y entrais avec toutes mes tristesses ; mais passons.

« Comme je cherchais à bien caser là mes tableaux et mes livres, je trouvai dans un placard un portrait tout en lambeaux de la grand'mère de l'impératrice, ainsi qu'une poignée de papiers incohérents, livres de cuisine et lettres d'amies. C'est toujours curieux de remuer le passé, surtout quand c'est le passé d'hier dominé par une figure historique. Je remarquai que la vieille peinture tout émiettée avait un grand air de famille avec la jeune impératrice. C'était presque la même figure à plus d'un siècle de distance. On pouvait croire que ce portrait fût de Mme Vigée-Lebrun, mais il est plutôt d'un peintre espagnol, quoique peint dans le style Louis XVI. Les papiers me parurent à peine dignes d'être jetés au feu, mais, tout en les feuilletant et tout en me promettant de les remettre à la souveraine, je fus frappé de quelques lignes d'une écriture solennelle à la Louis XIV, bien pareille à l'écriture de Mlle de Montijo, écriture qui s'est encore accentuée depuis.

« Or, voici les lignes : *La destinée ou la volonté. La destinée, c'est Dieu. La volonté, c'est une main de fer dans un gant de velours.*

« Ces paroles étaient-elles copiées dans un livre ou bien avaient-elles été inspirées par l'orgueil de Mlle de Montijo ? Quoi qu'il en soit, elles témoignaient de sa préoccupation vers les grandeurs. »

La jeune Espagnole appelait à son aide sa destinée par tout le magnétisme de sa beauté radieuse ; si la destinée ne répondait pas à ses avances, elle prenait sa volonté héroïquement par sa main de fer gantée de velours.

Mais tout indique une destinée dans la vie de l'impératrice Eugénie. Elle était née pour être belle et elle croyait que son règne serait à Madrid. Elle espérait épouser le duc d'Albe, mariage qui eût fait son bonheur, mais qui eût fait surtout le bonheur de la France !

Le duc s'obstina à aimer la sœur d'Eugénie. Et Eugénie s'enfuit de Madrid pour n'y pas montrer ses larmes. Elle s'arrête à Bordeaux, elle y reprend sa grande vie et se console dans les fêtes mondaines et dans les églises.

Le marquis de Dampierre et le comte de Bryas donnent des chasses en son honneur ; on court les belles campagnes du Bordelais ; tout le monde se passionne pour elle, c'est Diane chasseresse dans le char d'Apollon avec la beauté olympienne.

Elle court au-devant du danger dans l'ivresse des

vingt ans ; quand elle revient de la chasse, tout le château est en révolution ; cette fière amazone fait monter son cheval jusqu'au premier étage du grand escalier.

Un soir, à Cognac, dans un dîner de cérémonie, elle rencontre l'abbé Boudinet, qui est un mondain et qui aime mieux les salons que les églises. Dans les salons, il se met au coin des femmes. Dès qu'il voit Mlle de Montijo, il se pose en point d'admiration et lui demande la grâce de lire dans sa main. La jeune fille ne fait pas de façons. « O mon Dieu ! s'écrie l'abbé, je vois dans votre main une couronne ! — De duchesse sans doute ? dit-elle ironiquement en songeant au duc d'Albe. — Oh ! reprend l'abbé Boudinet, je vois une plus belle couronne. — Parlez, monsieur l'abbé ! — Je vois la couronne impériale. »

Tout le monde écoutait. Ce fut à qui féliciterait la future impératrice. Or, Mlle de Montijo prit la prédiction au sérieux : elle accourut à Paris, elle se mit partout sur le chemin de l'empereur en ayant l'air de le fuir, aux promenades au Bois, aux représentations de gala, aux fêtes de l'Élysée, jusqu'au jour où elle fut invitée à Compiègne.

Mais qui ne sait toute cette histoire ? la belle chasseresse prit Mérimée pour secrétaire dans sa correspondance avec Napoléon III. Elle l'enjôla par son style comme par sa beauté, on peut même dire qu'elle l'affola, puisqu'il la conduisit à Notre-Dame de Paris.

Ce jour-là, l'abbé Boudinet ne fut pas oublié : un télégramme le manda aux Tuileries. Bien qu'il n'y eût pas de siège épiscopal vacant, il fut fait évêque.

Bientôt après, il fut appelé au siège d'Amiens, où

l'impératrice le retrouva quand elle alla soigner en sœur de charité les cholériques de l'hôpital. Elle fut héroïque. Fut-ce sa volonté ou sa destinée qui la préserva ?

Il ne faut pas nier les droits de l'homme sur l'œuvre de Dieu : Dieu l'appelle, selon la nature de ses forces, au travail de l'enfantement des choses ; sa main, toute petite qu'elle soit, peut tempérer les orages, précipiter les révolutions, parce que si Dieu travaille à l'œuvre humaine, l'homme travaille à l'œuvre de Dieu.

* * *

Un grand personnage allemand trouva au palais de Saint-Cloud, dans un petit chiffonnier du cabinet de l'empereur, des papiers de toutes les paroisses qui lui ont prouvé que Napoléon III interrogeait les étoiles ou plutôt croyait à son étoile.

Je ne sais pas dans quel esprit Napoléon Ier était allé voir la célèbre devineresse Mlle Lenormand ; était-ce pour s'amuser ? ou bien par je ne sais quelle superstition corse qui avait çà et là voilé cette souveraine raison ? Ce qui est certain, c'est qu'il était allé rue de Tournon dans un appartement qui est encore tel quel, meubles et décorations. Les empereurs s'en vont, les devineresses règnent toujours ! Celle qui a succédé à Mlle Lenormand se nomme Mme Moreau*. Or, le personn-

---

* J'étais curieux de savoir par Mme Moreau elle-même si elle avait dit la « bonne aventure » aux hôtes des Tuileries, sous le second empire. Mon secrétaire alla chez elle et la trouva tout à point dans le délire de la pythonisse : elle venait d'initier un prince bien connu à ses destinées futures. Pendant qu'elle était

nage allemand a eu la preuve que Napoléon III à son tour était allé consulter la devineresse. Elle lui dit d'abord ce que lui disait l'impératrice : « *Les lauriers des Napoléon se fanent à l'ombre de l'olivier.* » On a vu que l'empereur avait autant peur de la paix que de la guerre. Il est vrai que c'était sous l'inspiration de celle qui voulait la régence pendant que son fils recevrait le baptême du feu, après avoir été baptisé avec l'eau du Jourdain.

Il n'en fallait pas tant, hélas! pour faire la guerre aux Zoulous.

Il y a deux récits des prédictions de la tireuse de cartes, sa prédiction chez elle et sa prédiction aux Tuileries. M. de Bismarck en a répandu quel-

en train, elle prédit à mon secrétaire du rose et du noir, après quoi elle m'écrivit une lettre, que je donne telle quelle :

« Monsieur, je m'empresse de répondre à vos questions.

« Les paroles : « Que de sang ! que de sang ! » ont été dites par moi aux Tuileries, devant quelques personnes de la cour, le jour où Mme Sass et d'autres artistes chantaient la *Marseillaise* sur les boulevards pour fêter un bulletin de victoire qui n'était qu'un bulletin de désastre.

Déjà j'avais eu l'honneur de recevoir l'empereur dans mon cabinet, je lui ai dit sa vie passée et sa vie future. Il m'a dit : « Je désire garder l'incognito », car je l'avais reconnu.

« Un jour, un grand personnage allemand m'a dit : « Vous avez reçu l'empereur. » Je répondis : Non. Quelques jours après M. de Bismarck m'envoya la copie d'un des manuscrits trouvés à Saint-Cloud. Je vous adresse cette copie. »

Après les salutations de la sybille, je trouvai un manuscrit de vingt-sept pages, copie allemande, où naturellement Mme Moreau prédisait à l'empereur toutes les catastrophes, le retenant des deux mains au bord des abymes.

Je détache ces lignes :

« Sire, votre étoile brille victorieuse au zénith, mais des nuages apparaissent vers le nord. Des éclairs sanglants sillon-

ques copies, aujourd'hui contresignées par la sybille elle-même. Le premier récit est trop long pour que je vous le lise, mais je vais vous rappeler le second.

Quand la guerre de 1870 fut déclarée, on appela à Saint-Cloud Mme Moreau sans lui dire que c'était pour l'empereur et pour l'impératrice. Aussi on la reçut mystérieusement dans un salon, en présence de deux chambellans et de deux dames d'honneur.

L'impératrice, qui avait cru aux chimères de Home, voulut que la sybille fît son jeu pour Napoléon III, c'est-à-dire qu'elle lui fît entrevoir des victoires sur le Rhin.

Elle ne doutait pas que la devineresse ne baptisât le

nent le ciel, ils scintillent comme des fers de lance. Les ténèbres se lèvent. »

Et la devineresse remuant les cartes :

« Voyez-vous, Sire, toutes ces figures ? ce sont vos généraux qui voudraient vous conseiller de ne pas faire la guerre. »

Les amis survivans de Napoléon III, tout en reconnaissant qu'il y avait en lui un fataliste plutôt qu'un sceptique, ne doutaient pas qu'il ne fût allé chez Mme Moreau, comme on va à la comédie, pour s'amuser plutôt de la comédienne que de la pièce.

Au commencement de son règne, Napoléon III a pu croire à son étoile, mais il a dû reconnaître à la fin que cette étoile avait filé dans les jours tragiques où il comptait sur elle.

Tout le monde sait que César, fils de Vénus, se croyait inspiré des dieux. Tout le monde sait que Napoléon, fils de cette admirable Lætitia qui n'a mis au monde que des rois et des princesses, croyait plus à son étoile qu'il ne croyait à Dieu.

Ceci explique le crédit de la célèbre Mlle Lenormand, qui avait prédit au futur maître de l'Europe, quand il n'était encore que le général Bonaparte, les plus incroyables destinées humaines. Napoléon III aussi croyait-il à son étoile ? Un vieux de la vieille avait dit qu'il ne travaillait que sur les papiers de son oncle. Est-ce pour cela qu'il alla lui aussi consulter celle qui depuis si longtemps a remplacé Mlle Lenormand ?

Rhin allemand du nom de Rhin français. Or, Mme Moreau qui n'était pas trop bête, pressentait, comme presque tous les esprits sérieux, que c'était la guerre fatale : « Du sang ! du sang ! » dit-elle aux premières cartes Du sang, toujours du sang, des désastres, des désastres partout. »

L'impératrice prit de haut la parole : « En Allemagne ? dit-elle. — Non ! en France, répondit la tireuse de cartes ; le Rhin, la Seine, la Loire rouleront des flots de sang ! »

L'impératrice, toujours impatiente, brouilla le jeu de la sybille.

On recommença. L'empereur jouait le rôle du Taciturne.

L'impératrice coupa une seconde fois. Mme Moreau, toujours impassible, ne put masquer son émotion : « Des prodiges d'héroïsme, mais des désastres ; — une autre retraite de Moscou. — Mais la fin ? demanda l'empereur, qui ne voulait pourtant pas croire aux paroles de la tireuse de cartes. — La fin ? une catastrophe ! Que l'empereur n'aille pas au Rhin, car il n'en reviendrait pas. — Voyons, voyons, reprit l'impératrice en brouillant encore le jeu. C'est monsieur qui va couper, car j'ai la main trop fiévreuse aujourd'hui. — Des folies, dit l'empereur. »

Mais il coupa. La tireuse de cartes fit bientôt cette réflexion que les cartes étaient toujours mauvaises. « Madame, dites à S. M. l'empereur qu'elle n'aille pas au Rhin. — Allons donc ! murmura l'impératrice, nous passerons le Rhin et nous irons encore plus loin. »

La sybille fut congédiée comme un oiseau de mauvaise augure.

Que dit l'empereur à l'impératrice ? « *Alea jacta est!* » Quel fut le cri de la France ? *A Berlin!* Mais quand l'héroïsme français éclata, il rencontra la Fatalité sous la figure de Bazaine.

* * *

Il y eut trois grands coupables dans la guerre de 1870 : l'impératrice Eugénie, qui a voulu la guerre, l'empereur, qui ne la voulait pas et qui l'a faite, le maréchal Bazaine, qui avait promis d'être héroïque et qui a trahi la France en se croisant les bras pendant la dernière bataille, si grandiosement héroïque. J'étais allé vers ces fumées et ces coups de tonnerre pour revoir mon fils avec la terreur de ne pas le retrouver dans ces hécatombes.

Napoléon III avait un bon cœur, mais une mauvaise main. Il conduisait par merveille son phaéton, mais il conduisait à rebours « le char de l'État », département de la guerre. On peut dire que là il a toujours bien mal coupé les cartes de la destinée. Il a fait la guerre à la Russie, à l'Autriche, à la République mexicaine, à l'empereur de la Chine, à la Prusse, mais c'est contre lui surtout qu'il a fait la guerre. On se demande si les bons princes valent les mauvais. J'aimerais mieux avoir pour chef de l'État Louis XI que Louis XVI, ou plutôt j'aimerais mieux ni l'un ni l'autre.

Il faut bien dire, comme Napoléon III l'a dit lui-même, *on manquait d'hommes.* Le roi de Prusse en avait quatre, y compris lui-même. L'empereur des Français n'en avait plus un seul, y compris lui-même. Il comptait sur Bazaine, Bazaine l'a trahi. Ah! s'il eût compté sur Canrobert, s'il eût donné le gouvernement de la guerre à ce vaillant et aux jeunes généraux comme Galliffet! s'il eût institué un tout autre gouvernement à Paris, si les cent soixante-dix mille hommes de Bazaine n'eussent pas été mis sous clef par ce maréchal d'aventure, on pouvait gagner la bataille, la dernière bataille; on pouvait sauver les provinces du Rhin, même au 4 septembre. Mais il ne fallait pas pour cela écouter de loin l'impératrice Eugénie qui, toute vaillante qu'elle fût, ne pouvait pas jouer les Amazones, si ce n'est à la chasse. Elle avait voulu la guerre, elle voulut taire le désastre en fermant les portes de Paris à l'Empereur. Il n'était pas téméraire de faire la guerre au roi de Prusse, mais il fallait bien la faire avec un général en chef et non avec des volontés éparses. On a prouvé et on prouvera encore, je n'en doute pas, que jusqu'à trois fois l'armée française a été sur le point de faire crier grâce à l'armée allemande, mais jusqu'à trois fois nous avons laissé passer l'heure et le moment.

Ce qu'il y eut d'horrible pour la France, c'est que s'il n'y avait plus d'hommes pour l'Empire, on n'en trouva pas pour la République. C'était bien la peine d'édicter la loi salique pour laisser en France le plus souvent le gouvernement aux femmes. On peut parler de tout avec une femme, hormis des choses de l'État. Le mot du duc de Grammont ne l'a-t-il pas prouvé. Le général Türr lui disait devant Cissey, et moi : « Comme vous avez eu tort, vous aussi, d'avoir voulu la guerre, sans avoir dans votre portefeuille l'alliance de l'Italie et de l'Autriche », il répondit amèrement : « Oui, dans le dernier conseil, j'ai eu tort d'être un homme galant avec l'Impératrice, au lieu d'être un galant homme avec la

France. » Et il ajouta : « Je ne m'en consolerai pas. » Et il en mourut.

Emile Ollivier dit alors : « Nous avions la parole du roi d'Italie et de l'empereur d'Autriche. Je ne savais pas encore que la parole d'un roi et d'un empereur sont des nuages dorés que le premier coup de vent emporte. On me reproche d'avoir espéré la victoire; fallait-il donc que je chantasse le *De profundis* au lieu d'inspirer la confiance et l'héroïsme par le *Sursum corda**?

* * *

Cette guerre néfaste était la guerre de l'Impératrice et non la guerre de l'Empereur. Elle devait rappeler la guerre du Mexique.

N'était-ce pas le tome second de la guerre du Mexique où l'Impératrice avait mis les deux mains ?

Un jour la Destinée alla chez Morny qu'elle connaissait bien : « Qui va là ? — La Destinée. — Quoi de nouveau ? — Tu as fait l'Empire de Napoléon III. Veux-tu faire ton Empire? »

Morny offrit un fauteuil : « Où donc? — Au Mexique. »

---

* Emile Ollivier, né sous le soleil de la Provence, est de race grecque et latine. Nul n'a eu l'éloquence plus entraînante. La première fois qu'il a parlé à la foule, ou plutôt à la Révolution, quoique bien jeune encore, il dompta la révolution du geste et de la parole. Comme O'Connell il eut l'art d'apaiser les vagues populaires rien qu'en étendant la main sur elles; d'un grand bruit, il fit un grand silence. Il joua à Marseille le rôle de Lamartine à Paris; depuis il fut toujours éloquent. Paroles d'or obscurcies quelquefois par l'enthousiasme, sacrifiant ainsi la vérité en la couvrant de fleurs de rhétorique. Le passé enseigne l'avenir. Nul n'est meilleur historien du passé qu'Emile Ollivier, mais il n'a pas toujours vu la lumière par la réverbération de l'histoire.

Vous savez la suite. L'Impératrice voulut bien la campagne du Mexique, mais elle ne voulut pas de Morny pour Empereur. Car s'il se reconnaissait le frère de Napoléon III, elle ne reconnaissait pas qu'il fût le fils de la reine Hortense.

Vous vous rappelez les catastrophes : Morny mourut en pleine vie, on ne sait pas pourquoi ni comment.

Maximilien a été fusillé et sa femme est encore frappée de la plus effroyable folie.

Napoléon III, mort dans l'exil. Son fils, tué par les Zoulous, du côté de Sainte-Hélène.

Quoi encore? L'Impératrice n'ayant plus de larmes, tant elle a pleuré !

Jecker, fusillé par la Commune. Bazaine, subissant mille morts avant la mort.

Est-ce la Destinée qui a fait ce drame effroyable pour s'y amuser comme à une pièce d'Eschyle ou de Shakespeare ?

Toutes les guerres du second Empire lui ont été fatales. L'Empereur de la paix ne devait pas tirer l'épée puisqu'il n'a réussi qu'à faire l'empire d'Allemagne et le royaume d'Italie, deux ennemis à jamais irréconciliables. L'opinion était avec lui dans la question d'Orient en 1854, il fallait qu'il prouvât, par le Congrès de Paris, que la France parlait haut dans le concert européen. Mais il fallait ce jour-là briser l'épée des batailles.

L'Impératrice qui voulait la guerre pour le pape, pour son orgueil, pour sacrer son fils, acheva de tout perdre par sa régence en empêchant l'Empereur de revenir à Paris.

L'Empereur crut un instant sauver l'Empire par

Trochu ; par Trochu, l'Impératrice croyait tout perdre. Aussi le reçut-elle du haut de sa majesté, ce qui rendit bien un peu au général l'indépendance du cœur.

Quoiqu'il fût le représentant de Napoléon III, elle le tint à distance comme si elle ne le trouvât point digne de sauver le Capitole. Il lui aurait fallu un général de son monde pour qu'elle lui ouvrît son cœur et lui passât parole. Elle perdit son temps en vaines conspirations, se croyant une femme d'État qui va jouer tout le monde. Hélas ! elle joua la France.

Pourquoi l'Impératrice, qui se croyait sûre d'elle-même et qui voulait se faire tuer sur le grand escalier des Tuileries, s'enfuit-elle sagement dans un simple fiacre devant la colonnade du Louvre, traînée jusque-là tout affolée par le prince de Metternich et le chevalier Nigra, ses deux meilleurs amis ? C'est que ses deux meilleurs amis étaient avant tout des diplomates. Le comte d'Hérisson, un devineur d'énigmes, a-t-il bien pénétré leur conscience en disant que chasser l'Impératrice des Tuileries c'était délivrer l'Autriche et l'Italie de sermens plus ou moins officiels. En effet, l'Empereur d'Autriche et le Roi d'Italie avaient promis à Napoléon III d'être ses alliés, le cas échéant. Si Napoléon III fût resté aux Tuileries, dominant son armée et son peuple, ses alliés n'eussent jamais permis à la Prusse, qui n'était qu'une louve, de prendre une part de lionne. Or l'Impératrice régente, c'était Napoléon III. Si ses amis les ambassadeurs comme les autres se fussent groupés autour d'elle ; si elle eût encouragé à la défense de l'Empire les sénateurs, les députés, les généraux, elle eût peut-être sauvé la couronne ; mais si elle l'eût perdue elle marquait du moins dans l'histoire une empreinte ineffaçable.

IX

Le sang espagnol et le sang français

Tout en adorant son fils, elle le conduisit toujours d'une main fatale, cette femme née pour être belle et pour être bonne, Elle avait voulu lui donner sa nature de blonde espagnole, mais il était bien Français :

Un lundi, jour réservé par l'Empereur à la famille impériale, on dînait aux Tuileries en petit comité : l'empereur et l'impératrice, le prince et la princesse Napoléon, la princesse Mathilde, le prince impérial et quelques princes du sang. La conversation était toute familiale. L'impératrice évoquait souvent la figure de Marie-Antoinette, comme si elle eût été de la cour de Napoléon III.

« Ne parlez donc pas toujours de cette Autrichienne, dit un soir le prince Napoléon avec impatience ; toutes les Autrichiennes ont fait le malheur de la France : Antoinette comme Marie-Louise.

— Il faut pourtant bien, dit l'Impératrice, comme l'a écrit un homme politique, que toutes les nations soient représentées dans chaque État européen par le croisement des races.

— Votre homme politique est une bête, dit le prince Napoléon, qui a toujours eu horreur des périphrases. »

L'Impératrice reprit d'un air hautain : « Je n'en suis pas moins heureuse, si mon homme politique est une bête, d'avoir mis du sang espagnol dans les veines de celui qui sera Napoléon IV.

Le jeune prince bondit comme un chevreuil blessé :

« Du sang espagnol! s'écria-t-il. Eh bien! si je savais qu'il y eût dans mes veines une seule goutte de sang espagnol, je me ferais saigner aux deux bras pour n'avoir plus que du sang français ! » Mot d'enfant terrible, mais mot bien français.

Oui celui-là était bien Français. Mais l'ombre noire qui s'appelle la Fatalité a passé sur le prince impérial.

* * *

Comment ce feu d'artifice, qui a eu son bouquet à la grande Exposition de 1867, quand tous les rois de l'Europe assistaient à ce spectacle, comment toutes ces fêtes splendides, comment les victoires d'Orient et d'Italie, comment cet épanouissement de prospérités, comment tout cela a-t-il fini? C'est un empereur d'un jour, Frédéric III, qui va en écrire le dernier mot :

« 2 *septembre*. — Je suis sous l'empire de cet aphorisme : L'Histoire est le grand tribunal du monde », que j'ai appris sur les bancs de l'école. Wimpffen fait des difficultés. Napoléon arrive ; il se tient au milieu d'un champ de pommes de terre, près Donchéry. Bismarck et Moltke au-devant de lui. Il voudrait des conditions de capitulation plus douces et le passage de l'armée en Belgique. Moltke croit que tout cela ce sont des prétextes car l'empereur n'est pas en sûreté à Sedan ; il craint pour ses voitures et ses bagages ! Moltke est à la recherche d'un logement convenable. Bismarck cause avec Napoléon. Le roi insiste pour la reddition sans conditions ; les officiers peuvent se retirer en engageant leur parole d'honneur. A midi, signature de la capitulation, Bismarck et Moltke reviennent de leur promenade quotidienne ; ils ont parlé de tout, sauf de politique. Moltke est décoré de la croix de fer de première classe. Il propose Wilhelmshœhe et demande que Napoléon soit dispensé de se montrer sur les hauteurs devant les troupes.

. . . .

« Nous allons à travers les bivouacs bavarois à Bellevue, où se trouve une calèche impériale et des fourgons avec valets et postillons poudrés à la Longjumeau (*sic*). Nous sommes reçus par le général Castelnau. Napoléon paraît en grand uniforme à l'entrée du pavillon vitré. Il y conduisit le roi. Je fermai la porte et restai dehors. Napoléon accepta le séjour de Wilhelmshœhe et apprit avec satisfaction qu'on lui donnerait une escorte d'honneur (!) jusqu'à la frontière.

« Quand, au cours de l'entretien, l'empereur émit la supposition qu'il avait eu toute l'armée devant lui, le roi rectifia en disant qu'il n'avait eu que moi et le prince de Saxe. A la question où se trouvait Frédéric-Charles, le roi répondit avec un accent particulier : « Ici et devant Metz. » Le roi fit l'éloge de l'armée française et de sa bravoure, Napoléon approuva volontiers, mais ajouta qu'elle manquait de cette discipline qui distinguait notre armée. Notre artillerie était la première du monde et les Français n'avaient pu y résister. Après l'entrevue, qui dura un quart d'heure, l'empereur, en m'apercevant, me tendit la main, tandis que de l'autre, il essuyait une larme coulant le long des joues. « Hélas ! dit-il, cette guerre est d'autant plus fatale que je ne la voulais pas ! »

Il ne la voulait pas, mais il se soumettait comme un enfant à celle qui la voulait !

Et il n'eut pas le courage de briser son épée quand il la remit au roi de Prusse !

Certes, ce n'est pas une plume éloquente qui a écrit ceci, mais quoi de plus éloquent dans les historiens, de Tacite à Bossuet, que les phrases plus ou moins incohérentes où chaque mot porte, parce que la vérité parle plus haut que l'éloquence avec tous ses artifices.

Frédéric III qui s'est dit l'ami de Napoléon III est rude pour lui. « L'empereur veut capituler, parce qu'il n'est pas en sécurité à Sedan. » Et pour le mieux accabler, le fils de Guillaume écrit : « Il craint pour ses voitures et ses bagages. » Plus loin Moltke daigne demander au roi que « Napoléon soit dispensé de se montrer sur les hauteurs devant les troupes ». Voilà qui est bien prussien, ce vainqueur qui veut jouer avec le vaincu. Et tout de suite après, la critique — fort juste d'ailleurs — de la calèche impériale et des fourgons avec valets et postillons poudrés à la Longjumeau !

Frédéric III n'avait peut-être appris l'Histoire de France qu'à l'Opéra-Comique.

Le narrateur n'oublie pas de dire que Napoléon III est content, parce qu'on lui donne une escorte d'honneur jusqu'à sa prison. Les choses se passaient plus royalement entre François I*er* et Charles-Quint.

Chaque ligne est un affront : l'empereur tend la main à son historien futur, tandis que de l'autre il essuie une larme. Enfin l'homme reparaît, mais tout aussitôt il exprime sa reconnaissance pour la générosité du roi ! Que croyait-il donc qu'on pût faire de lui ? avait-il peur que le chancelier de fer l'enfermât dans cette cage de fer promise à Napoléon I*er* ? Mais ne repassons pas par ce calvaire, car c'est la France qui est en croix. La France n'oublie pas !

X

La dernière pensée de Napoléon III

On sait que l'historien de César a toujours écrit, jetant çà et là sur des feuillets épars ses pensées, ses paradoxes, ses maximes, ses éclairs et ses nuées politiques. On a publié sous son nom plusieurs brochures apocryphes; mais parmi beaucoup de pages qu'il n'a pas écrites, il est bien facile de retrouver les idées et les sentimens tombés de sa plume.

Voici par exemple quelques-unes de ses dernières pensées :

Septembre 1870.

Pourquoi reprendre ma plume de Ham? Pourquoi, comme Dante, écrire l'histoire de mon enfer? Ah si je pouvais ne pas penser !

* * *

Il faut savoir mourir, mais il faut surtout savoir vivre. Mourir est une sottise puisqu'en mourant on sert ses ennemis.

* * *

Les niais ! Ils font une révolution... sans révolution... et ils s'imaginent arriver à quelque chose ! Le même système qu'en 1848, la même légende au drapeau : *République honnête*. Comme s'il fallait s'embarrasser de petites vertus dans les grandes circonstances ! Bonaparte a-t-il été *honnête* au 18 Brumaire ? Ai-je été *honnête* au 2 décembre ? Nous n'en avons pas moins, tous deux alors, sauvé la France.

***

On ne conjure pas une tempête avec des parapluies. Les nouveaux hommes d'État n'ont que des parapluies.

***

Décembre 1870.

Oui, demain 1ᵉʳ janvier je m'éveillerai hors de France.
Pauvre France!
Pauvre Paris!!
Pauvre moi!!!

***

Deux heures du matin. Déjà l'année 1870 est le passé. La plus triste page du passé pour moi! J'ai froid; j'ai laissé s'éteindre mon feu; je vais essayer de dormir. Mais ceux qui meurent de froid et de faim à Paris dorment-ils?

***

C'est la faute de l'Empire si la République est vaincue. Et pourquoi est-ce ma faute, c'est parce qu'il n'y avait plus d'hommes.
Ni moi-même?

En ces dernières lignes est toute la moralité de la fin de l'Empire.

XI

Comédie galante

Un galant homme, Gérard de Nerval, disait : « Il n'y a que les toqués qui fassent quelque chose. » C'était l'opinion de Morny et de Persigny parlant de Napoléon III. Persigny ajoutait : « A moins que les toqués ne rencontrent l'abyme. » Comme Gérard de Nerval, Morny disait aussi : « Il faut à chaque toqué un homme de raison pour lui indiquer le chemin. » L'homme de raison pour Napoléon III et Persigny c'était naturellement Morny. Aussi, aux funérailles de cet homme d'État, Persigny me disait déjà : « Je crois que nous ne sommes plus sur la terre ferme. » La terre tremblait sous ses pieds.

Persigny était un ami intermittent. Il changeait de figure à chaque rencontre, tantôt prenant des airs sybilins, tantôt s'abandonnant sans réserve. Je l'avais connu avant les grands jours, distrait comme un homme très occupé à lire dans l'avenir. Quoiqu'il eût le cœur d'un ami, il avait ses jours brumeux avec ceux qu'il aimait le plus. A l'inverse de Morny qui montrait toujours une figure ouverte même à ceux qu'il aimait le moins.

Ce fut avec moi que Persigny se risqua pour la première fois dans les coulisses de l'Opéra au temps où Roqueplan en devint le directeur. Il se laissa tout de suite enjôler par une déesse de l'endroit qui en avait enjôlé quelques autres et qui ne s'arrêta pas en si beau chemin. Plus d'une fois il m'a dit : « Où diable m'avez-vous conduit là ? » Mais il ne put se détacher de la déesse qu'au jour où il se maria. On l'accusa de n'avoir plus alors pensé qu'à être appelé M. le duc. Mais quoiqu'il fût piqué par la mouche d'or du blason, c'est sa femme qui le mit en campagne pour devenir duchesse. Il avait, d'ailleurs, pour cousin un de nos amis de la bohème, le baron de Stadler qui voulait que tous les amis de l'Empire, homme politique, soldat, homme de lettres et artiste, fussent au moins barons. Ce gentil fureteur qui avait déniché dans les archives dix mille parchemins plus ou moins mangés aux vers, me prouva que j'avais des titres irrécusables pour m'appeler le marquis de Trychateau. Je le savais d'ailleurs, mais je n'avais garde de me draper dans un pareil marquisat. Jugez comme cela eût bien fait. On en aurait ri depuis Concarneau jusqu'à Carcassonne.

Le duc de Persigny aimait les tableaux, mais comme certains féministes aiment les femmes : un chef-d'œuvre ne le contentait pas. Il aimait mieux une douzaine de toiles de second ordre.

C'était là notre bataille. Il se connaissait mieux en hommes qu'en tableaux. Il ne recommanda jamais à l'Empereur ni un faiseur d'affaires, ni un faiseur de dupes. Il eût réédifié la Bastille pour y enfermer les manieurs d'argent.

Ce galant homme avait cru bâtir le second Empire en ciment romain. Il ne parvint pas même à bâtir le monument de son bonheur. Il mourut de chagrin en 1871, comme un soldat dont on a brisé l'épée.

Son fils ne lui survécut guère ; né de l'orage, il fut emporté dans le premier orage de la jeunesse ; tant pis, car c'était un esprit lumineux dans les régions de la science. Une de ses maîtresses disait : « Il me trompe toutes les nuits avec madame Métaphysique. »

Le duc de Persigny était souvent un philosophe, qui méritait d'être mis en scène par ses distractions. On le croyait là, mais il était bien loin. On parlait des « absences » de l'Empereur, son ministre en avait bien d'autres. Mais il rappelait bien vite son esprit.

Persigny rencontrant un jour un auteur dramatique lui demanda s'il voulait faire une comédie avec lui ? — « Contez-moi cette comédie. — Ecoutez bien : « Un mari qui a bien aimé sa femme, n'a plus pour elle qu'un amour attiédi, il sait qu'un duc à la mode, son ami, jette des pierres, mais pas des pierres précieuses dans son jardin. Il s'indigne, mais sa femme lui prouve qu'il est un trop grand personnage pour s'occuper de futilités, lui, l'ami de l'empereur. Il a eu sa lune de miel et il est ambassadeur ! c'est tout ce que peut vouloir un galant homme. Un matin la dame part pour les eaux ; l'ambassadeur ne daigne pas courir après sa femme, mais alors le duc arrive tout rouge de colère devant le mari : « Mon ami, je suis trop votre ami pour ne pas m'attrister de ce qui vous arrive : la duchesse vient d'être enlevée par ce polisson de X... — Allons donc ! dit le mari, ce sont des enfantillages, on ne peut donc pas suivre à deux le même chemin ? — Comment allons donc ! mais il faut courir après les fugitifs, il vous faut une vengeance éclatante, je serai votre premier témoin. » Et tout un sermon de l'amant contre les fragilités des vertus mondaines. — « Mon cher, s'écrie l'ambassadeur en riant, puisque ma femme vous tient tant au cœur, allez vous-même mettre le holà, mais ne perdez pas une minute en vains discours. »

Ici la comédie se complique : la dame, qui a oublié ses chemises de nuit, reparaît avec le ravisseur, croyant que son mari est chez le ministre des affaires étrangères. Le mari se dérobe en disant à son ami : « Je vous passe la main. » Et la pièce continue entre la femme, l'amant et le ravisseur.

Pour le dénouement, l'ambassadeur apparaît, le duc bénit le mari et la femme après avoir fixé avec son rival l'heure du duel pour le lendemain.

Sans doute Persigny connaissait bien le mari.

* * *

Cette comédie de Persigny me rappelle une autre comédie autour d'un homme célèbre de l'Empire. Il avait une femme charmante et passionnée, ce qui ne l'empêchait pas d'avoir une maîtresse passionnée et charmante. Ce n'était pas tout ; il aimait les filles d'opéra et de la comédie. Une belle nuit d'hiver, sa femme se réveille au point du jour ; elle se glisse comme une belle aurore, toute rose par ses seins et toute blonde par ses cheveux, dans la chambre à coucher de monsieur son mari, mais le coureur d'aventures n'est pas dans son lit. « Oh! mon Dieu, dit-elle, il sera retourné chez cette catin, lui qui m'avait tant promis de ne la plus voir. »

Elle monte dans sa jalousie et dans sa colère. Elle s'habille en toute hâte, décidée à tous les scandales pour en finir avec les tortures de l'abandon. Une demi-heure après, elle arrivait trotte-menu chez sa rivale, une femme du monde, quoique séparée de son mari. Elle va lui arracher les cheveux et la défigurer en la souffletant. On ouvre chez la dame. Elle se précipite vers la chambre à coucher, mais le fugitif n'est pas là. « Pourquoi si matin, lui demande la dame? — Pourquoi ? vous le savez bien, je viens chercher mon mari. — Mais il n'est pas ici. — Dites plutôt que vous le cachez dans une armoire. » La jalouse prend la maîtresse à la gorge : « Votre mari n'est pas chez vous? alors, il nous trompe! ».

Et voilà les deux femmes qui se mettent à pleurer et qui se jettent dans les bras l'une de l'autre. Un peu plus, elles allaient surprendre le Don Juan dans les bras de la Baruchi.

* * *

Une autre comédie encore :

Je descendais les Champs-Elysées dans un petit coupé d'un dessin nouveau, d'une simplicité de haut style, traîné ou plutôt enlevé par un cheval des écuries de l'Empereur, que m'avait donné le colonel Fleury, lorsque le comte Gilbert de Voisins, ajusté d'une fort jolie femme, — ce n'était jamais la sienne, — fit signe au cocher d'arrêter court. Il vint vers moi, souriant comme toujours. Il ouvrit la portière et dit à la dame : « Montez, vous êtes chez vous. » Elle monta. Lui, me donnant la main, me dit : « Tirez-vous de là comme vous pourrez. »

Il referma la portière sans un mot de plus et continua son chemin.

Le cocher, non averti, reprit sa course. « Madame, permettez-moi de me présenter à vous. »

Ce fut elle qui se présenta, avec toutes les grâces du monde. « Je suis la marquise de ***. — Oh ! je sais votre nom par cœur, Madame. Je vous ai vue çà et là, toujours adorablement belle, mais je ne vous reconnaissais pas, sans doute parce que je ne vous ai vue qu'au bal. Aujourd'hui, vous êtes trop habillée. — Vous avez bien raison. Rien ne défigure les femmes comme les robes montantes. — Et les voiles », repris-je.

Je soulevai le voile de la marquise pour la regarder de plus près.

Un peu plus, je l'embrassais. Mais j'avais d'elle une meilleure opinion qu'elle n'avait elle-même. « Où allez-vous, marquise ? Chez vous ou chez moi ? — Est-ce que je sais ! Ce fou, qui m'a jetée dans votre voiture, m'a dit, que vous m'obtiendriez tout de suite une audience de Napoléon. — Oh ! je ne suis pas si bien en cour que cela. Plus on va dans l'Empire, plus les portes se ferment. Et puis, cela m'inquiéterait de présenter une femme si belle. — Ne dites pas de bêtises. Il me faut à tout prix voir l'empereur aujourd'hui ou demain. — Voulez-vous venir chez moi ? Je vous écrirai de ma plus belle encre une lettre d'introduction. — Non, je n'irai chez vous qu'après avoir été chez l'empereur. — Eh bien, allons aux Tuileries. »

Ce fut bientôt fait. Cinq minutes après, je demandais Bacciochi qui était de service, et qui, en ce temps-là, était l'introducteur des ambassadeurs, en communauté avec Mocquart. Il aimait mieux introduire les ambassadrices, parce que toute sa politique l'entraînait du côté des femmes. La marquise était entrée avec moi ; il la reluqua. Un peu plus, il faisait le tour de cette belle statue de chair.. « Mon cher Bacciochi, c'est la marquise ***, femme du préfet de ***, qui voudrait bien devenir Mme la préfète de Versailles, ou même Mme la préfète de la Seine. — Nous n'avons pas ça sous la main. Mais il y a des préfectures de première classe qui seraient dignes de la marquise. »

Elle prit la parole : « La question pour moi n'est pas d'être de première classe. J'aimerais mieux être sous-préfète à Saint-Denis que d'être préfète à Marseille. — Je comprends, dit Bacciochi. Paris est votre atmosphère ; vous ne pouvez pas vivre ailleurs. »

La marquise prit familièrement les mains du futur chambellan. « Oh ! de grâce, faites-moi voir le maître ce matin. — C'est impossible, marquise, mais je vais lui prouver qu'il vous a donné audience. Est-ce que Arsène

Houssaye entrera avec vous? — Jamais! m'écriai-je. J'ai rencontré la marquise qui m'a prié de la conduire ici. D'ailleurs, je suis attendu pour la répétition de la *Pierre de touche*, adieu. Elle plaidera bien sa cause elle-même. »

Là-dessus, je m'esquivai.

J'étais à la répétition, quand Lachaume vint m'avertir qu'une belle dame, qui arrivait des Tuileries, voulait me parler tout de suite. Je trouvai la marquise dans mon cabinet. « Eh bien, avez-vous une préfecture de première classe? — Non, parce que j'ai été une grue. — Je n'en crois pas un mot. — Figurez-vous qu'après avoir attendu une demi-heure, Bacchiochi m'a introduite. Le prince était debout à la cheminée. Il s'avance vers moi; je le salue, armée de mon plus doux sourire. Il ne me dit pas de m'asseoir; il m'écoute d'un air attentif, et, sans changer de figure, avec son masque glacial, il me prend la main, puis le bras, puis l'épaule, tout en disant : « Nous verrons! » J'insiste. Il demeure silencieux, mais sa main veut continuer la conversation. S'il eût changé de figure, s'il eût pris à propos une physionomie d'amoureux, si ses yeux eussent brisé la glace, je me serais peut-être mise au diapason; car, s'il faut de la vertu, pas trop n'en faut avec les maîtres du monde. Ma dignité native me fit relever la tête; je me dégageai des mains de Napoléon avec un grand air qui le fit rentrer en lui-même. Je compris tout de suite ma bêtise; mais il était trop tard. Il le prit bien vite sur un autre ton. « Madame, je me souviendrai. » Et il leva l'audience par un salut impérial plus froid que toutes les glaces de la Hollande, sa vraie patrie.

Et voilà comment, reprit la dame, je n'ai plus qu'à

prier mon mari de donner sa démission, car il resterait toujours préfet de troisième classe. »

Je fis à la vertu mes complimens de condoléance. On jouait le soir les *Jeux de l'amour et du hasard*. Je lui offris ma loge, pour étudier de plus près ce caractère de provinciale grand style, affamée de parisianisme.

A quoi tient la vertu des femmes trop belles !

XII

Une croix en diamans

A la veille du second Empire, les théâtres, qui sont des flatteurs au premier chef, donnèrent tous une représentation en l'honneur du président de la République, déjà *Cæsar imperator*. Je ne fis pas plus de manières que les autres directeurs. Bien mieux, Rachel n'eut pas trop de peine à me convaincre qu'il me fallait rimer des strophes au prince qui avait gravé cette parole à Bordeaux : « L'empire, c'est la paix ! » Elle me dit, cette autre flatteuse, qu'elle voulait bien paraître en muse de l'histoire pour dire des strophes si elles étaient de moi ; j'écrivis sous ses yeux, sur ce thème consacré : « L'empire, c'est la paix », des vers dans le style pindarique. Je me rappelle ces strophes :

Grande ruche en travail, par les beaux-arts charmée,
Paris, une autre Athène ; Alger, une autre Tyr !
Des landes à peupler, des villes à bâtir,
Voilà les bulletins de notre Grande Armée !

Sous le même drapeau, vainqueur des factions,
Ramener les enfants de la mère patrie,
Consoler tes douleurs, ô Niobé meurtrie !
Et convier le peuple aux grandes actions.

Refaisons des tableaux dignes de la Genèse ;
Que tout renaisse et vive, et que, de toute part,
Les plus déshérités puissent prendre leur part
A ces amples festins que peignait Véronèse !

Quand Rachel, en muse de l'Histoire, eut dit et bien dit ces vers, l'Empereur m'appela dans le salon de l'avant-scène et m'embrassa comme on embrasse au théâtre, en me disant : « Allez embrasser Rachel pour moi. »

Depuis longtemps, sans ambassadeur, il avait fait cela lui-même ; de mon côté, je n'avais pas attendu jusque-là pour embrasser Rachel.

Elle voulut bien se contenter de l'ambassadeur ; mais ce qui lui fit plus de plaisir, c'est que le lendemain Bacciochi porta un bracelet de 10,000 francs à la grande tragédienne après en avoir envoyé un pareil à Mme Arsène Houssaye.

Persigny, me rencontrant, me dit : « L'Empereur me prie de préparer un décret pour vous nommer officier de la Légion d'honneur. »

Persigny, succédant à Morny, était alors mon ministre.

Ce qui étonnera peut-être quelques glorieux, c'est que je le suppliai de n'en rien faire, parce que je ne voulais pas être promu officier pour avoir rimé des strophes d'occasion, quoiqu'elles fussent d'un large sentiment patriotique bien plus que courtisanesque. Le décret ne fut donc pas présenté à l'Empereur, qui, naturellement, oublia ceci. Persigny quitta le pouvoir, il n'en fut plus question.

Trois ou quatre ans après, le prince Napoléon présidait l'Exposition de Limoges. Je l'accompagnais comme président de la section des beaux-arts. Quand il distribua des croix à l'hôtel de la préfecture, — le préfet était alors le comte de Coëtlogon, qui vient de mourir, — La Guerronnière lui dit : « Vous oubliez Arsène Houssaye, qui est simple chevalier depuis si longtemps ! — Allons donc ! dit le prince ; Houssaye est officier depuis 1852. »

Je racontai alors comment la croix d'officier était restée en chemin. Le prince ne dit plus un mot. Mais, le lendemain de son retour à Paris, il avait vu l'Empereur et je recevais le parchemin avec la croix en diamans. Le prince Napoléon ne faisait pas les choses à demi.

Est-ce la peine de dire qu'il ne faut jamais prendre l'encensoir devant les souverains. Je fus assailli d'injures dans quelques papiers publics quand je n'étais coupable que d'avoir voulu être agréable à Rachel.

XIII

Le prince Brutus

Le prince Brutus me dit un jour, en me parlant d'une comédienne :

« Comment êtes-vous avec Mlle Précieuse ? — Très bien. — Très, très bien ? — Non. Nul n'est très, très bien avec elle. — Alors, il faut renoncer à faire le siège de sa vertu ? — Mon cher prince, vous me faites là une question bien inquiétante. Platon dirait oui, Aristote dirait non. Est-ce qu'on sait jamais le lendemain d'une femme de théâtre ? — Mais votre sentiment à vous, c'est qu'elle est impeccable ? — Oui, impeccable aujourd'hui, ce qui ne veut pas dire qu'elle le sera demain. Mais je crois qu'il faudra faire un siège avec tout l'héroïsme de la guerre, même si on s'appelle le prince Brutus. »

Le prince sourit et me dit adieu.

J'étais ce jour-là un simple d'esprit, m'étant laissé prendre aux dehors de Célimène, — Célimène qui croit que l'orgueil de la résistance vaut mieux que les joies de la défaite.

Le soir, tout justement, la dame jouait Célimène. J'étais dans ma loge, étudiant de plus près encore ce caractère si profondément féminin que Molière avait étudié en adorant Armande. Naturellement, le prince amoureux était là dans son avant-scène. Je l'avais salué télégraphiquement, car je n'allais guère dans sa loge que sur un signe de lui. Mais, à la dernière scène, il m'appela. « Houssaye, voulez-vous venir souper avec moi au Palais-Royal ? » Je lui dis oui, décidé à brûler un autre souper, car on soupait beaucoup alors.

Tout aussi simple d'esprit que le matin, je m'imaginais qu'il voulait me parler de cette autre Joconde impénétrable. Me voilà chez lui. On m'annonce. Le prince fait deux pas vers moi. J'avais vu en entrant une femme assise devant le feu, cachant sa figure sous son éventail. — Voulez-vous, me dit le prince, que je vous présente à une dame qui me fait la grâce de souper avec nous ?

Je m'inclinai, tout en reconnaissant Mlle Précieuse, cette précieuse de haut style qui n'a jamais été ridicule, ce jour-là moins que les autres jours, puisqu'elle obéissait à son cœur.

Après quelques paroles de-ci de-là, on vint avertir

que Monseigneur était servi. Nous n'étions que trois à ce festin.

J'avais hâte de m'avouer vaincu dans ma foi en cette vestale. Il faut toujours battre en retraite avec tous les honneurs de la guerre ; rire soi-même de sa superstition, c'est mettre les rieurs de son côté.

« Mon cher prince, j'avoue que je n'ai pas été, ce matin, digne de La Rochefoucauld. Mais vous aviez avec vous trois corps d'armée pour tenter une bataille impossible : votre esprit, votre cœur et votre titre de prince. »

La dame avait compris. Elle me remercia par un sourire. Mais elle s'empressa de dire : « Il n'y a pas de prince ici !

— Oh ! je sais bien que le prince est trop bon prince pour s'imposer par son titre. Mais je suis sûr que, sans cet appoint, vous ne souperiez pas ici. C'est l'histoire du Régent et de Mme de Parabère qui jurait à son mari et à son confesseur qu'elle n'avait point péché avec le Régent, puisque c'était un prince du sang. »

Au fond, le prince avait voulu, par devant moi, jouir de son triomphe, sachant que j'avais foi en la vertu de a dame, la croyant déjà revenue des passions, — retour de Russie, — tout à son art et à ses souvenirs.

Au souper, la belle fut traitée mieux qu'en princesse de la rampe, en vraie princesse. Pour m'apercevoir que le siège était fait, je n'eus pas besoin d'entendre Célimène dire au prince : « Monseigneur, ce château-yquem est trop sec ; faites-nous donner de celui d'hier. »

Je ne doute pas que le prince ne retrouvât la coupe enchantée de la veille.

LIVRE XL

DE QUELQUES HOMMES POLITIQUES

I

Thiers et Rémusat

Où sont les neiges d'antan ? Est-ce assez loin de nous l'histoire de M. Thiers et de M. de Rémusat! Est-elle assez loin de nous cette charmante princesse qui donnait de l'esprit à tout le monde tant elle vivait par l'esprit : la princesse Lise Troubetzkoï qui était en même temps l'inspiratrice de Thiers, de Gambetta, de Girardin parce qu'elle était l'alliance vivante de la France et de la Russie.

Variations de l'opinion publique dans les sphères de la politique! Voilà qu'on parle d'élever en plein

Paris une statue à un homme qui a bien mérité de la patrie, puisqu'il s'appelle Thiers ; mais la moitié de Paris lui refuse le marbre ou le bronze, les uns parce qu'il a été trop républicain, les autres parce qu'il ne l'a pas été assez. Pour moi qui connais bien M. Thiers historien national et beau parleur, je ne lui refuserai ni le marbre ni le bronze.

Sainte-Beuve était un fort joli causeur du lundi. Mais par malheur dans ses causeries on sent l'école ; la fleur à barbe du pédantisme y répand ses parfums moisis. Sainte-Beuve avait en outre le tort de promener sa lanterne sourde, quelquefois lumineuse, sur le petit côté des choses. C'était son défaut de ne voir ni de haut ni de loin.

Ah ! si on eût sténographié les causeries de M. Thiers ! Sainte-Beuve ne faisait que le lundi, tandis que l'illustre historien était tous les soirs en verve.

Quelle source intarissable ! Cela jaillissait à flots, en pleine lumière. Le soleil y jouait avec ses rayons et y marquait toutes les pierres précieuses dans les couleurs du prisme.

M. Sainte-Beuve savait peut-être mieux les livres ; mais comme M. Thiers savait mieux les hommes et les choses ! Ainsi que tous les philosophes pratiques, il avait appris la vie en vivant : journaliste, historien, homme de parti, ministre, chef du pouvoir, familier à l'art comme à la politique, il avait tout vu et tout étudié. Sa mémoire était la plus curieuse bibliothèque qui soit au monde. Il y retrouvait tout dans l'ordre admirable du désordre. Les souvenirs reparaissaient tour à tour à la lumière dans le flux et le reflux des idées, comme les vagues de la mer qui viennent s'iriser au soleil.

C'était un vif plaisir d'entendre M. Thiers parler de la politique, traverser la philosophie, s'arrêter aux merveilles des arts, égayer sa causerie par des figures de femmes célèbres; toujours imprévu et toujours nouveau. Tantôt on eût dit qu'on entendait parler l'Histoire elle-même, tantôt on se fût cru avec un philosophe comme Montaigne, qui passe de ceci à cela, emporté par sa verve et sa fantaisie. Je vous le dis en vérité, c'était le miracle de la causerie.

Et quelle malice perpétuelle, même sous la gravité ! Comme il faisait la part de ce qui se dit et de ce qui se pense : Critiquer, injurier, calomnier. Comme il souriait dans son dédain avec un sentiment de charité chrétienne pour toutes ces fureurs de parti et de parti pris. Nul n'était assez fort pour le mettre en colère; comme les chevaux de sang, il ne se laissait pas toucher; il levait la tête et allait où il lui plaisait. Pareil à Voltaire, il ne reconnaissait qu'un maître, l'amour de l'humanité; une opinion, l'opinion publique du lendemain.

Je me suis amusé plus d'une fois à le voir discuter pied à pied avec la princesse Troubetzkoï, qui ne veut pas qu'on la traite en princesse ni en femme. Tous les deux, comme Saint-Simon, aimaient la vérité jusque contre eux-mêmes. C'était un charmant spectacle quand ils montaient à l'assaut des idées et des théories. Ils se combattaient l'un l'autre à armes courtoises, mais tranchantes. Quand la princesse était à bout de raisons, elle disait à son adversaire : « Vous n'êtes qu'un grand historien. » L'homme d'État répliquait : « Vous n'êtes qu'une grande dame. »

Les ingrats, qui oublient que M. Thiers a plus ou moins sauvé la France en 1871, lui reprochent d'un air dégagé de ne l'avoir pas sauvée en 1873 en refaisant la royauté. Ce n'est pas la faute de M. Thiers, c'est la faute de la France.

* * *

M. Thiers nous a conté — auditeurs : Mignet, Jules Simon, Emmanuel Arago, la duchesse Colonna, Renan et moi — cette jolie légende :

Quand la France est venue au monde comme nation, c'était au temps des fées. La France devait être une grande princesse, aussi on appela à son berceau toutes les bonnes fées : La fée de l'esprit, la fée de la richesse, la fée de la conquête, la fée de la beauté, la fée de la grâce, la fée des moissons, la fée des vendanges.

Et ce fut une fête sans pareille dans tout le jeune royaume, on dansa et on s'enivra. Mais voilà qu'au beau milieu de cette réjouissance publique une fée inattendue vient s'asseoir au banquet. Il y avait douze fées à table, la nouvelle venue fut la treizième. Elle n'était pas gaie comme les autres, bien au contraire, sa figure marquait la méditation, la gravité, la tristesse.

Et tout le monde de se dire : Que vient-elle faire celle-là avec sa figure de l'autre monde ?

Elle s'était assise, elle se leva majestueusement et prit ainsi la parole :

« Vous avez appelé toutes les bonnes fées au berceau de la France, vous m'avez oubliée, malheur à vous. La France aura des jours de victoires et de conquêtes. Elle sera riche par ses moissons et par ses vendanges, elle sera célèbre par son esprit, elle séduira le monde par sa grâce, mais chaque fois qu'elle sera sur le point de jouir de sa fortune, une catastrophe imprévue la jettera dans l'abyme de la guerre ou de la révolution. Et ainsi, je serai vengée de n'avoir pas été appelée comme les autres fées à son berceau.

— Qui es-tu donc? » cria-t-on de toutes parts à la fée qui se vengeait.

Elle était déjà à la porte, elle se retourna sur le seuil et dit d'un ton solennel et railleur à la fois :

« Je suis la Sagesse, la France aura eu à son berceau toutes les bonnes fées, mais comme elle n'aura pas eu la Sagesse, tous les autres dons seront annihilés. »

Ainsi a parlé la Sagesse et la Sagesse a toujours raison.

Un sculpteur survint et on parla de sculpture. Je voudrais pouvoir bien rappeler tout ce que M. Thiers a dit de juste et de profond sur ce grand art. Homme d'étude s'il en fut, il était surtout l'homme du moment. A la tribune, il était toujours éloquent mais comme il disait : dans toutes les choses de l'esprit et de l'art, il n'y a que des quarts d'heure. Voilà pourquoi il aimait beaucoup les esquisses, qui marquent bien plus que l'œuvre achevée le sentiment de l'artiste et le feu de l'inspiration. Michel-Ange dans ses ébauches, Rembrandt dans ses eaux-fortes donnent l'éclatant exemple de cette vérité. Ils vous saisissent, parce qu'ils sont vivants. On est pour quelque chose dans cette première expression du génie, à peu près comme si Dieu vous eût permis d'assister à la création du monde.

Mme Suard aurait voulu recueillir les conversations de Voltaire à Ferney ; Eckermann a recueilli les conversations de Gœthe ; ne se trouvera-t-il pas un esprit assez dévoué à l'esprit pour recueillir les causeries de M. Thiers. Ce serait un beau livre, car on aurait là, l'homme d'État, l'homme artiste et l'homme intime, un des exemplaires et un des exemples de l'humanité !

* * *

Thiers et Rémusat, deux inséparables, sont morts non loin l'un de l'autre après avoir bu ensemble l'amertume du pouvoir, après avoir dit comme l'Ecclésiaste : « Vanité des vanités. » Tous les deux avaient admiré Napoléon Ier, tous les deux avaient fait la guerre à Napoléon III, qui les aurait voulus près de lui. Ils n'aimaient ni la royauté ni la république. Est-ce donc pour cela qu'ils ont servi la république comme la royauté? Le philosophe Rémusat n'a-t-il pas dit à l'historien Thiers que l'histoire mène à la philosophie comme la philosophie mène à la raison ; mais il a pu lui dire aussi, comme il a dit à Royer-Collard — car il l'a remplacé à l'Académie : — « A travers vos œuvres, on entrevoit quelque chose de l'opinion en travail. C'est vous-même. »

Des œuvres politiques de ces deux hommes qu'est-il resté ? Leur image.

Dans son discours à l'Académie, Rémusat fut fort applaudi par Thiers pour ces paroles : « Les hommes de 89 partirent pour la Révolution comme autrefois nos pères pour la croisade. On allait devant soi vers une terre ignorée, vers une cité mystérieuse et sainte ; on marchait prêt à prendre en main l'épée et la flamme pour la délivrance des captifs et pour la gloire de la vérité. Quand on parle de la Révolution, il faut bientôt parler de la philosophie ; l'une mène à l'autre. Ils ont raison, amis ou ennemis, ceux qui remontent dans la nuit des âges pour expliquer le cours des événemens par la marche de la pensée. L'esprit humain dispose donc du sort des sociétés, son royaume est de ce monde. »

Rémusat et Thiers ont pu dire : notre royaume est de ce monde, puisqu'ils croyaient conduire l'esprit humain sous le roi-citoyen et sous la troisième république. Il faut bien avouer qu'ils ont eu le pouvoir et l'éloquence, mais qu'ils n'ont rien conduit du tout. C'est que l'esprit humain est un enfant perdu qui échappe à la raison.

Heeckereen accompagnait un soir Thiers place Saint-Georges en 1848. Thiers riait de Lamartine qui n'avait pas dompté la Révolution. — Oui, oui, dit Heeckereen, vous êtes un dompteur de révolutions, mais vous ne voulez pas entrer dans la cage.

M. de Rémusat a devancé M. Thiers vers le tombeau. On a dit : « C'est le clair de lune avant le coucher du soleil. » M. Thiers a conduit le deuil avec le fils du mort.

M. Thiers était fort ému. Ceux qui ne le connaissaient pas s'imaginaient qu'il pleurait sa mort prochaine puisqu'il avait 78 ans comme son défunt ami. Mais M. Thiers ne pleurait que la séparation sans s'inquiéter de lui-même. Il sentait d'ailleurs qu'il n'avait pas fini sa journée, tandis que M. de Rémusat avait fini la sienne. Il y avait en M. Thiers une force de vie, qui lui assurait encore de belles années. « Je n'ai pas le temps de mourir, disait-il à M. Mignet, son autre contemporain, faites comme moi, recommencez deux ou trois livres, vous verrez que la mort vous donnera le temps de les achever. »

Après une messe en musique, on a conduit M. de Rémusat à Picpus où l'on enterrait les guillotinés de 1793, entre autres André Chénier. Là, M. Jules Simon a pleuré un beau discours sur les vertus politiques de cet homme d'État, qui n'a fait que traverser le pouvoir.

M. Thiers avait dit il y a cinquante ans à M. de Rémusat : « Je ne ferai jamais rien sans vous », et M. Thiers a tenu sa parole : Deux fois il a été au pouvoir, deux fois il a appelé au pouvoir M. de Rémusat. Donc M. de Rémusat n'a été qu'un clair de lune politique.

Un homme d'État a dit que M. de Rémusat avait eu jusques sur son lit de mort ce scepticisme aimable et enjoué dont il était si fier, parce qu'il prévoyait que les radicaux seraient à la tête du cortège et que la foule qui se presserait aux abords de la Madeleine viendrait bien moins pour honorer le défunt que pour lire sur les traits de M. Thiers, comment les Nisus vieillis de la politique supportent la mort de leurs Euryales.

Certes, il y a eu beaucoup de curiosité à cet enterrement, mais il y a eu aussi le sentiment du deuil public. Tel qu'il était, M. de Rémusat, homme d'esprit, homme de talent, homme d'éloquence, prête une des figures de la France du xixe siècle, non pas dans le rayonnement des grandes figures historiques, mais dans les demi-teintes des célébrités qui survivent par leurs actions et par leurs œuvres, M. de Rémusat n'était pas de ceux qui aspirent au pouvoir et à la renommée littéraire par une vanité vulgaire, il croyait qu'il y avait quelque chose de bien à faire et quelque chose de bon à dire. Et il l'a fait et il l'a dit. Il faudrait que les avenues politiques et littéraires fussent plus peuplées de ces hommes-là.

Je ne suis pas désintéressé en parlant de M. de Rémusat. Ce fut lui — il y a bien longtemps — qui demanda pour moi la croix au Roi, à propos de mon *Histoire du* xviiie *siècle.* Je ne l'ai connu qu'en allant le remercier.

J'ai trouvé en lui le plus galant homme du monde, toujours plus occupé des autres que de lui-même. Il me rappela, ce jour-là, un mot charmant de M. de Salvandy à qui un solliciteur disait : « Vous ne pouvez pas me refuser la croix, puisque tout le monde l'a. — Oui, s'écria M. de Salvandy, tout le monde l'a ! C'est pour cela que tout le monde me la demande. »

* * *

Nous avions dîné chez Mme Thiers. M. Thiers s'était montré plus animé que jamais dans sa causerie mi-parisienne, mi-méridionale, ayant à ses côtés la duchesse Colonna et la princesse Troubetzkoï. On s'était attardé à table, si bien que le salon était tout plein de visiteurs quand on y passa pour prendre le café. Quelques hommes politiques discutaient, à la cheminée, sur l'incinération et sur les enterrements civils. M. Jules Ferry parlait haut. M. Thiers s'avance vers lui.

« Qu'est-ce que vous dites, Ferry ?

— Monsieur le Président — on sait qu'on donna ce titre à M. Thiers jusqu'à sa mort — Monsieur le Président, je disais que pour prêcher d'exemple je me ferai enterrer civilement.

— Ferry, vous êtes une bête. »

M. Thiers a qualifié ainsi tous les hommes d'État sous la troisième république.

M. Ferry redressa la tête ; il n'y avait pas de quoi.

« Pourquoi, Monsieur le Président ?

— Oui, vous êtes une bête de dire de pareilles choses. Écoutez-moi bien. Et d'abord dites-moi pourquoi vous êtes venu ici en cravate blanche ?

— C'était bien naturel, puisque je venais dans un salon où il y a M. Thiers, Mme Thiers, Mlle Dosne...

— Oui, et autres princesses, car toutes les femmes sont des princesses. Eh bien, Ferry, il faut mettre une cravate blanche quand on meurt pour être bien reçu dans une autre patrie. Il faut faire comme tout le monde, parce que tout le monde a plus d'esprit que Voltaire et que M. Ferry. »

Il n'y avait pas à répliquer.

M. Émile de Girardin dit alors : « M. Thiers n'a jamais mieux parlé. Je suis revenu des enterrements civils depuis l'enterrement civil de Sainte-Beuve, qui m'a donné du goût pour l'enterrement religieux. Aussi, j'ai mis dans mon testament que mes amis seraient accueillis à l'église par la meilleure des musiques. »

* * *

Un soir, je ne sais pourquoi, M. Thiers nous a encore conté sa vie. Auditeurs : deux femmes et deux hommes, la duchesse Colonna et la princesse Troubetzkoï, un ancien ministre de M. Thiers et moi, son historien d'occasion. Mme Thiers et Mlle Dosne dormaient dans le lointain, tandis que quelques hommes politiques faisaient le cercle autour de M. Mignet.

Voici à peu près comment parla le premier président de la République. « Peut-être ne suis-je devenu un homme d'État que parce que la nature m'avait mal façonné, j'étais d'autant plus décidé à être grand que je n'avais pas la taille ; l'homme moral vengea chez moi l'homme physique. Si j'avais été beau comme le beau Mignet, peut-être me fussé-je contenté d'être beau, mais je me consolais en me disant que le monde est aux petits, à Napoléon, un géant, et à Tallyerand, un malin. Aucun des deux n'eût passé au conseil de revision. Je me suis figuré d'abord que je resterais dans l'horizon de l'homme d'études, critique, historien, un des Quarante, mais aussi un des ministres de l'opinion. Dès mes plus jeunes années, je me souvins que j'étais de la famille des Chénier ; s'il ne me fallait monter là-haut, je vous lirais des stances amoureuses et des stances chrétiennes. Celles-ci ne feront pas trop mauvaise figure, si je publie un jour mon travail sur l'existence de Dieu... »

Ici M. Thiers fut interrompu par l'un de nous, qui lui conseilla de hâter cette publication, car Dieu n'en avait plus que pour bien peu d'années.

« Oui, oui, reprit M. Thiers, dans tous les siècles Dieu s'amuse à ces obscurcissemens, comme le soleil derrière les nuées. Mais passons. J'aime trop l'antiquité pour ne pas aimer les arts ; aussi dois-je confesser que si j'aime l'Église, c'est pour les merveilleux artistes de tous les ordres qui en ont fait un musée. Le travail fut l'âme de toute ma vie. On me dit qu'il fallait être avocat pour gagner son pain ; je commençai par là, mais je compris bientôt que j'étais né pour défendre une plus grande cause que toutes celles qui se plaident au palais. Pour les uns le point de départ, c'est le palais ; pour les autres, c'est la littérature. Je commençai par l'éloge de Vauvenargues, ce stoïcien. Et ici je vais montrer le néant des palmes académiques ; c'était l'Académie d'Aix qui avait proposé l'éloge de Vauvenargues, mon discours était excellent, mais on savait qu'il était de moi, ce tout petit avocat. On remit le prix au concours de l'année suivante. Cette fois, je concourus mystérieusement par un éloge qui ne valait pas, à beaucoup près, le premier, parce qu'il était plus académique : naturellement, j'obtins le prix. C'était au temps où mon ami Mignet obtenait un prix à l'Académie des inscriptions et belles-lettres, sur les institutions de saint Louis. Les deux lauréats ne pouvaient plus vivre en province; nous vînmes donc à Paris. Pourquoi ne pas dire que tous nos rêves tombèrent dans le ruisseau de la rue du Bac? La boue sur les pieds et l'eau sur la tête, nous eûmes d'abord la nostalgie du soleil; les jours de pluie, je courais les bibliothèques et les musées, où je finis par retrouver une seconde patrie; je me passionnai surtout pour la peinture, un peu plus je prenais un pinceau; il fallut me contenter de parler du génie des autres.

« On veut bien se rappeler que j'ai écrit dans *le Constitutionnel*, en 1822, la critique du Salon. En même tems j'écrivis presque un roman, mais un roman vrai dans toute son invraisemblance, c'est celui de mistress Bellamy, cette illustre comédienne, fille de lord Tirawley qui, sacrée par Garrick, vécut comme une reine au théâtre et hors du théâtre. Mais les études historiques m'entraînaient bien plus que le roman...

— Il est vrai, dit la duchesse Colonna, que l'histoire est encore un roman, mais avec garantie des gouvernemens; j'aime mieux ceux de Balzac et de George Sand, ils sont plus vrais, puisqu'ils ne content que nos passions.

— Paradoxes, paradoxes, continua M. Thiers. Du reste je n'étais pas trop emprisonné dans les livres;

ainsi, en ce tems-là, j'ai voulu faire une visite aux Pyrénées et aux Alpes, il est vrai que c'était dans la peur de mourir de froid à Paris. Ah ! les voyages, tout homme devrait avoir voyagé pendant un an et un jour, comme tout homme devrait avoir été soldat pendant un an et un jour. Voyez-vous, mon voyage d'Italie est encore le plus beau livre de ma bibliothèque. Mon idéal eût été de monter à cheval et de courir le monde comme César et comme Napoléon, avec des idées armées au lieu de soldats. »

M. Thiers se tut et posa son front dans sa main.

C'était quelques jours après sa chute du pouvoir ; il sentait qu'il avait manqué sa vocation — en n'y restant pas.

« Eh bien et la suite ? demanda la duchesse.

— La suite, dit M. Thiers, en relevant la tête et en chassant son rêve, vous la connaissez trop : j'ai écrit l'Histoire de la Révolution. L'histoire d'une révolution en amène une autre : j'ai emprisonné Charles X dans la Charte et je l'ai obligé de s'enfuir par la fenêtre. J'ai protesté tout haut, moi le premier, contre les ordonnances de Juillet. Voilà pourquoi je suis devenu ministre et premier ministre. Sous Louis XIV ou sous le Régent, je serais resté au pouvoir ; sous le roi que j'avais fait, on n'a pas voulu de mes idées, aussi le roi que j'avais fait s'est défait. »

* * *

Cette semaine M. Thiers a pendu la crémaillère au célèbre hôtel bâti avec le million voté par l'Assemblée nationale. Voilà donc les incendiaires bien attrapés, puisque l'hôtel nouveau est beaucoup plus beau que l'ancien.

Tout y est compris avec un sentiment de l'art sévère, comme il convient à la demeure d'un homme d'État. C'est peut-être un peu auguste ; l'œil n'y est pas amusé ; j'ai conseillé à M. Thiers des dessus de portes de Baudry, Chaplin, Ziem, Cabanel ou de tout autre artiste moderne créant la lumière. La fête de la crémaillère a été fort gaie. Il y avait là les deux lieutenants de M. Thiers, ses deux amis les plus chers, M. Mignet son contemporain et M. Barthélemy-Saint-Hilaire, qui le suit de près sur le chemin de la vie. Il y avait là aussi des anciens ministres, comme Casimir Périer et Jules Simon ; des députés, comme Arago et Laboulaye ; des académiciens comme Renan et Augier. Je citerai aussi mon fils, Henry Houssaye, grand ami de M. Thiers depuis que l'Académie lui a décerné le prix Thiers pour son *Histoire d'Alcibiade.*

Parmi les femmes, on remarquait naturellement la duchesse Colonna, qui a fait les plus beaux bustes de la dernière exposition, et la princesse Troubetzkoï, qui se contente de faire des mots politiques. M. Thiers n'a jamais été si gai et si jeune. La duchesse Colonna était placée entre nous deux, elle n'a pas eu le temps de manger, tant il lui fallait de la réplique pour lutter avec la princesse. Chose extraordinaire, Mme Thiers ne dormait pas !

* * *

M. Thiers avait joué au dandysme sur un beau cheval qui semblait être le cheval de Troie monté par un joli nain politique. Il regrettait souvent de n'avoir pas la taille d'un tambour-major.

Il admirait l'architecture de Nieuwerkerke : il lui disait : « Les bêtes féroces ne feraient de moi qu'une bouchée. Ah ! si j'étais taillé comme vous !... La nature m'a trahi, car j'aime la force et la vaillance. Il y a une de vos princesses qui est aussi taillée à l'antique : c'est encore une merveille de la création. Elle m'a recommandé votre ciseau d'or. Ah ! la belle princesse ! Je voudrais y mordre.

— Je ne vous croyais pas si terrible.

— Moi, je ne tiens pas une femme sans la saluer trois fois.

Et Thiers expliqua ses trois saluts :

— Je vous en félicite, vous jouez bien du piano.

— Ah mon cher ami, j'en joue comme Listz, un peu plus je briserais le piano sous mon doigté !

* * *

A l'inverse des peintres et des journalistes, M. Thiers voulait la solitude et le silence pour écrire. Il ne cachait pas un mouvement de colère à ceux qui franchissaient le seuil de son cabinet de travail ; il leur donnait la main, mais il eût volontiers brisé la leur.

« Pourquoi venez-vous ce matin, puisque je reçois tous les soirs ? »

Les plus malins répondaient que c'était pour voir les bronzes de son cabinet. Les imbéciles lui chantaient l'antienne des sottises politiques. Ils ne venaient que pour sauver l'État en avertissant cette sentinelle toujours avancée qui s'appelait M. Thiers.

« Il ne s'agit pas de sauver l'État, leur disait-il, sans leur offrir le fauteuil des causeries intimes, il s'agit d'écrire une page d'histoire ; mes jours sont comptés ; adieu, venez le soir. »

Si c'était un personnage, il l'invitait à dîner.

Les amateurs d'art étaient moins mal accueillis, puisqu'ils ne pouvaient étudier ses bronzes le soir, les salons seuls étant ouverts.

Charles Blanc, né flatteur, lui débitait des complimens à perte de vue sur le musée des copies, disant qu'avec la « patine » du temps ses copies seraient bientôt des originaux. Mais M. Thiers, qui aimait encore mieux le silence que les complimens, n'écoutait pas plus Charles Blanc que les autres.

Et comme il avait raison!

Si les journalistes, comme les peintres, peuvent donner le coup de plume ou le coup de ciseau quand leurs amis sont là, l'historien et le poëte ont horreur du bruit et du mouvement. L'idée, l'inspiration, la rêverie, sont des oiseaux qui s'effarouchent bien vite et qui s'envolent souvent pour ne plus revenir. Combien de fois les menus propos des désœuvrés n'ont-ils pas coupé les ailes à la Poésie et jeté la fumée de leur cigare devant les visions lumineuses de l'Histoire!

LA PRINCESSE TROUBETZKOÏ.

Le hasard des choses avait mis le citoyen Gambetta sur le chemin de M. Thiers. Ils n'avaient qu'un goût médiocre l'un pour l'autre. Pour le Marseillais, Gambetta n'était qu'un blagueur éloquent; pour le Génois cahordisant, M. Thiers n'était qu'un brouilleur de cartes politiques. L'Histoire sera plus juste; elle dira de M. Thiers que c'était l'homme d'État bien français, elle dira de Gambetta : Mirabeau-tonneau et Mirabeau-tonnerre. Était-ce le tonnerre de Dieu? Foudre de guerre et foudre d'esprit, il n'a brûlé personne. Front lumineux, œil de milan, nez d'aigle, lèvres gourmandes, bouche de bonne fille après souper, attitude de cocotte au bois, profil d'empereur romain — après Auguste, — du sérieux dans la blague, de la raillerie dans l'éloquence. Plus d'emportement que de conviction, mais du magnétisme à pleines mains. Vrai charmeur d'oiseaux. Les sorcières des caboulots lui avaient dit : « Salut, Gambetta, tu seras roi ! » Les femmes s'y prenaient, parce qu'il représentait la force sans forfanterie. Sa cour de femmes le faisait sourire, lui qui ne doutait de rien et qui doutait de tout.

Il avait soulevé vaillamment l'épée de la France, cette grande dame ! Mais il traînait toujours la queue des brasseries. Il masquait ses malices de patricien génois par le masque plébéien du sans-culotte. Dans le monde des raffinés, il mettait son pied sur la table ou sur la cheminée pour montrer la poussière de Belleville. Il aimait le bruit, d'où qu'il vînt, depuis les airs d'opéra jusqu'au son du tocsin. *La Marseillaise* lui plaisait — sur les orgues de Barbarie. Il se moquait de vous, mais il se moquait de lui-même. Ah ! s'il avait eu foi en lui et foi dans les siens ! Ah ! si les siens eussent été des autres ! Tel qu'il était, c'était un homme. Et il n'y en avait pas quatre.

Félix Pyat a dit de lui : « Un fort de la halle aux phrases. » Si spirituel que soit ce mot, il est encore plus injuste que spirituel, car à la tribune Gambetta fut une des forces de la nature.

Un jour, Gambetta s'ennuyait de ne pas avoir un ennemi à combattre, quand tout à coup, renversé sur le canapé légendaire du palais Bourbon, il vit entrer par la fenêtre ouverte un scarabée aux mille couleurs, qui vint siffler à son oreille par le bruissement de ses ailes à palmes vertes.

Coquelin Ier venait d'entrer en même temps. « Chut !

lui dit Gambetta, ni un pas ni un mot. — Quel est donc ce mystère? — Ferme la porte. Ce mystère, c'est une idée qui vient d'entrer. — Une idée! il y a donc des idées? Je croyais qu'il n'y avait que des mots. — Tu as raison : des mots, rien que des mots ; aussi à la Chambre des députés ou au Sénat, on dit toujours : « J'ai un mot à dire. » Écoute, Coquelin : il y a une petite différence entre toi et Molière, quoique tu sois le président de la Comédie-Française, comme je suis le président de la Chambre des députés : C'est que Molière jouait des rôles qu'il avait faits, et que tu joues les rôles que tu n'as pas faits. Or, Molière avait des idées, et tu n'as que des mots. As-tu lu Pascal? Pascal, que je n'ai pas lu non plus, te dirait de fort belles choses sur les idées. M. de Talleyrand, dont j'aurais fait un ambassadeur à Monaco, a dit que la parole fut donnée à l'homme pour déguiser sa pensée, c'est bien plutôt pour se dispenser d'en avoir. — Tu n'es pas trop bête. — Je vais quelquefois à ton école. — Connais-tu les péripatéticiens ? — Pourquoi pas? j'ai tant de mauvaises connaissances ! — Eh bien! ils croient, comme la grande école d'Athènes — de Platon à Aristote, — que les idées sont des êtres vivants. Si tu avais joué le *Misanthrope*, un rôle que tu commences à jouer dans le monde, tu connaîtrais Célimène. — Oh! je la connais bien, j'ai soupé hier avec elle. — Célimène, c'est une idée qui joue de l'éventail, qui provoque tout le monde, qui ne se donne à personne — si ce n'est dans le silence du cabinet de toilette. Nous voyons ainsi passer vaguement les idées sans les pouvoir saisir ; une idée, vois-tu, c'est une fortune : voilà pourquoi je viens de fermer la fenêtre sur celle qui vient d'entrer ici.

Coquelin regarda Gambetta de face et de trois quarts ; un peu plus il faisait le tour du célèbre orateur. « Ne dirait-on pas, mon cher Léon, que tu n'as jamais eu une idée? — Je vois bien que tu t'imagines qu'on a des idées plein les mains. Mais sache donc qu'un homme de génie n'en a que trois ou quatre dans sa vie, même s'il est Pierre Corneille, même s'il est le cardinal de Richelieu. Moi, par exemple, je tiens la France entre le pouce et l'index ; je suis le plus grand orateur de mon temps, je suis le premier homme politique de mon pays; eh bien! jusqu'ici je n'ai eu que trois idées. — Allons donc! tu sens la violette, c'est mal porté. — Pas une de plus! La première a été de faire tuer trois cent mille hommes pour relever l'orgueil de la France, vaincue et envahie. — J'ai compris : quand un homme a fait tuer trois cent mille citoyens, il prouve sa force à lui-même et aux autres; il a des titres incontestables à en faire tuer trois cent mille autres.

Gambetta prit un cigare. « Passe-moi donc du feu. » Coquelin, pour se prouver à lui-même qu'il était chez le maître de la France sur un pied d'égalité, fit jaillir le feu d'une allumette et commença par allumer son cigare. « Après toi, s'il en reste, lui dit Gambetta avec une douceur italienne. — Et la seconde idée? demanda Coquelin. — La seconde idée, c'est l'opportunisme ; tu sais le latin, *opportunus*, ou plutôt *occasio*. — Ah! oui, c'est l'occasion qui fait l'homme d'État. — Tu seras un homme politique — dans le répertoire; — je te ferai traduire Machiavel dans tes entr'actes. — Et la troisième idée? mon maître, je veux dire mon collègue, car je te donnerai bientôt la riposte à l'Assemblée. — La troisième idée, c'est celle qui vient d'entrer sous la forme de ce scarabée qui voltige autour de nous. — Tu continues à te moquer de moi.

Gambetta s'impatienta. Il sembla mesurer du regard le premier comique de son gouvernement. « Triple comédien ! lui dit-il. Tu sembles douter que les idées ne soient des êtres vivants. Tu t'imagines, pareil à tous ceux qui ont fait leur philosophie, que les idées viennent comme les choux dans le jardin des racines grecques, ou bien que ce sont des Belles au Bois Dormant ensevelies dans les limbes du cerveau, où les vient réveiller quelque prince Charmant des songes. Sache que les idées viennent du dehors et non du dedans. Je te dirai tout bas que nous avons beau nous enorgueillir, toi comme moi, d'avoir fondé la liberté : nous obéissons fatalement à un maître inconnu; nous pouvons, le matin, dire gaiement comme ce philosophe d'outre-Rhin, plus ou moins fils de Voltaire : « Nous allons créer Dieu pour nous amuser. » Vois-tu, il est beau de s'imaginer que c'est l'homme qui a créé Dieu à son image; mais, tout bien considéré, il faut reconnaître, si on est au pouvoir — qu'il y a un pouvoir surhumain qui nous fait marcher comme des marionnettes. Toi, par exemple, quand tu joues le *Cocu imaginaire*, tu t'imagines que tu es maître de tes mouvemens ? Eh bien ! désabuse-toi; tu obéis à Molière, comme moi-même, en jouant la comédie politique, j'obéis aux dieux.

Coquelin ne fut pas très convaincu, mais il admira la logique de son ami. Il était impatient de savoir quelle serait la troisième idée qui allait prendre Gambetta. « Et ce scarabée qui vole toujours ? » Le président de la Chambre des députés sourit d'un air victorieux. « Tu peux ouvrir la fenêtre et lui donner la liberté, car il m'a frappé au front de l'idée qu'il m'apportait sur ses ailes. — Je suis curieux de connaître ce miracle. » Gambetta ne voulait pas répondre. « Je te dirai cela un autre jour. Vois-tu, les idées, il faut les renfermer en soi comme on renferme un parfum exquis, si on ne veut pas que l'air vif l'emporte. Demain, peut-être, je pourrai te dire ma troisième idée.

*
* *

Quelques amis de Gambetta entrèrent alors, non pas pour échanger des idées, car, ainsi que l'a avoué le dictateur, c'est une monnaie rarissime. Il y a bien les idées de M. de la Palisse, c'est l'argent qui a cours, mais combien peu qui frappent des idées à leur effigie !

On causa d'abord des escargots sympathiques, ensuite des groupes sympathiques et des esprits sympathiques. Un orateur parut regretter de voir la France émietter ses forces vives, faute d'un idéal, ou plutôt parce que les trois cent soixante-cinq partis ont chacun un idéal. « Pourquoi, dit un autre orateur, ne pas entraîner la France par l'esprit français ? — C'est qu'il faudrait réveiller l'esprit français, tout en le ramenant quelque peu à l'esprit gaulois. — Pourquoi ne pas gouverner l'esprit français, cet enfant gâté, ce gamin de Paris, ce bohême de brasserie, ce révolutionnaire en chambre ? Ah ! c'est qu'il faudrait une idée pour cela. » Gambetta s'écria : — Cette idée, je l'ai ! » Et, se tournant vers Coquelin : « N'est-ce pas, Coquelin ? — Oui, oui, dit Coquelin, le scarabée ! — Ce nom restera à mon idée, dit Gambetta, d'autant mieux, pensa-t-il, que c'est bien l'image de mon idée. — Qu'est-ce donc ce scarabée ?

demanda-t-on de toutes parts. — Messieurs, reprit Gambetta, aimez-vous les contes ? Écoutez cette légende occidentale : « Il était une fois un dieu... — Ah! oui, un conte! s'écria M. Schœlcher.

Le maître reprit la parole : « Quand Dieu a eu créé le ciel et la terre, c'est-à-dire quand il a eu créé les mondes, il a dit à l'univers, en lui donnant un coup de pied dans le cul : « Va comme je te pousse. » Tu vois, mon ami Coquelin, que je ne te parle pas en hébreu. — J'aime mieux cela. — Ce n'était pas tout. Dieu, en abandonnant le monde visible ou matériel, se réserva le monde invisible ou idéal. Il garda sous sa main la planète des idées et la planète des passions. Dieu voulait se réserver le gouvernement des esprits. Écoutez-moi bien, car je vous le dis, là est tout un système philosophique qui en vaut bien un autre. — Je t'écoute! s'écria Coquelin. — Mais ne parlons pas de cela à Belleville ; car, si on savait là-bas que j'ai prononcé le mot *Dieu* et le mot *âme* !... — Ce que c'est que d'avoir un bon cuisinier! s'écria Lockroy. — Dieu, reprit Gambetta, s'amuse à nous jeter à travers la figure, à nous tous qui avons quelque chose là, des idées ou des passions pour le gouvernement des mondes particuliers. »

Le tribun se promena d'un air dominateur.

« Messieurs, dit-il à ses amis, je veux vous dire, à vous aussi, un mot du scarabée ; vous ne doutez pas que les idées ne soient des êtres invisibles jetés dans l'espace par Dieu lui-même, qui ouvre quelquefois sa main pleine de vérités. En 1789, ce fut toute une épidémie, mais c'était la fièvre du bien aux quatre bouts de la France ; les idées frappèrent les fronts pour rappeler à l'homme qu'il allait reconquérir ses droits. Les idées deviennent des armées invisibles sur le champ de bataille de l'humanité. En d'autres temps, les idées sont des francs-tireurs. Quelquefois aussi une idée marche toute seule, comme une sentinelle avancée de la civilisation. En 1812, Dieu jette une pensée au front de Napoléon : Moscou! Il y trouva un linceul de neige pour sa grande armée. En 1830, un scarabée inspire Charles X : c'était l'exil. En 1848, un scarabée inspire les révolutionnaires. Le mot *banquet* tombe du ciel ; le banquet, c'est le banquet de la liberté! En 1851, c'est le scarabée rouge du coup d'État qui tourbillonne sur la tête de Morny. En 1868, ne vous a-t-on pas parlé d'un scarabée aux ailes d'or, corsage chatoyant, qui, par une fenêtre ouverte des Tuileries, vint frapper le front de Napoléon III ? »

Le dictateur respira et continua : « Le scarabée apportait l'idée de l'empire libéral. L'empereur voulut tuer le scarabée, qui s'obstinait à battre des ailes dans ses cheveux. Mais ce fut l'histoire de la mouche sur un endormi. C'était l'heure du conseil des ministres ; or, ce jour-là, les ministres furent bien étonnés quand l'empereur leur dit qu'il voulait couronner l'édifice. C'était un comble ! Tous les ministres se regardèrent ; l'empereur développa son dessein : « Oui, Messieurs, dit-il, « j'ai voulu l'empire absolu, avec une fleur de socialisme « à la boutonnière. »

« M. Rouher osa interrompre Sa Majesté pour lui dire que c'était la fleur du mal. Mais le scarabée voletait toujours sur le front de l'empereur, qui ne tint pas compte de l'interruption : « Messieurs, reprit-il, j'ai voulu ensuite l'empire autoritaire et démocratique ; maintenant que je suis familiarisé avec la bête féroce des faubourgs, je n'ai plus peur de rien et je veux l'empire avec toutes les libertés. »

« Un ministre fit remarquer que, dès qu'on aurait toutes les libertés, on n'aurait plus l'empire ; mais comme le scarabée avait peu à peu touché le front de tous les ministres, « ces conseillers de la couronne » encouragèrent le souverain dans la révolution qu'il voulait faire. Entrés esclaves au conseil, ils en sortirent citoyens. Grand bruit au Corps législatif, où la majorité s'indigna.

« Un peu plus on envoyait à Charenton ceux qui apportaient la bonne nouvelle. Ce n'était pas leur faute, c'était le scarabée !

« Après le conseil, comme l'empereur était content de lui, il appela l'impératrice et son fils pour leur dire ce qu'il avait résolu de faire dans l'intérêt de sa dynastie. L'impératrice se révolta, mais le scarabée lui passa sur les tempes, et elle embrassa son Napoléon avec enthousiasme. A cet instant même, le prince impérial, qui aimait à jouer, tua le scarabée en voulant l'attraper. Il était trop tard, le mal, je veux dire le bien, était fait.

« Ce fut comme un affolement dans le palais des Tuileries. Le prince impérial monta à cheval sur son fameux chien, qui se mit à galoper dans la salle des Maréchaux. Le chien renversa un ministre rétrograde qui, tombant sur un autre, le fit tomber à son tour. Tous les ministres tombèrent comme des capucins de cartes. L'impératrice prit une de ses dames d'honneur pour une de ses couturières et lui commanda deux robes à la Marie-Antoinette. Baciocchi s'imagina qu'on allait le faire cardinal comme le cardinal Dubois. Tout fut sens dessus dessous. Vous savez la suite, Messieurs, l'empire libéral, la *Lanterne*, le discrédit, la guerre, la défaite qui fut mon triomphe ; la Commune, qui fut mon triomphe, sans parler ici de la mort de l'empereur et de la mort du prince impérial. — Et tout cela, s'écria Coquelin, c'est le scarabée ? — A ne pas en douter, reprit Gambetta. Or, aujourd'hui, Messieurs, un scarabée m'est venu ; celui-là est tout pacifique. D'ailleurs, je n'ai pas eu la bêtise de le tuer, au contraire, je lui ai ouvert la fenêtre. Demain je vous dirai l'idée qu'il m'a apportée. — Pourquoi pas aujourd'hui ? — Demain ! », répéta le maître d'un air impérieux.

Tout le monde se promit de revenir le lendemain.

« Demain, dit Coquelin, tu me donneras le quart d'heure de grâce, car je répéterai *Monsieur de Pourceaugnac.* »

Gambetta ne vit pas là de personnalité. Il dit à Coquelin : « Si tu veux jouer le centre gauche, reprends plutôt *Georges Dandin.* »

Resté seul, *il signor* Gambetta, qui gouvernait la France avec l'esprit politique de ses compatriotes Mazarini et Buonaparte, se demanda ce que lui apportait son scarabée.

Il étudia le passé pour vivre dans l'avenir ; il se compara à tous les hommes d'État, à tous les tyrans, à tous les tribuns qui avaient fortement marqué leur empreinte dans l'histoire. Que lui réservait sa destinée ? Peu à peu il somnola, bientôt il s'endormit profondément. Le scarabée revint, passa et repassa sur son front. Que lui annonça-t-il ? une apothéose ! « Que me chantes-tu là, mon cher scarabée ? je ne mériterai une apothéose que le jour où la France aura repris sa revanche ; que me font toutes ces acclamations, puisque je n'ai rien fait ?

C'est une raillerie qui offense mon orgueil. Est-il donc bien glorieux d'avoir fait tuer trois cent mille hommes pour consacrer la perte de deux provinces et d'avoir abandonné la sainte canaille de la Commune ? »

Mais Gambetta avait beau se débattre dans les visions du sommeil, il voyait sa statue partout, jusque dans les Tuileries. Il se réveilla furieux, car, après tout, ce beau parleur était un homme d'esprit.

Il conta son rêve à Coquelin. « Figure-toi que je n'ai vu en songe que des statues et des apothéoses. — Prends garde, lui dit le comédien, c'est un signe de mort. — Je ne veux pas mourir, reprit Gambetta, car j'ai quelque chose à faire. — Et puis que deviendraient tes amis? — Mes amis ! c'est toi et deux ou trois autres. — T'imagines-tu donc que tu n'as rien fait ? n'as-tu pas réveillé le sentiment national en France ? — Chansons ! Crois-tu que les soldats qui se faisaient tuer en 1870 ne se battaient pas avec le sentiment national ? — Tu as créé l'opportunisme. — Allons donc ! c'est l'œuvre de Thiers. Et puis les opportunistes ont tué le mot. »

*
* *

La mort se trompa : elle prit Gambetta avant qu'il n'eût fait œuvre d'homme d'État.

Gambetta, mort jeune comme Mirabeau, a vécu comme lui plusieurs existences. Qui donc a dit : « Il était l'homme d'une destinée qui le conduisait; il n'avait pas monté, il avait surgi; il ne meurt pas, il disparaît. Dans tout son être, on sentait ce je ne sais quoi de typique à ces individualités exceptionnelles participant de la puissance supérieure qui les mène, qui leur montre le chemin, qui renverse tous les obstacles sous leurs pas et qui les arrête au moment voulu. L'impériosité de ces natures ne semble pas venir de leur tempérament, mais de leur force secrète, dont ils sont les retentissans porte-paroles. » Tout vient à temps. C'est la loi du mouvement et de l'ascension.

On disait à Napoléon Ier : « Sire, vous avez tué sans retour l'esprit révolutionnaire. — Vous vous trompez, répliqua-t-il, je suis le signet qui a marqué l'instant d'arrêt de la révolution; mais après moi on tournera la page et la révolution reprendra son cours. »

Ainsi pourrait-on dire de Gambetta. Tant qu'il a été présent, il retenait de son poignet de tribun l'épée de la démagogie; lui disparu, a dit H. de Pène, la meute anarchiste a repris possession de ses anciennes redoutes, et le désordre a surgi dans le conflit des intérêts et des ambitions sans grandeur. Ils sont nombreux parmi ces méridionaux à la parole vive, au verbe coloré, au geste fougueux qui se sont efforcés de concentrer en eux le mouvement de leur époque. Gambetta, lorsqu'il commençait sa carrière d'orateur au café de Madrid, était déjà convaincu de ses destinées, comme sous le siège de Paris il se croyait à la fois César et Brutus. Mais cet homme, qui méditait d'être maître des autres, n'était pas même maître de lui, parce qu'il était, en son impétuosité, emporté plus haut et plus loin, dans le courant irrésistible des choses. Il survivra, parce qu'il devait vivre.

II

De Félix Pyat et Jules Vallès

1885.

Il y a des gens qui s'imaginent que tous les Parisiens respirent le même air, le même esprit, la même passion. Mais combien de mondes à Paris ! Non pas qu'ils soient séparés par des murailles de la Chine ; au contraire, tout est dans tout. Le malin touche l'imbécile, la drôlesse coudoie la femme impeccable, le royaliste donne la main à l'intransigeant, la faubourienne prend le pas sur la duchesse, le marquis de Rochefort passe sa couronne de marquis à M. Chesnelong.

Je venais de déjeuner chez une ci-devant majesté, quittant la table pour aller saluer un membre de la Commune que la mort a couché dans le tombeau. Eh bien, chez Jules Vallès, c'était le Tout-Paris comme chez la grande dame, mais un autre Tout-Paris.

Et ici je m'insurge contre ce mot : le *Tout-Paris*.

Le matin, on lit dans les journaux : « Tout Paris était là. » Pourquoi tout Paris ? parce qu'il y avait une vingtaine d'hommes et de femmes à la mode à une messe de mariage ou à un enterrement. Or, ceux qui n'y étaient pas étaient donc à Carcassonne, ou à Cahors, ou à Concarneau ?

Ainsi, beaucoup de mondains et de mondaines n'étaient pas chez Jules Vallès au départ du convoi ; ce qui n'empêche que Paris fût là, le Paris de Catilina, du Père Duchesne et de Vallès.

Noblesse littéraire oblige : comme président de la Société des gens de lettres, c'est mon devoir de tendre la main à ceux qui viennent et de saluer ceux qui s'en vont, sans jamais m'inquiéter de leur drapeau.

Pour moi, il n'y a d'ailleurs qu'un drapeau : celui de la république des lettres. N'est-ce pas sous son ombre que se font toutes les révolutions pacifiques, c'est-à-dire fécondes ?

Et puis si les heureux de Paris allaient tendre la main au peuple qui se mutine aux jours de misère sur le mont Aventin, devant le portique du temple de la Liberté, ils apaiseraient bien des colères et bien des douleurs.

Je suis donc allé au convoi de Jules Vallès. Nous nous étions vus çà et là, surtout chez Émile de Girardin. Il m'avait offert les *Réfractaires*; j'avais répondu par je ne sais quel volume, mais je n'étais pas quitte.

Il y avait tant de monde — apôtres et curieux — qu'il était impossible d'entrer dans la maison. On fût plus facilement entré chez Marie de Médicis, qui demeurait en face, car le Luxembourg était désert. Mais comme il y a un cabaret dans la maison mortuaire, je me fis vaillamment une trouée par là.

Me voilà dans l'escalier. Un membre de la Commune se précipite vers moi et me tend la main : « Bonjour, citoyen. Me reconnaissez-vous ? Nous étions à la même barricade. — Je crois que vous vous trompez. — Mais vous êtes Félix Pyat? — Non, mais je suis son ami. »

Je monte, je monte encore sans que les portes s'ouvrent. Je sonne au quatrième étage. « N'est-ce pas ici l'appartement de Jules Vallès? — Je ne connais pas », dit la cuisinière.

O illusion de la gloire ! Je descends au troisième. Je

sonne. Autre cordon bleu. — Jules Vallès ? — Je ne connais pas.

Mais un enfant survient, qui me crie de sa petite voix claire : « Dépêchez-vous, c'est au-dessous, il va partir. »

Au second étage, je sonne. Un ami du mort paraît. « Monsieur, me dit-il, on ne peut plus entrer. » On n'avait ouvert qu'aux membres de la Commune. Je présente ma carte et je passe sans avoir passé par la Commune. Me voilà en face du cercueil. La mort jette avec cruauté la nuit sur les assembleurs de rayons et de nuages.

Vallès n'est pas mort dans sa maison. Son médecin a voulu lui donner une dernière illusion en l'amenant chez lui. Tout l'ameublement est sens dessus dessous. Je remarque une belle pendule du temps de l'empire, représentant une muse éplorée : style Prud'hon et Chaudet. La tristesse parle sur tous les visages. Vingt journaux sont épars sur les tables et sur les fauteuils : autant d'oraisons funèbres.

Félix Pyat me reconnaît et me tend la main, tout en me rappelant les belles années de la jeunesse. Nous nous étions à peine entrevus depuis 1848. Quelle mémoire en cette tête toute pleine de tant de choses ! Ainsi il me parle de ma critique du *Chiffonnier*. « Comment pouvez-vous vous souvenir de si loin ? lui dis-je. — C'est qu'en analysant le caractère de mon style vous me l'avez révélé à moi-même. Ne disiez-vous pas cette chose flatteuse — que j'écrivais comme Rembrandt peignait — concentrant toute la lumière sur les physionomies et répandant l'ombre sur tout le reste ? — Vous avez continué, mon cher ami. On ferait un beau livre de vos portraits rembranesques.

Survient un jeune journaliste qui nous regarde tous les deux, dans notre vaillante attitude. « Quels rudes hommes on faisait dans votre temps ! — C'est bien naturel, répondis-je. Nos mères avaient le diable au corps, car elles ont été bercées sur les fortes mamelles de la Révolution et de l'Empire. »

Le journaliste indiscret demanda à Pyat : « — Combien de printems, citoyen ?

— Soixante-quatorze hyvers, répond Félix Pyat. — Et encore, dis-je, les années d'exil comptent double. — Je crois bien ! s'écrie Félix Pyat, surtout dans un pays comme l'Angleterre, où l'hiver finit le 30 juin pour recommencer le 1er juillet. — Pourquoi, vous qui avez tant de soleil dans l'esprit, ne vous êtes-vous pas exilé en Italie? — Vous ne vous rappelez donc pas que l'Italie et l'Espagne m'ont mis à la porte ? Je n'ai qu'un regret, c'est de ne pas être resté à Paris, puisque aussi bien je n'ai quitté Paris qu'un an après la Commune. — Et on vous a accusé d'être parti le premier ! — Que voulez-vous, cest la légende. — L'histoire, dis-je, c'est que je vous ai rencontré, en 1871, au concert des Champs-Élysées quand on vous croyait bien loin. Voilà votre manière de vous cacher. Et vous avez pris le tems de me serrer la main. »

*
* *

Félix Pyat fut, en sa jeunesse, surnommé le Lucius Vérus des malcontens. Il avait bien la tête de l'empereur romain ; mais il fut plutôt un Gracque, par ses hautaines revendications. Au fond, c'était un Romain oublié dans les Gaules.

Malcontent de quoi? Il ne manquait ni d'amis ni de femmes. Sa première discorde avec Jules Janin fut, je crois bien, une question de femme. On pourrait le demander à la marquise de la Carte, si elle n'était morte il n'y a pas longtemps.

Il avait beaucoup de talent et pas mal d'argent. Pourquoi cette rébellion contre une société qui l'acclamait au théâtre comme en lisant ses livres? C'est qu'on naît content ou malcontent.

Des cris mille fois répétés de « Vive la Commune ! » retentirent comme un flot impétueux. « Entendez-vous ? dit Régère, la Commune est réhabilitée. — Oui, répondit Félix Pyat, mais elle n'est pas restaurée. »

Ce mot frappait juste, car on parlait près de nous de Dereure, un autre membre de la Commune, qui vit vaillamment avec trois francs par jour en faisant des souliers. Et pourtant, grâce aux cris de la rue, il croyait encore à la souveraineté de la Commune: « Nous sommes toujours le gouvernement de Paris. » Félix Pyat hocha la tête : « Oui, répondit il, à peu près comme Louis XVII était roi de France. »

Un tout jeune homme, encore imberbe, entra dans le cercle des barbes blanches. « La Commune a été trop douce. Il fallait dresser la guillotine sur la place de la Concorde. — Pour que ce fût mieux encore, dis-je, la place de la concorde ! — Du sang? s'écria Pyat avec dignité. Que diriez-vous au bout d'un an si on vous saignait tous les huit jours ? C'est pourtant ainsi que les quatre médecins ont traité la France. Depuis un siècle, du sang, toujours du sang. Voilà pourquoi la France n'en peut mais. Plus de sang par la guerre, plus de sang par la Révolution. »

Ici, une très belle apostrophe de l'auteur du *Chiffonnier* contre la Terreur rouge et contre la Terreur blanche. On sait que chaque mot marque en tombant de ses lèvres. Il ne procède que par aphorismes : sa phrase est un éclair et une lame, quand il écrit comme quand il parle.

Après avoir apaisé ses amis politiques, il revient à la littérature et à ses théories sur l'art de dire. Il regretta de n'être pas né au temps de la République romaine, moins encore pour la République que pour la langue de Caton : *Germaniam esse delendam!* « Ah! la langue latine, s'écria-t-il avec enthousiasme, c'est la langue républicaine ! tandis que la langue française est la langue des cours et des ambassades. Articles, possessifs, démonstratifs, relatifs, il y a trop de laquais dans cette langue-là ! »

Quel regret pour les écrivains qui, comme Rabelais, aiment la *substantifique moelle* de la langue française, que Félix Pyat n'ait pas professé au Collège de France, au lieu de professer aux barricades !

* * *

Vallès aussi fut un maître dans l'art d'écrire. Il a été à l'école de Félix Pyat ; il procède par coups d'épée, par coups de couteau, par coups de poing. Et pourtant il a créé un écrivain de haut style : Séverine — Renée — qui procède par coups de cœur. La plume de Vallès n'a pas de caresses. Pour se régaler avec lui, il faut aimer le poivre de Cayenne. Il ne fait pas porter la queue de sa phrase par un nègre, mais il traite souvent les blancs comme les planteurs traitent les noirs. Il est âpre et sauvage. Et pourtant on cueille à son arbre des fruits rafraîchissants dans leur amertume. Il met trop d'acide sur sa gravure à l'emporte-pièce ; mais au moins il marque profondément son empreinte.

L'empreinte ! là est l'écrivain. Les copies passent, les originaux restent.

Vallès dit de Jacques Vingtras : « C'était un homme de théâtre. » Il le peint spectateur d'un duel, regrettant de n'être pas blessé pour avoir un plus beau rôle, « pour tâter la place qu'a fouillée l'épée, pour tourner la tête sur son cou, » comme fait le premier rôle dans les beaux moments du mélodrame.

Voilà Vallès. Il a eu son duel avec la société, il a tourné sa tête dans les grandes scènes du drame, mais il est mort du duel.

En peignant sa figure, Jules Vallès a peint son style : « J'ai la tête taillée comme à coups de serpe, les pommettes qui avancent et les mâchoires aussi, les dents aiguës comme celles d'un chien. J'ai du chien. J'ai aussi de la toupie le teint jaune comme du buis. Mes yeux ? des morceaux de charbon neuf. »

Ceux qui ont parlé sur la tombe de Vallès ont un peu mieux parlé qu'on ne le fait à la tribune.

Le citoyen Longuet — je ne veux pas l'offenser en l'appelant monsieur — a crânement dit : « La Commune a été le premier portrait authentique, campé en pleine lumière, du Paris insurrectionnel dont nos pères ne connurent que la silhouette entrevue à la lueur des révolutions. »

Après quoi, il a dit que ce qui survivrait de Vallès ce ne sont pas ses livres, ce sont ses actions. Eh bien, le citoyen Longuet s'est trompé. La France est trop femme, trop grande dame pour se rappeler le bien ou le mal qu'on lui a fait. Elle ne se souvient que de ceux qui l'ont amusée. Voltaire lui-même serait peut-être oublié pour son Dictionnaire *philosophique,* s'il n'avait pas écrit ses admirables *contes.*

Je voudrais finir par un éloge de Félix Pyat; mais il a horreur des épithètes; je me contenterai donc de dire, pour lui comme pour Jules Vallès : *Félix Pyat sculpsit.*

III

Le jeu de Jules Grévy

1886

J'ai noté une conversation avec M. Jules Grévy, comme en d'autres temps j'avais recueilli les paroles du roi-citoyen et de Napoléon III, croyant bien pénétrer leur esprit politique. Il me semble curieux aujourd'hui de publier ma conversation de 1886.

Les empereurs, les rois, les présidens de la République, tous les chefs d'État, aiment à jouer le rôle de sphinx, soit qu'ils aient un secret pour gouverner, soit qu'ils n'en aient pas. En revanche, beaucoup de malins parmi tous ceux qui sont tombés dans la politique, ont la prétention d'être des Œdipes. Naturellement, moi, simple homme de plume, je ne suis ni sphinx ni Œdipe. J'ai pourtant, par le hasard des choses, surpris le mot d'une énigme dans une causerie avec M. Jules Grévy, quoiqu'il parle bien plus pour savoir ce que pense son partenaire que pour exprimer sa pensée.

S'il vous paraît intéressant de connaître la politique

du président de la République française, je vais vous dire ma dernière causerie avec lui.

Quand j'étais directeur du Théâtre-Français, Alfred de Musset m'entraînait quelquefois au café de la Régence, qu'on aurait dû bien plutôt appeler l'Échiquier. Je n'étais certes pas un grand joueur d'échecs, mais j'avais quelque goût pour le jeu des autres. Les autres, c'était quelquefois des personnages : en face de Musset, on voyait tour à tour Chenavard, Jules Grévy, d'Alton-Shee.

Je me rappelle que, parmi les spectateurs, on remarquait un bonhomme du Théâtre-Français, nommé Beaubillet, vrai nom de comédie. Ce bonhomme, qui était grand, grave, gris, sec, remplissait à la comédie l'emploi de porteur de billets à répétition. Voilà pourquoi il connaissait Alfred de Musset, qui arrosait cette amitié de quelques verres de cognac.

Beaubillet était admirable de tenue, de constance et d'application à côté des joueurs d'échecs. Il s'attardait souvent toute une heure devant les grands coups. On daignait le consulter, Alfred de Musset surtout, comme pour lui faire plaisir. Beaubillet hochait la tête et ne répondait pas. Un jour, impatienté jusqu'à la colère, le poëte le saisit au cou en lui criant : « Répondras-tu ? » Et Beaubillet, sans perdre rien de sa gravité, se contenta de dire : — Je ne connais pas le jeu. — Comment, coquin, tu ne connais pas le jeu et il y a deux ans que tu nous regardes jouer ! — Ma foi, je ne comprends pas, mais cela m'amuse.

Ce qui rappelait ces désœuvrés de Versailles au XVIIIe siècle, lesquels voyant à toute heure partir au galop des courriers d'ambassade, se disaient mystérieusement : « C'est la paix ou c'est la guerre », quand c'était tout simplement des complimens sur la naissance d'un prince autrichien ou sur la mort d'une princesse bavaroise.

Un jour, comme j'étais allé voir à l'Élysée mon ami le général Pittié, Jules Grévy, reconduisant un ambassadeur, entra dans le cabinet du soldat-poëte. Il m'aperçut et vint à moi comme à une ancienne connaissance. Tout en me tendant la main, il me pria d'aller causer avec lui. Je ne fis pas de façons pour cette audience sans antichambre.

Nous voilà installés tous les deux dans de bons fauteuils et devant un bon feu.

Je n'ai jamais vu le président plus vivant, dans une quiétude si souriante, toutefois avec quelques nuages sur le front, comme il convient à tout chef de gouvernement.

Quelle destinée que celle de ce palais de l'Élysée qui a abrité Napoléon Ier au temps de ses apothéoses, comme au temps de ses déchéances ! J'avais souvent causé dans ce salon sévère avec Napoléon III, qui ne permettait pas au directeur de la Comédie-Française de changer un iota aux articles du décret de Moscou.

Là aussi j'avais vu le président Grévy quand il m'accorda pour la Société des gens de lettres cette loterie, une rosée d'or, qui nous donna un million et demi. Ce jour-là, il avait été charmant : nous octroyer cette loterie et la faire passer avant celle des arts décoratifs que protégeait Gambetta, c'était un miracle.

Là aussi, en d'autres tems, j'avais évoqué les grandes figures de la poésie. On ne sait pas bien que Jules Grévy, qui a peut-être fait son poème épique à seize ans comme tous ceux qui ont quelque chose là, aimé les grand poëtes avec passion. Nul n'est plus fervent admirateur de Lamartine et de Musset. Il est émerveillé des beautés de Victor Hugo, mais il est touché de plus près par les autres qui, selon lui, sont mieux dans la tradition française. « Victor Hugo est un frère de Shakspeare, qui hante les vieux burgs du Rhin et se passionne aux légendes espagnoles ; mais il est moins grec et moins latin, sinon moins français que les autres. »

Rien n'est plus aisé à Jules Grévy que de dire cinquante vers de Lamartine et cinquante vers de Musset ; vers de *Jocelyn*, ou vers des *Nuits*, strophes des *Méditations*, ou strophes de *Namouna*. Je ne sais pas de mémoire pareille, les années sont venues sans effacer dans son imagination rien de ce qu'il a aimé.

Il voulut bien me parler de mon discours devant la statue de Lamartine. Il fut très content, quand je lui appris que la statue d'Alfred de Musset serait bientôt saluée des mêmes sympathies.

Je voulus rappeler d'autres amis du président. « Vous n'avez peut-être pas oublié, mon cher président, nos conversations dans l'ancien château du cardinal de Richelieu, à Rueil, où nous dînions chez Jules Favre et chez Victor Lalluyé ? Nous étions cinq ou six à table. C'étaient cinq ou six opinions. Tout le monde parlait bien et tout le monde avait raison, ce qui me rappelle le mot de Chamfort : « En politique tout le monde a tort et tout le monde a raison. » Seulement ceux qui tiennent le pouvoir peuvent dire comme Lafontaine : « La raison du plus fort est toujours la meilleure. » Aujourd'hui je vois avec plaisir que la raison du plus fort est la raison du plus sage. »

Après une halte de quelques minutes dans le département des Beaux-Arts, nous arrivâmes fatalement à la politique. Le président avait l'an passé un rêve qui a été réalisé. Il espérait être réélu pour le septennat, ce qui était la consécration dans l'histoire et dans son cœur des sept années qu'il avait passées au gouvernail. Car ceux qui s'imaginent que le navire va tout seul sans être dirigé, aux hasards des idées ou des fantaisies de chaque ministre, sont dans une erreur noire. Jules Grévy tient le gouvernail, ou si vous me permettez une autre image, il conduit l'orchestre et maintient l'accord entre les bons et les mauvais virtuoses. « Après tout, me disait-il, il ne faut pas juger au jour le jour la politique et ceux qui en font. C'est comme un tableau ; il faut le voir à son point, ni trop près ni trop loin. Il est impossible de faire beaucoup de bien sans faire un peu de mal. Il n'y a pas de loi qui n'ait son revers, quelque bonne qu'elle soit, par exemple la protection et le libre échange. Ce qui flatte les uns blesse les autres. Il faut toujours bien savoir où est l'opinion. Un ancien a dit qu'il ne fallait gouverner que par la main de l'opinion. Mais il arrive souvent que l'opinion n'est ni à droite ni à gauche ; il arrive aussi qu'elle n'est pas au centre ; voilà pourquoi il faut envisager les choses de haut, comme il faut entendre les cloches de loin. Je ne me suis jamais laissé assourdir par le tapage au jour le jour. J'ai mis dans ma politique beaucoup de philosophie sans y mettre jamais l'indifférence que plus d'un m'a reprochée. J'aime profondément la France en sa grandeur, en son héroïsme, en son esprit. C'est toujours et ce sera toujours la nation souveraine. Quelles que soient et d'où qu'elles viennent, les calomnies, les colères, les injures, il faudra bien reconnaître, puisque c'est de l'histoire, que j'ai voulu la présidence de la paix et de l'apaisement. Il en est qui croient que rien n'a été plus facile depuis le lendemain de la Commune. Ceux-là se trompent, car l'Europe est toujours en état de guerre. Or, tout en évitant la guerre, nous avons pu relever la tête aussi haut que les nations les plus fières. »

Nous arrivâmes au chapitre des finances de la République : « Qui a creusé le gouffre ? dit le président.

— Je sais bien, lui répondis-je, qu'il faut faire la part du feu ; mais le feu brûle toujours dans le gouffre.

— Bon gré, mal gré, poursuivit M. Grévy d'un air d'autorité, nous ferons de la bonne politique et nous ferons de bonnes finances. Les financiers en chambre disent que la situation est désespérée. Elle est toute normale, j'en trouve la preuve dans le cours de la rente. Le temps approche où nous en finirons avec les grands travaux et les aventures extra-muros. Ce jour-là, nous ne serons plus effrayés par la Dette publique parce que dans un pays aussi riche que la France, nous imiterons les républicains d'Amérique, nous ne nous contenterons pas de payer les intérêts, nous rembourserons le capital.

— Il faudra pour cela, dis-je au président, que vous fassiez votre troisième et votre quatrième septennat.

— Pourquoi pas ? répondit-il en souriant ; je n'ai point du tout envie de m'en aller, pour deux raisons, la première, c'est que le sentiment du devoir me maintiendra dans ma santé robuste et m'empêchera de sentir passer les années. La seconde, c'est que je ne vois pas bien encore quel pourrait être mon successeur à la présidence. Si je trouvais un meilleur président que moi, je lui passerais la main sans regret, parce que je le verrais continuer ma politique. On a mis en avant trois ou quatre prétendans qui peut-être eux-mêmes n'y songeaient pas. Eh bien, ce n'est pas encore à ceux-là que je passerai la main.

— Ce qui fait votre force, dis-je à M. Grévy, ce n'est pas absolument parce que vous avez la haute vue des choses de ce monde et parce que vous êtes un maître au jeu d'échecs de la politique, c'est que vous vous nommez Jules Grévy. Vous revenez des croisades, c'est-à-dire que vous êtes une des figures de cette république quelque peu idéale qui a eu son heure en 1830 et qui a eu ses grands jours en 1848. La démocratie a ses parchemins comme l'aristocratie; quand on vous a élu, on pouvait dire « Noblesse oblige ». On savait bien que vous ne trahiriez pas la république en sa quatrième apparition. »

M. Grévy fit l'éloge de M. Thiers, qui n'aurait pas lui-même trahi la république. « Mais, dit-il, c'était un esprit un peu trop méridional; sa sagesse le conduisait, mais elle prenait souvent le mors aux dents, il voulait la république modérée, sans pouvoir se modérer lui-même.

— Il avait promis une république ouverte ?

— La république n'est pas fermée, mais est-il possible de donner la clef de la maison aux monarchistes, qui n'y entreraient qu'avec un roi ou un empereur ?

— En exilant les princes, vous leur avez donné plus de force dans l'opinion qu'ils n'en avaient comme simples citoyens français. Hospitalité oblige.

— Que voulez-vous, il y a des momens de périls où

il faut jeter les meilleures marchandises à la mer pour sauver le navire. Le jour où les hommes de la droite feront le sacrifice de leurs idoles, ils gouverneront avec nous, mais s'ils persistent à vouloir renverser la République, nous ne pouvons pourtant pas leur dire en leur cédant la place : « Ne vous gênez pas, faites comme chez vous. » J'attends de toute mon âme le jour de la réconciliation. Ce jour-là les princes ne seront plus que des citoyens, mais c'est quelque chose que d'être citoyen français ! Ils disent qu'ils datent des croisades. Ne datons-nous pas de l'établissement des communes ; parchemins pour parchemins, j'aime mieux ceux signés par la Liberté, ce qui ne m'empêche pas de saluer les grands noms de l'aristocratie.

— Tout le monde se fût rallié à la République sans arrière-pensée si les ventres affamés avaient voulu ouvrir l'oreille à la bonne foi et à l'expérience des conservateurs. On eût fait la République plus forte et plus française en donnant une part du gouvernement aux anciens partis puisqu'ils représentent eux aussi le suffrage universel.

— Oui, mais si on leur donnait une part du gouvernement, ils commenceraient par jeter la maison par les fenêtres. En seriez-vous plus avancés, vous tous qui vivez de science, d'art, de poésie? Au moins aujourd'hui vous n'êtes pas comme autrefois des hommes de cour. Si la monarchie mettait toujours sur le trône des Alexandre, des César, des Henri IV, des Napoléon 1er, ce serait beau quoique dangereux ; mais êtes-vous donc bien fiers quand vous avez un roi qui chasse à Rambouillet à l'heure où l'on se bat à Paris, ou un empereur qui se rend et ne meurt pas ?

— Napoléon III était mort depuis longtemps, dis-je, quand il voulut « couronner l'édifice ». C'était l'édifice de son tombeau. Certes, je ne nie pas les fautes de la royauté et de l'empire, mais je ne puis pas encore, chanter bien haut les vertus de la République. Je reconnais qu'elle vous doit une belle chandelle parce que vous êtes encore un homme à l'heure où la République manque d'hommes. »

Jules Grévy prouva l'année suivante qu'il n'était plus un homme.

* * *

J'ai parlé en commençant de Beaubillet qui regardait jouer aux échecs sans y rien comprendre ; aujourd'hui il y a des millions de Beaubillet qui se penchent aussi sur le jeu d'échecs de nos hommes d'État qui jouent avec toute l'Europe et avec toute la France, sans se douter jamais qu'ils sont joués par la Chambre des députés et par le Sénat. Tout le monde regarde l'échiquier, mais pas un ne découvre le jeu des joueurs devant leurs marionnettes — j'ai voulu dire des pions.

LIVRE XLI

CHEZ VICTOR HUGO

1873

Les anciens invoquaient les dieux de l'Olympe avant de se mettre à l'œuvre, même pour les pages les plus fugitives. Je manquerais à toutes mes religions littéraires si je ne commençais par saluer Zeus Hugo en cheveux blancs. Il a vu tomber autour de lui les dieux et les demi-dieux romantiques, mais il dit que la mort

---

J'ai repris quelques-unes de ces pages dans mes chroniques du Figaro, du Gaulois et de l'Événement.

ne les a pas emportés dans la nuit des tombeaux. La mort est grande comme la justice; elle a ses lendemains radieux. Si elle frappe en route Alfred de Musset, Sainte-Beuve, Alfred de Vigny, Alexandre Dumas, Théophile Gautier, elle recueille pieusement leur renommée pour la confier à l'Histoire.

Hugo continue *la Légende des Siècles* dans un vol surhumain avec toute la splendeur de ses plus belles années. Et savez-vous comment il se repose de tout cela ! A trois heures de l'après-midi, il monte gaiement et prestement sur une impériale d'omnibus sans savoir où il va. Que lui importe ! pourvu qu'il respire au grand air et qu'il soit, comme il le dit : « isolé au milieu de la foule ». Car il ne veut pas qu'on le reconnaisse ; aussi, depuis longtemps, ne porte-t-il aucune décoration. Il veut être le premier venu, non par un sentiment démocratique, car il se reconnaît le premier, mais tout simplement pour que ses voisins ne le dévisagent pas. L'omnibus le conduit tantôt à l'Arc de Triomphe, tantôt à la barrière du Trône, tantôt à l'Observatoire; quelques-uns disent tantôt à Charenton. Il ne s'aperçoit qu'il est parti que lorsqu'il est arrivé, il a continué à rêver ou à rimer ses beaux vers.

Il revient par le même chemin. Quand il rentre, vêtu l'hiver comme l'été d'une simple jaquette noirâtre, il trouve ses convives qui l'attendent ; car il a toujours sept ou huit amis à dîner, des poëtes et des hommes politiques. Sa poésie est trop armée de politique, mais sa politique est toujours illuminée de poésie. On ne se met à la table qu'à huit heures comme chez M. Thiers ; ses petits-enfants, le fils et la fille de Charles Hugo, sont là avec leur mère, toute de charme et de grâce. On est.

toujours d'ailleurs en famille avec Victor Hugo, tant il met sur la table son cœur avec son esprit. Ses ennemis disent qu'il n'y met pas autre chose. N'en croyez rien ; il n'y a pas là une abondance de grands vins, mais il y a du bon vin en abondance.

La cuisinière est un cordon bleu à qui Hugo donnerait volontiers son cordon rouge, tant elle a conservé les bonnes traditions de la cuisine française.

Par exemple, je n'ai jamais pu le décider à égayer sa table par les coupes de vin de Champagne. Il en est resté à cette ancienne idée des pères de famille qui croient que le vin de Champagne est le vin des enfans prodigues. Il ne veut sur sa table que la bouteille docte et sévère : le vin qui ne rit pas, le vin de Bordeaux. Heureusement Victor Hugo n'a pas besoin de vin de Champagne pour faire sauter le bouchon de l'esprit.

*
* *

Janvier 1874

Nous dînions chez Victor Hugo. Nous étions quatre croyans et quatre athées. Je ne parle pas des femmes, qui ne sont pas assez bêtes pour ne pas croire en Dieu. Naturellement Hugo était parmi les croyans. « Croire à Dieu c'est ne croire à rien, lui dit un des athées. — Croire à Dieu c'est croire à tout, s'écria Victor Hugo. Croire à tout, c'est croire à l'infini, c'est croire à son âme. » La figure de Victor Hugo s'illumina d'une auréole. Vous savez qu'il est né quand le siècle avait deux ans. Sa tête est couronnée de cheveux blancs ; mais c'est le volcan sous la neige ; son front, c'est le mont Olympe : ses yeux brillent comme des charbons ardents ; son sourcil se hérisse comme celui d'un olympien. Le nez est fin, avec des narines palpitantes ; la bouche est gourmande et railleuse, toujours armée des dents les plus vaillantes ; le menton achève un profil dessiné selon les lois de la grammaire des arts modernes. C'est une tête très bien faite sur un corps robuste. Entendons-nous : robuste ne veut pas dire énorme. Hugo n'a pas la taille d'Encelade ni le torse d'Hercule, mais il est tout acier : aussi n'a-t-il rien du vieillard. Il a l'agilité, la souplesse, la désinvolture des belles années. Il porte vertement sa troisième ou quatrième jeunesse : « Je sens en moi, nous a-t-il dit, toute une vie nouvelle, toute une vie future ; je suis comme la forêt qu'on a plusieurs fois abattue : les jeunes pousses sont de plus en plus fortes et vivaces. Je monte, je monte, je monte vers l'infini. Tout est rayonnant sur mon front ; la terre me donne sa sève généreuse, mais le ciel m'illumine du reflet des mondes entrevus. Vous dites que l'âme n'est que l'expression des forces corporelles : pourquoi alors mon âme est-elle plus lumineuse, quand les forces corporelles vont bientôt m'abandonner ? L'hiver est sur ma tête, le printemps éternel est dans mon âme ; j'y respire à cette heure les lilas, les violettes et les roses, comme à vingt ans. Plus j'approche de l'infini et plus j'écoute autour de moi les immortelles symphonies des mondes qui m'appellent. C'est merveilleux et c'est simple. C'est un conte de fées, mais c'est une histoire. Il y a tout un demi-siècle que j'écris ma pensée en prose et en vers, histoire, philosophie, drame, roman, légende, satire, ode, chanson, j'ai tout tenté ; mais je sens que je n'ai dit que la millième partie de ce qui est en moi. Quand je me coucherai dans la tombe, je pourrai dire comme tant d'autres :

J'ai fini ma journée ! Mais je ne dirai pas : J'ai fini ma vie. Ma journée recommencera le lendemain matin. La tombe n'est pas une impasse, c'est une avenue : elle se ferme sur le crépuscule, elle se rouvre sur l'aurore. Si je ne perds pas une heure c'est parce que j'aime ce monde comme une patrie, parce que la vérité me tourmente comme elle a tourmenté Voltaire, ce Dieu humain. Mon œuvre n'est qu'un commencement, mon monument est à peine sorti de terre, je voudrais le voir monter, monter encore, monter toujours. La soif de l'infini prouve l'infini. Qu'en dites-vous, messieurs les athées ? »

Le premier athée répondit : « Vous êtes un homme merveilleux, et, grâce à votre poésie, vous me voilez la vérité. — Je ne suis pas un homme merveilleux, j'obéis à mon âme. Mon âme a sa destinée, elle obéit elle-même à des lois inconnues. — Elle obéit aux lois de la création, dit le second athée. Si la migraine vous prenait tout à l'heure, la nuit se ferait en vous, vous sentiriez que votre âme ne prend sa vie que dans votre cerveau. Par exemple, voilà qu'on sert le café : buvez-en comme moi dans cette jolie tasse japonaise, vous allumerez votre sang, vous serez encore plus poëte pendant une heure. — Ne me dites pas une pareille bêtise, ô homme d'esprit ! Je ne bois ni café ni vin de Champagne. Pourquoi donc ceux qui boivent des surexcitans ne font-ils ni mes vers ni ma prose ? — C'est que la nature ne leur a pas bien façonné le cerveau. — Ah ! je vous y prends ! s'écria Victor Hugo : Qu'est-ce que la nature ? — C'est la mère visible des forces occultes, répondit le troisième athée. — Il n'y a pas de forces occultes, il n'y a que des forces lumineuses. La force occulte, c'était le chaos ; la force lumineuse c'est Dieu. Écoutez-moi : L'homme n'est qu'un infiniment petit exemplaire de Dieu, l'édition in-32 de l'in-folio gigantesque, mais c'est le même livre. Gloire inouïe pour l'homme ! Je suis l'homme, moi, une parcelle invisible, une goutte de l'Océan, un grain de sable du rivage. Tout petit que je suis, je me sens Dieu parce que moi aussi je débrouille le chaos qui est en moi ; je fais des livres — je veux dire des rêves — qui sont des mondes. Oh ! je parle sans orgueil, car je n'ai pas plus de vanité que la fourmi qui bâtit des Babylones, pas plus de vanité que le petit des oiseaux qui chante dans l'hymne universel. Je ne suis rien. Ci-gît Victor Hugo, un abyme, un écho qui passe, un nuage qui fuit, une vague qui mord la rive ; je ne suis rien, mais laissez-moi vivre toutes mes existences futures, laissez-moi continuer mon œuvre commencée, laissez-moi gravir de siècle en siècle tous les rochers, tous les périls, toutes les amours, toutes les passions, toutes les angoisses. Qui vous dit qu'un jour, après mille et mille ascensions, je n'aurai pas, comme tous les hommes de bonne volonté, conquis une place de ministre au suprême conseil de cet adorable tyran qu'on appelle Dieu ! »

Le quatrième athée fut sur le point de revenir à cet adorable tyran, mais il n'osa pas en face des trois autres.

Victor Hugo, qui disait tout cela dans sa langue ardente et colorée, y laissait percer un peu de raillerie au coin des lèvres. Mais la foi en Dieu débordait de son âme.

A ce dîner, où il a été éblouissant, Victor Hugo n'a pas convaincu les athées, mais il les a charmés, mais il leur a prouvé leur néant en face de son génie. Et qu'est-ce que le génie humain, si ce n'est une réverbération divine ?

En revenant chez moi, vers minuit, à l'heure où les millions d'étoiles chantent là-haut les poèmes de l'harmonie et de la lumière, je me posais, quoique je fusse un des quatre croyans du dîner, l'éternel point d'interrogation de l'immortalité de l'âme.

Une fois encore j'essayai de donner tort à mon cœur. C'est avec toutes les forces de mon âme que je voulais me prouver que mon âme n'existait pas.

Le croyant a ses quarts d'heure de doute, l'athée a ses heures d'effroi. « Si Dieu n'existait pas ! dit le croyant. — S'il y avait un Dieu ! dit l'athée. » C'est que Dieu a voulu être présent et absent pour que ceux qui le nient le voient, pour que ceux qui l'aiment le cherchent.

Il y a donc dans chaque homme un croyant et un athée.

MADEMOISELLE JULIETTE

* * *

Novembre 1875

Nous voici tous à cette table hospitalière que domine Victor Hugo assis au bout, en face de la porte d'entrée. On s'évertue à avoir de l'esprit. C'est toujours Mme Drouet qui dit le mot le plus fin et qui conte l'histoire la plus gaie. Elle a tout vu, ou elle a tout deviné.

Elle nous conte, avec une grâce charmante, comment Bobêche la détournait, à dix ans, d'une piété évangélique.

Elle demeurait chez une tante, rue Saint-Louis; c'était dans les vacances, elle sortait d'un couvent de Bretagne pour entrer dans un couvent de Paris, mais je la laisse parler :

« J'étais chez une tante, très dévote, qui voulait que tout le monde fît son salut : maison sévère hantée par les prêtres et les religieuses. On m'envoyait tous les samedis à confesse, quoique je n'eusse pas encore communié. J'étais fort en peine de me trouver des péchés. J'en inventais pour être au diapason ; mais je ne voulais pas avoir l'air d'une provinciale en répétant toujours la même chose, si bien qu'un jour, je dis à mon confesseur : « Mon père, je m'accuse d'avoir été adultère. — Adultère, mon enfant, vous ne savez ce que vous dites. » — Je ne voulais pas me démentir. — « Je vous jure, mon père, que j'ai été adultère. »

Le confesseur se mit à rire : « Combien de fois, mon enfant ? — Trois fois, mon père. — Eh bien, vous direz trois *Pater* et trois *Ave* pour ne plus retomber dans ce péché-là. »

« Je retournai encore une fois à confesse, il me parut que le confesseur se moquait de moi, car il riait toujours de tous les beaux péchés de mon imagination. Le samedi suivant, au lieu d'aller à l'église Saint-Louis, j'allai sur le boulevard du Temple où Bobêche me parut si drôle que j'y retournais le lendemain, puis le surlendemain, toujours sous prétexte de confession, c'est-à-dire pour avoir des péchés à confesser. Mais voilà qu'un jour je reconnais tout près de moi mon confesseur, qui riait à gorge déployée ; sa dignité ne lui permettant pas de s'arrêter longtemps, il s'en alla sans me voir. Au même instant, ma tante arrive et me prédit toutes les foudres de l'Église : « Mais, ma tante, mon confesseur aussi vient à Bobêche : il était là tout à l'heure. »

. . . .

* *
*

Ce que Mme Drouet conterait si bien et ce qu'elle ne conte jamais, c'est son roman avec Victor Hugo.

Combien de pages de passion ! Combien de brisemens ! Combien de désespérances ! mais on se retrouvait toujours à travers tous les obstacles, parce que la main fatale de la destinée avait enchaîné ces deux existences tour à tour par le cœur et par l'esprit, par les aspirations de l'âme et par les violences des joies terrestres. Qui fera ce roman ? Je l'ai vu page à page, mais à quoi bon rouvrir un livre que la mort a fermé. Écrivons-le donc en une seule ligne.

Ils se sont aimés ! Ce qui n'a pas empêché Victor Hugo d'aimer sa femme et de courir d'autres aventures. Il y a des hommes qu'il est impossible de contenir dans les lois de la société et de la famille, parce qu'ils renferment plusieurs hommes.

Mme Drouet n'a guère couru d'autres aventures, sinon les Cent jours de Karr. Elle aimait sa chaîne d'or — non pas d'argent — avec Hugo, quelque dure qu'elle fût à certaines heures. Elle disait comme la vieille chanson : « J'aime mon mal, j'en veux mourir. » Il faut bien avouer qu'elle avait commencé par tenter le démon quand elle était la belle Juliette Drouet et qu'elle jouait des rôles effacés dans les drames du boulevard. Son premier amour ce fut Fontan, un auteur dramatique qui faisait le beau dans les coulisses. Juliette, en ses heures de réception, le cachait dans une armoire à robes, jusqu'au jour où elle le mit à la porte parce qu'il n'était pas sage. On a mille fois conté comment il perdit Juliette. Le préfet de la Seine arrive, elle précipite Fontan dans l'armoire à robes ; mais le préfet s'attarde si longtemps que Fontan crie d'une voix de tonnerre : « Juliette, passe-moi du feu pour allumer ma pipe. »

Dès que la jeune comédienne fut avec Victor Hugo,

elle ne rouvrit plus l'armoire à robes. Le poëte lui refit une virginité. Adieu les belles volageries de vingt ans ! Elle montra toute la vertu d'une femme romaine. Plus d'une fois, je l'ai vue attachée au bras de Victor Hugo, après minuit, qui la promenait au clair de la lune, de la porte Saint-Martin à la place Royale. On s'apitoya sur Mme Victor Hugo. Les trop malins de l'opinion publique dirent à mi-voix qu'elle se vengeait avec un ami de Victor Hugo. Vengeance toute platonique ! Elle espérait ainsi par la jalousie ramener l'infidèle, mais c'en était fait, Victor Hugo avait deux femmes : il eut l'art de les conserver jusqu'à la fin.

Sainte-Beuve reconnut son tort d'avoir publié *le Livre d'amour*, qui fit tant de bruit en ce temps-là. Il en eut un vif regret ; j'en puis donner pour preuve cette lettre, qu'il m'écrivait en 1846 :

« Voilà, mon cher poëte, une nouvelle édition de
« mes poésies : c'est bien assez de vers comme cela.

« Je vous rappelle instamment ce que vous m'avez
« promis de faire pour « les autres poésies » ; tâchez à
« tout prix de les avoir entre les mains. Tout ce que
« vous croirez devoir faire sera bien fait, vrai service
« dont je vous resterai profondément reconnaissant.

« SAINTE-BEUVE. »

Minuit, 4 novembre 1881.

Ce soir Victor Hugo a chanté un hymne radieux à l'idéal. C'était chez lui, au dessert. Convives : un ministre, le ministre des postes et des télégraphes ; un savant, Berthelot ; un Athénien de Paris, Henry Houssaye ; un représentant du peuple, Lockroy ; un autre, Louis Blanc ; un philosophe optimiste, Renan ; un directeur de journal, Jourde ; un homme d'esprit dont je ne sais pas le nom. Il y a tant d'hommes d'esprit. J'allais oublier les femmes et les enfans, par exemple, Mme Lockroy, son fils et sa fille, les beaux enfans de Charles Hugo.

Il est dix heures. On s'est mis à table à huit heures. Lockroy, selon son habitude, n'est venu en retard que d'une heure ; aussi Victor Hugo, qui l'aime comme un fils, l'a fortement félicité. A peine étions-nous dans le salon, qu'on annonça M. Henri de Lacretelle, un peu moins jeune que son père, surnommé Lacretelle jeune. Prenons garde, dit Mme Drouet, il est si grand qu'il va faire voler en éclats le lustre vénitien. — N'ayez peur, dit ce grand diable à Mme Drouet, avec un malin sourire, je sais m'incliner devant tous les lustres et devant toutes les illustrations. »

Et il salua Mme Drouet.

On a reparlé de son père avec force complimens ; on n'a pas oublié son vers fameux aux jeunes romantiques éplorés :

« Donnez-moi vos vingt ans si vous n'en faites rien. »

Mme Drouet, qui voulait rire ce soir-là, demanda à Henri de Lacretelle, de raconter la première visite de son père à Mme de Staël. Il ne fit pas de façons.

« C'était au château de Coppet. Mon père passait par là. Il n'était pas encore Lacretelle jeune, il était à peine né à la jeunesse — 17 ou 18 ans. Quoique timide comme une rosière, il se risqua à faire une visite à Mme de Staël, elle daigna lui envoyer une lettre d'audience, car elle était là-bas ministre des idées.

C'était le matin, à l'heure du petit lever de la déesse; il arrive tremblant comme les feuilles du parc; un grand coquin de laquais l'annonce d'une voix de stentor; il marche tout défaillant, il franchit le seuil de la chambre à coucher, il s'avance tout ébloui.

Voyez bien le tableau. Mme de Staël est en train de changer de chemise, une fille de chambre attend respectueusement, la chemise de jour à la main, que la chemise de nuit soit tombée aux pieds de la baronne. Or, cette chemise tombe au moment même où le futur historien regarde devant lui.

Il est effaré du spectacle et demande en rougissant : « Est-ce à Monsieur ou à Madame la baronne de Staël que j'ai l'honneur de parler ? — Vous le voyez bien, dit Mme de Staël. »

M. de Lacretelle jeune contait cela en homme qui croit encore y être. Il n'y avait pas de quoi, car la baronne était si peu une femme, même quand elle changeait de chemise !

---

26 février 1884

Victor Hugo dira comme Fontenelle, qui a vécu cent ans : « Combien qui ont préparé mon oraison et qui sont partis avant moi ! »

L'Olympe de Victor Hugo est situé dans l'avenue

Victor-Hugo; aussi je lui écris toujours avec cette suscription :

> A VICTOR HUGO
>
> En son Avenue

Il n'y a pas beaucoup d'hommes à qui on pourrait écrire ainsi. Victor Hugo habite un petit hôtel qui ne se recommande que par l'ameublement et le jardin, un jardin à perte de vue, un vert promenoir où jaillit une fontaine illusoire, mais où de beaux arbres secouent leurs branches harmonieuses. L'ameublement a du style, étoffé par la richesse des tentures, les caprices du japonisme et la splendeur du siècle de Louis XIV. Ce n'est d'ailleurs qu'un vague souvenir de Hauteville House.

Ce petit hôtel de l'avenue Victor-Hugo n'appartient pas au poëte. Il a été bâti par la princesse de Lusignan comme on bâtissait il y a cent ans les petites maisons de ces messieurs et de ces dames. Il vaut bien cent mille francs. Victor Hugo, dans son horreur des déménagemens, lui qui a été obligé de déménager outre-Manche, a songé à l'acheter à la princesse, mais elle lui en a demandé sept cent cinquante mille francs. « Sept cent cinquante mille francs! s'écrie Victor Hugo. — C'est pour rien », reprend la princesse. Le poète regarde fixement sa propriétaire! « C'est pour rien! — Songez donc, ô grand poëte, que ce petit hôtel a eu l'incomparable honneur d'être habité par Victor Hugo. »

Hugo sourit : « Eh bien! moi, madame, je ne suis pas assez riche pour acheter une maison qui a été habitée par Victor Hugo. »

Et là-dessus, le poëte des *Feuilles d'automne* a acheté dans son voisinage, toujours dans son avenue, un petit parc de quatre à cinq mille mètres. C'est là que nous verrons enfin Victor Hugo chez lui. Les architectes sont à l'œuvre. Ainsi vont s'élever deux monuments dignes de son génie : le palais de marbre et de pierre pour l'homme, sa famille, ses amis; le palais de bronze pour ses œuvres immortelles : l'*Édition nationale*. Ce sera le couronnement de l'édifice.

Le parc acheté par Victor Hugo pour y bâtir est tout peuplé de beaux arbres. On ne lui appliquera donc pas le second hémistiche du vers de La Fontaine :

> Passe encor de bâtir, mais planter à cet âge!

Après tout, il n'a guère que quatre fois vingt ans. M. Chevreul l'attendra sur le seuil du vingtième siècle. Ce sera beau, ce spectacle : La Poésie et la Science du dix-neuvième siècle ainsi représentées.

Victor Hugo, non plus que Chevreul, n'a désemparé. Il n'a pas perdu un cheveu dans les batailles de la pensée. Il se tient ferme et droit, bravant les saisons de l'année comme les saisons de la vie.

* * *

1884

Une des amies les plus enthousiastes de Victor Hugo, c'est Mme Tola Dorian, qui est un peu de la famille d'Apollon : Elle conduirait vaillamment les chevaux du soleil et elle fait des vers dans le haut style de Victor Hugo. C'est là une des plus franches physionomies du Paris de 1884 : toujours originale, toujours imprévue, toujours charmante ; rien ne l'effraye : si ses chevaux s'emportent, elle rit. Hugo lui-même est téméraire en se confiant à cette trop vaillante sportwoman. Un jour qu'elle le conduisait, les chevaux, plus fiers et plus gais que de coutume, se mettent à danser une sarabande infernale ; mais elle les maîtrise, sans toutefois empêcher le plus diable à quatre d'aller se casser les dents contre un réverbère de la porte Saint-Martin. Elle ramène Victor Hugo, qui n'a pas sourcillé et qui a dit : « C'est ici il y a cinquante ans que fut jouée *Lucrèce Borgia.* » Après quoi, du même train, elle va droit chez un dentiste et veut à toute force réparer le désastre des dents. Elle commande un râtelier pour son pauvre édenté afin qu'il puisse encore manger au râtelier !

Les promenades de Victor Hugo avec sa très gracieuse sportwoman ne l'empêchent pas de courir encore Paris par les tramways ; naturellement celui qui montait autrefois sur l'impériale des diligences, monte aujourd'hui sur l'impériale des tramways. Il ne se demande jamais où il va, il aime Paris dans ses vingt arrondissements, le Paris ancien mieux que le Paris moderne, le Paris pauvre mieux que le Paris riche. Il veut garder l'anonyme, mais presque toujours son voisin, charmé de la rencontre, le salue ; quel que soit le voisin, le poëte lui donne la main tout fraternellement.

Victor Hugo n'a peur de rien. Hier la neige blanchissait Paris, Mme Dorian est venue le prendre dans son phaéton pour lui faire faire le tour du Bois ; il est monté lestement à côté d'elle avant qu'elle eût le temps de lui faire signe. Il avait une simple redingote, comme un jeune homme qui va à une messe de mariage. « Et votre pardessus, lui dit Mme Dorian. — Mon pardessus ! je n'en ai pas, je n'en ai jamais eu, vous savez bien que tel je suis l'été, tel je suis l'hiver. Mon pardessus, c'est ma jeunesse. »

* * *

Victor Hugo se lève quand il plaît au réveil. Il lit les journaux, à commencer par le *Rappel*. C'est son journal, parce que Vacquerie est son prophète, mais il aime tous les journaux : ce sont les oiseaux de la vérité qui vont chanter à travers le monde. Quoique tout en lui, Victor Hugo aime les autres. Comme il se sent toujours jeune, les nouveaux venus sont de la famille, aussi il les accueille comme le frère aîné de toutes les générations.

Il ne craint rien pour sa royauté. Il sait ce que deviennent presque toutes les promesses littéraires. C'est le flux stérile des vagues. On ne détrône pas les rois de la pensée, même dans les révolutions littéraires.

Ce Jupiter est un Vulcain par le travail. Il déjeune gaiement, dents de loup, estomac de lion. Çà et là il sort pour aller au Sénat, une fois par semaine ; à l'Académie pour l'élection d'un immortel trois fois par an. Il proteste souvent en donnant sa voix à Banville, à Leconte de Lisle, ou à moi contre des noms que le public ne connaît guère et que lui ne connaît pas du tout.

Quand il reste en son cabinet, c'est toujours le cabinet de travail. S'il se laisse faire, la poésie tombe encore à larges flots de sa plume vaillante, mais il s'arrête en se demandant s'il n'a pas tout dit, car il n'aime pas à se paraphraser lui-même. Son cabinet c'est tout un monde, le monde de l'esprit. On s'y heurte à mille choses et à mille idées ; c'est le chaos, mais c'est la lumière, du moins pour Victor Hugo. Là est son trésor.

Qu'est-ce que son trésor ? Je ne veux pas parler de ses titres au porteur, mais de ses titres de gloire ; aussi ses titres au porteur il ne sait pas bien où ils sont, mais ses titres de gloire il les a enfermés dans une armoire de fer scellée dans le mur de sa chambre à coucher, près de son fameux lit à colonnes torses qui rappelle son intérieur quelque peu gothique de la place Royale.

Dans cette armoire de fer on retrouvera tous les manuscrits autographes, du premier au dernier, que par son testament — son testament ! un autre manuscrit qui fera du bruit un jour — il a légués à la Bibliothèque nationale. N'est-ce pas là toute une fortune ? Le maître qui a une charmante aumônière dans la maîtresse de la maison, a un archiviste doublé d'un bibliothécaire : Richard Lesclide, qui serait le Quasimodo de cette petite Notre-Dame de Paris, s'il n'était un grand gaillard robuste, gai et malin.

* * *   Avril 1885

Il est sept heures et demie, il pleut à verse, les convives arrivent peu à peu, quelques jeunes dames causent avec Mme Lockroy, quelques jeunes gens avec Victor Hugo. Un air de fête est répandu dans le salon. Par les portières, on entrevoit les faïences et les cristaux de la salle à manger : Un appel aux armes. Entrée de Schœlcher : « Si Dieu existait, est-ce qu'il permettrait que je fusse ainsi mouillé, » dit-il en secouant les perles de son habit. Victor Hugo lui répond : « Si Dieu n'existait pas, est-ce que vous trouveriez un si beau feu ? »

Le feu console tout le monde, même Schœlcher, dans son athéisme attique.

Entrée de Henri de Lacretelle. Pour aller plus vite saluer Victor Hugo, cette fois il se cogne au lustre.

« Voilà ce que c'est que d'être grand, dit une dame qui aime les complimens.

— Je ne suis pas grand, je suis haut », dit le fils de Lacretelle jeune, qui mourut un des quarante et qui fut Lacretelle jeune jusqu'à quatre-vingt-cinq ans.

« Dites-moi, monsieur de Lacretelle, quand par une belle nuit vous rencontrez la lune elle n'a qu'à bien se tenir ?

— Oh ! oui ! dit Lacretelle en souriant, mais quand je passe sous la lune, je retire mon chapeau. »

On vient avertir que Victor Hugo est servi. Il se lève, il prend la main d'une dame, il y pose ses lèvres, il la met sur son bras et passe en avant avec la prestesse et la grâce de la jeunesse. Il y a toujours douze convives. Il est vrai que déjà le maître de la maison, Lockroy et Mme Lockroy, Georges et Jeanne Hugo prennent presque la moitié de la table. Victor Hugo se place à un des bouts, disant qu'il veut laisser à ses amis toutes les places d'honneur. La vérité c'est que la place radieuse, c'est la sienne et il tient bien sa place par sa grâce exquise de vieux gentilhomme comme par son appétit de montagnard. Il madrigalise avec ses voisines tout en jetant çà et là aux autres convives un mot de caractère.

Le plus souvent, c'est le vendredi que je suis de la table avec Schœlcher, Catulle Mendès, un député ou un sénateur, par exemple Spuller, tout à la fois député et sénateur, M. et Mme Lockroy, M. et Mme Henry Houssaye, le jeune Georges Hugo qui sait déjà tout et qui dessine comme son grand-père, Mlle Jeanne Hugo, car c'est aujourd'hui une demoiselle. J'allais oublier le bibliothécaire-archiviste, qui, bien naturellement, après avoir dépouillé la fabuleuse correspondance, déguste les mets et les vins de cette table si hospitalière. Cet homme d'esprit est indispensable à Victor Hugo par ses fonctions d'archiviste-bibliothécaire. En effet, quand Victor Hugo lui demande un livre ou un manuscrit, c'est toujours Victor Hugo qui le trouve. On peut dire qu'on dîne entre amis, tant la cordialité court sur la nappe. Il y a pourtant là des combats d'opinions, mais on se combat à armes courtoises. Au fond, il n'y a qu'une opinion : la bonté.

Hélas! combien de convives qui ne reparaissent pas à cette table où je me suis assis bien jeune pour la première fois. Les absents n'ont pas tort quand ils sont évoqués dans la causerie. Deux femmes, deux fils et deux filles! Combien de jeunesses fauchées au cœur de celui qui vivra cent ans! Et les amis? Combien d'ombres flottantes qui apportent encore au maître le souvenir d'une amitié héroïque. Saint-Victor, le dernier parti, inspirait vendredi dernier toute une apothéose à celui qu'il a si éloquemment glorifié en se glorifiant lui-même.

**

Victor Hugo ne doute pas qu'il retrouvera ses amis dans les mondes futurs.

Le grand poëte est convaincu qu'il a toujours existé

depuis les temps antédiluviens où le Créateur l'a mis au monde. Il croit qu'il existera toujours, tant il sent en son âme des milliers d'hymnes, de drames et de poëmes qu'il n'a pas encore imprimés. Quand les athées lui disent : « La preuve que vous n'existerez pas demain, c'est que vous n'existiez pas hier. Vous avez beau chercher dans le passé, vous ne vous retrouvez pas. » Victor Hugo répond : « Qui vous dit que je ne me retrouve pas dans les siècles ? Vous direz que c'est la Légende des siècles. Shakespeare a écrit : « La vie est un conte de fée qu'on écrit pour la seconde fois. » Il aurait pu écrire pour la millième fois. Il n'y a point de siècle où je ne voie passer mon ombre. Vous ne croyez pas aux personnalités survivantes, sous prétexte que vous ne vous rappelez rien de vos existences antérieures, mais comment le souvenir des siècles évanouis resterait-il imprimé en vous, quand vous ne vous souvenez pas des mille et une scènes de votre vie présente ? Depuis 1802, il y a eu en moi dix Victor Hugo ; croyez-vous donc que je me rappelle toutes leurs actions et toutes leurs pensées ? La tombe est noire ! Quand j'aurai traversé la tombe pour retrouver une autre lumière, tous ces Victor Hugo me seront quelque peu étrangers, mais ce sera toujours la même âme. »

Victor Hugo est un génie superhistorique ; aussi a-t-il le caractère de toutes les époques. Il est impossible de le cloîtrer dans une période ; il se croit de son temps, mais son temps n'a pas de limites. Voilà pourquoi, vers 1902, on fera son oraison funèbre en une ligne : *Homère, Eschyle, Dante, Shakespeare, Molière, Hugo*.

M. Viennet, né malin, demanda un jour à Victor Hugo quel était le plus grand poète de son temps ; mais

Victor Hugo, né deux fois malin, répondit : « Le second, c'est Alfred de Musset. »

Ce soir-là on compara tous les poëtes à des arbres.

Le chêne est le roi des arbres. Seul entre tous, il naît à fleur de terre semé par le corbeau qui obéit aux lois de la création. Il prend racine en pleine lumière. Quelle vertu de vie ! Le sable lui est bon comme l'humus. Mais, comment va-t-il pousser au milieu de la forêt, sous les mille branchages qui s'étouffent entre eux ? Sans respecter cet ombrage temporaire qui l'a mis à l'abri des orages et des bourrasques, il prend bientôt tout le suc de la terre, il hume l'air vif, il étend ses bras vigoureux, il étouffe les arbustes, il attaque les grands arbres jusque dans leur majesté ! Tous les vieux arbres vont tomber autour de lui. Et cela durera un siècle, avant que le bûcheron vienne le frapper de sa hache sacrilège. Jusqu'au dernier jour, il a gardé sa tête chenue et victorieuse. Les feuilles vertes d'un dessin si ferme et si architectural se sont changées en feuilles de pourpre et d'or, refuge encore aimé des oiseaux chanteurs.

Le chêne, c'est Victor Hugo.

Avril 1885.

Victor Hugo ne veut dîner que chez lui, il refuse toutes les invitations. « J'aime mieux, me dit-il, boire dans le beau verre de bohême que vous m'avez donné et qui me rappelle celui de la Place-Royale, que dans toute la verrerie à la mode. » Il m'a pourtant promis de venir dîner chez moi avec ses fervens admirateurs, l'ambassadeur d'Espagne et l'ancien ambassadeur d'Italie. Déjà hier, il est venu au Lion d'Or fêter avec les membres du Comité des gens de letres ma nomination à la

Présidence. Comme il était silencieux en face de moi, on le croyait somnolent; on se trompait fort. L'éloquence médite silencieusement. Il ne savait pas que j'allais lui porter un toast, mais il se recueillait pour m'en porter un. Je pris le premier la parole et je tentai de lui parler de lui dans son style. J'entendais dire autour de moi : « Hugo n'entend pas un mot de ce qui dit Houssaye », mais à peine eus-je fini de parler que Victor Hugo se leva radieusement inspiré ; ce fut un dieu qui parla ; il m'avait si bien écouté qu'il répondit à toutes les strophes de ma prose hugolâtre.

Nous nous embrassâmes. J'avais dit un sonnet à sa gloire, je fus confondu de sa prodigieuse mémoire, toujours persistante, quand il me répéta ces six derniers vers du sonnet :

C'est là notre grandeur et notre destinée,
De donner des enfans au vieil esprit humain !
A ce noble métier nul ne perd sa journée.

Si l'idée est proscrite, elle a son lendemain :
Que t'importe, ô ! chercheur des sphères inconnues ?
Le chasseur n'atteint pas les aigles dans les nues !

Jusqu'à sa dernière heure, Hugo est resté le vaillant Hugo.

A ce banquet Victor Hugo était tout ravi en écoutant l'ambassadeur d'Espagne qui parlait beaucoup mieux français que la plupart des gens de lettres français qui étaient du banquet. Il l'invita à dîner pour le lendemain, pour tous les jours de la semaine, hormis le vendredi, où Silvela devait dîner chez moi. Je priai donc Hugo de venir dîner le vendredi. Ce jour-là j'envoyai chez lui, pour lui rappeler mon invitation, une jeune dame de mes amies qui ne se fit pas prier, tant elle avait le désir de voir Hugo chez lui ! Mais cela n'était pas si facile, car le grand poëte était quelque peu emprisonné en son premier étage, tant on avait peur de lui faire perdre une de ses dernières heures. Mais la dame est de celles qui ne connaissent pas de portes fermées. Elle parla haut, tout en prononçant le nom de l'ambassadeur et le mien. Hugo entendit, quoiqu'il fût tout au haut de son petit escalier. Il descendit quelques marches pour venir au-devant de la messagère. Elle monta quatre à quatre. Quand on fut sur le palier, Hugo, voyant que la dame était jolie, ne se contenta pas de lui baiser la main. Il la prit dans ses bras et l'emporta dans sa chambre. Peu de sièges dans cette chambre. Aussi le maître porta lestement l'ambassadrice sur son canapé, en lui disant : « Vous serez mieux là. » Il paraît qu'il devait s'y trouver mieux lui-même, puisqu'il prit place à côté de la dame, la retenant avec énergie. Je ne dirai pas que la conversation fut criminelle, mais elle fut très éloquente. Aussi Hugo laissa-t-il à cette dame un souvenir inoubliable.

Quelques jours après une autre dame me vint voir, tout éplorée dans sa beauté pâlie, mais bien touchante. Elle m'apprit que Victor Hugo était mourant. « Hélas, dit-elle, tous mes rêves tombent avec lui. »

Je savais que la dame avait pour Victor Hugo une amitié fortement teintée d'amour. Elle le trouvait beau sous ses cheveux blancs ; il lui dépoétisait tous les hommes de son entourage.

J'étais curieux de savoir si elle avait franchi le Rubicon avec le poëte.

. Quand une femme pleure, elle dit la vérité. « Que

sais-je, me répondit-elle ; ç'a été pour moi, sinon pour lui un amour sacré. J'ai toujours espéré avoir des enfans. Dieu m'en a refusé ; mais je voulais forcer Dieu, dans l'enivrement de mon idolâtrie, à me donner un fils de Victor Hugo. »

23 mai 1885

Samedi matin, quand j'ai pénétré dans la chambre à coucher de Victor Hugo, conduit par son petit-fils Georges, pour le dernier adieu, j'ai vu à travers mes larmes quatre Victor Hugo, celui que la mort avait couché sur son lit funéraire, celui que peignait Bonnat, celui que sculptait Dalou, enfin le Victor Hugo que dessinait Glaize. Le plus beau, c'était encore le poëte que la mort avait touché. La mort est un grand sculpteur et un grand peintre, puisqu'elle donne à ceux qu'elle frappe la suprême expression. Victor Hugo avait pris pour l'éternel sommeil je ne sais quoi de fier, de triomphant, de radieux. C'est qu'il était éclairé par le reflet de son âme victorieuse. Ceux qui ne croient pas à l'âme n'ont jamais vu mourir un homme de génie.

Quel regret de ne plus voir cette figure si souvent illuminée d'une auréole. Ses peintres ordinaires, tout en donnant le caractère dans la ressemblance, n'ont pas rendu le rayonnement de cette noble tête couronnée tour à tour de cheveux blonds ou de cheveux blancs. Ils n'ont pas montré le volcan sous la neige, le feu de la pensée par la contraction des sourcils ; ils n'ont pas pénétré les vagues profondes des yeux ; ils n'ont pu indiquer le battement des narines. Ils ne l'ont pas vu rieur, armé toujours des dents les plus vaillantes. Qui nous rappellera cette tête ferme, noble, charmante, sur un corps d'acier !

Aussi n'a-t-il jamais eu rien du vieillard. Il gardait l'agilité, la souplesse, la désinvolture des belles années. Il a porté vertement jusqu'à la fin sa troisième jeunesse.

Victor Hugo a toujours été de son temps, ne niant pas les miracles de la création. Chaque pas que fait l'humanité est un pas vers Dieu. Et plus la science nous prouve Dieu, même quand elle le nie, plus nous reconnaissons que l'homme porte la marque divine. Non seulement le monde où nous vivons a été fait pour l'homme, mais tous les mondes où nous aspirons. Les découvertes du dix-neuvième siècle ont démontré que les planètes les plus voisines étaient des sœurs de la terre. Tous les mondes entrevus sont de la même famille, œuvres de Dieu, créés pour des hommes plus ou moins nos semblables, avec toutes les variations imposées par les diverses atmosphères, mais avec une âme voyante parce que Dieu, qui est toute lumière, n'a pas voulu faire la nuit sur ses créatures. Et il a consolé par la fortune du cœur ceux qui n'étaient pas à la distribution des lumières. Victor Hugo était à la distribution des lumières, mais il avait la fortune du cœur.

. . . .

L'archevêque de Paris ne vint pas voir Victor Hugo pour lui donner les consolations de la mort, puisque Victor Hugo les avait déjà trouvées dans toutes ses ascensions. Il savait que ce grand esprit avait navigué vers les rives inconnues, criant *Ciel!* comme le matelot crie : Terre ! Pour la plupart, l'extrême-onction est le suprême coup de l'étrier, pour quelques-uns, ceux-là qui, déjà par le génie, se sont élevés jusqu'à Dieu, le miracle de la révélation n'est plus qu'un symbole.

L'archevêque de Paris voulait réconcilier l'Église chrétienne avec le déisme de Victor Hugo sans l'obliger au billet de confession. Ne voyant pas la porte s'ouvrir devant ses prières, peut-être a-t-il dit : « Bienheureux les pauvres d'esprit ! » Mais Victor Hugo allant à Dieu les mains pleines de chefs-d'œuvre et de bonnes œuvres, dira qu'il a pris le chemin le plus court.

Selon l'archevêque de Paris : « Victor Hugo voulait bien aller à Dieu, mais il ne voulait pas que Dieu allât chez lui. »

Et maintenant, Seigneur, expliquons-nous tous deux.

Eh bien, l'explication a dû être d'autant plus éloquente que Dieu n'a eu qu'à ouvrir ses bras à un de ses plus glorieux enfans.

Si quelqu'un avait le droit de passer à côté des pieuses cérémonies, c'était bien cet homme merveilleux que tout le monde appelait le Maître et le Père. S'il lui eût pris la fantaisie de créer une religion, les apôtres ne lui eussent pas manqué. Son œuvre n'est-elle pas un temple immortel qui aura toujours ses fidèles ?

Je jette ces lignes au cours de la pensée, comme on répand des larmes, sans avoir médité. C'est un des grands chagrins de ma vie de voir couché dans le tombeau, l'ami de tout un demi-siècle. C'est que chez lui le cœur fut à la hauteur de l'esprit. Il y avait du Dieu en Victor Hugo. Hésiode a dit : « Les hommes sont des dieux mortels. » Pourquoi mortels ? Rien ne pourra ensevelir le nom de Victor Hugo. Il sera plus radieux au vingtième siècle qu'au dix-neuvième siècle, car on vivra plus encore sous la lumière de sa poésie.

Je trouve tout naturel que Homère, Socrate, Virgile, Voltaire, Hugo, s'en aillent dans l'autre monde sans traverser le cérémonial des temples et des églises. Si on arrive à Dieu les mains pleines de ses œuvres, on a pratiqué le sentiment du beau et du bien; Dieu n'en veut pas plus.

Je trouve tout naturel aussi que l'homme qui s'en va passe par l'église où a prié sa mère, même s'il n'a qu'un médiocre souci des psaumes de la pénitence. L'Église est la maison familiale où les ancêtres ont prié.

L'Église est donc le salon de la mort.

On peut passer à côté, sans enfreindre les lois de la sagesse, mais on peut s'y arrêter aussi pour faire comme tout le monde et pour y donner rendez-vous à ses amis.

Le cimetière est un autre rendez-vous, mais on y est fort mal pour y saluer le cercueil. Il faut donc l'Église où l'Arc de Triomphe. Mais qui donc ose songer à l'Arc de Triomphe.

M. Thiers, qui certes croyait moins à Dieu ou aux dieux que Victor Hugo, voulait qu'on passât par l'Église. Il a passé par Notre-Dame de Paris, simple politesse à la religion comme à ses amis.

Ne regrette-t-on pas pourtant que le poète de *Notre-Dame de Paris* n'ait pas voulu que son cercueil passât par ce chef d'œuvre de pierres parlantes qui lui a inspiré un chef-d'œuvre. Pourquoi trop jouer au philosophe puisque la poésie domine la philosophie de tout son rayonnement. En 1871, je rencontrai Victor Hugo sur le parvis de Notre-Dame. « Dans les révolutions, lui dis-je, il est bon d'entrer là et d'invoquer ce sublime révolutionnaire qui s'appelle Jésus-Christ. — Non, me répondit-il, tout en révolte contre la religion, les églises sont les bastilles de la pensée. Si j'étais au pouvoir, je les mettrais toutes à l'encan au plus offrant et dernier enchérisseur. — Eh bien ! mon cher Hugo, vous seriez bien avancé, car le plus offrant et dernier enchérisseur serait M. de Rothschild qui en ferait une synagogue, autre bastille, autre tyrannie, direz-vous. »

1ᵉʳ juin 1885

Il n'y a jamais eu, même dans les beaux temps de l'Antiquité, d'aussi merveilleuses funérailles que celles de Victor Hugo.

Je dois dire pourtant que celles de Napoléon ont semblé plus solennelles quand le prince de Joinville ramena ses cendres de Sainte-Hélène. C'est que ce jour-là toute l'armée de terre et de mer éclatait au soleil sous ses casques, ses armures et ses drapeaux.

Napoléon le Grand et son poëte le grand Victor Hugo ont passé tous les deux sous l'Arc de Triomphe ; le premier est aux Invalides, ce Panthéon de la gloire guerrière ; le second est allé tout droit au Panthéon. Lui aussi avait eu son exil et sa Sainte-Hélène.

Tout le monde était à ces funérailles de Victor Hugo. Une bronchite aiguë m'a retenu chez moi. Et pourtant je devais parler, comme le plus ancien ami et comme ancien président de la Société des gens de lettres, que Victor Hugo avait présidée lui-même.

Heureusement j'ai un balcon sur les Champs-Élysées, un balcon d'un beau travail qui est remarqué des promeneurs parce qu'il est au premier étage. J'avais appelé autour de moi pour ce spectacle grandiose : la veuve d'Alexandre II, son fils, le prince Georges de Russie, la baronne de Poilly, la duchesse de Colobriana, la princesse Labanoff, Mᵐᵉ Henry Houssaye, quelques autres femmes du monde.

On m'a dit que ce groupe de femmes semblait un bouquet de plus pour la cérémonie.

Et combien de bouquets ! On assure qu'il y en avait pour mille louis.

On sait tout l'éclat de cette fête funéraire qui ressemblait trop à une fête nationale. Elle n'en était pas moins émouvante, surtout au passage du corbillard des pauvres où reposait le grand poëte dans son dernier voyage.

Victor Hugo a aimé les belles antithèses, mais il a aimé les belles pensées ; aussi, devant la grandeur de son génie, nul ne s'est offensé des apothéoses de l'Arc de Triomphe et du Panthéon.

Ce culte pour un grand mort donnait pourtant des regrets. Pourquoi la France s'est-elle montrée si indifférente aux funérailles de Lamartine ? Mais soyons patient, son heure reviendra.

*   *   *

Quand les Alsaciens-Lorrains sont passés avec leur drapeau couvert d'un crêpe où étaient inscrits ces mots si touchans : *A Victor Hugo ! Ceux qui ont perdu leur patrie*, j'ai senti mes yeux se mouiller, quoique les larmes me soient souvent rebelles. Et combien de pleurs sur tout le parcours ces paroles si éloquentes ont arrachés aux spectateurs !

La série des couronnes émerveillait mais fatiguait les yeux, quand il nous vint quelques-uns des pigeons lâchés d'un bateau en hommage à Victor Hugo, lui qui, depuis les pigeons voyageurs du siège, n'avait jamais voulu qu'un seul parût sur sa table. Trois de ces pigeons s'abattirent l'un après l'autre sur un marronnier de l'avenue des Champs-Élysées ; mais ils n'y restèrent pas, dès qu'ils reconnurent que le marronnier était habité : dix-sept curieux s'étaient juchés sur les branches au point du jour pour avoir les meilleures stalles de galerie. Les pauvres pigeons battirent des ailes de notre côté. La baronne de Poilly en saisit un et me le passa. Ma première idée fut de le jeter dans l'air pour qu'il rattrapât ses amis ; ma seconde idée fut la meilleure pour moi, sinon pour lui. Je le gardai. Ce pigeon était sacré par sa destinée, il était du cortège de Victor Hugo, n'était-ce pas un ami que je retrouvais ? La belle baronne me dit : « S'il s'ennuie, vous lui donnerez une colombe ; s'il lui faut l'air vif, vous lui rendrez sa liberté après lui avoir attaché à la patte un ruban couleur du ciel, portant le nom de Victor Hugo. »

Victor Hugo, en 1830

Alexandre Dumas, en 1830

NIEUWERKERKE.

LIVRE XLII

LES ACADÉMIES D'A COTÉ

I

Les soirées du Louvre

Académus fonda la première académie dans son jardin ; Conrard fonda l'Académie française dans sa chambre à coucher ; le comte de Nieuwerkerke fonda une académie universelle dans le palais du Louvre. C'était en 1850, quand il fut nommé directeur des musées et qu'il prit pied au milieu des chefs-d'œuvre. Qui ne se rappelle ses merveilleux vendredis qui ont fait dire à l'Empereur : « La cour n'est pas aux Tuileries, elle est au Louvre. » En effet, toutes les gloires modernes irradiaient en ces fêtes de l'intelligence illustrées par les chefs-d'œuvre des grands maîtres de l'art. « Mais cela manque de femmes, disait Nieuwerkerke à l'empereur. — Mon cher Nieuwerkerke, ne vous plaignez pas, les femmes en peinture de Raphaël, de Titien et de Latour, c'est de l'idéal. »

Quand Nieuwerkerke montra à l'empereur le buste de l'impératrice qui n'était encore que comtesse de Téba, Napoléon III déclara bien haut que l'œuvre du très gracieux sculpteur serait le buste officiel de l'impératrice. Ce buste est le portrait d'une belle jeune fille plus encore que celui d'une souveraine : la couronne l'a surprise. C'est la comtesse de Téba que Nieuwerkerke avait voulu faire : c'est l'impératrice qui sortit de ses mains.

On a fait bien des bustes de l'impératrice, mais le ciseau n'a plus été qu'un courtisan dans les mains des sculpteurs. Nieuwerkerke était de la cour, mais il n'était pas courtisan, surtout en face du marbre. Il a sculpté d'autres bustes charmans avec le sentiment de la vérité, tout en donnant à la figure cette lumière idéale qui est la vie du marbre.

Je demandai un jour à Nieuwerkerke pourquoi il n'avait pas sculpté son buste, lui qui avait la tête fière et souriante des artistes de la Renaissance :

« Mon cher ami, me dit-il, la première année de mon mariage, j'ai fait un buste de moi, et je crois qu'il était crânement enlevé dans le vrai caractère de ma figure. Quand il fut coulé en plâtre pour le donner au praticien qui devait le sculpter en marbre, je pris ma femme par le bras et je la conduisis à mon atelier. « O le beau buste ! s'écria-t-elle en entrant. » Elle s'approcha du plâtre et murmura en me regardant : « Qui est-ce ? » Je n'avais qu'une réponse à faire, je fis sauter le plâtre en vingt morceaux. »

Nieuwerkerke me conta aussi l'histoire de sa belle statue équestre de Guillaume le Taciturne.

La duchessse de Grammont, chez qui nous nous sommes souvent rencontrés avec d'Orsay et Guiche, lui dit un jour : « Vous ne savez pas, mon chez Nieuwerkerke, à quoi j'ai rêvé cette nuit ? — Ma chère duchesse, je n'oserais pas dire que c'est à moi. — Vous pouvez le dire : Hier, j'ai reçu une lettre du roi de Hollande, où il me parlait de Guillaume le Taciturne. Cette nuit, cette figure légendaire m'a frappée dans mon sommeil ; il passait à cheval devant moi et s'arrêtait pour me saluer. Tout à coup, le cheval et l'homme se changèrent en statue équestre. Or la statue était de vous, vous y mettiez le dernier coup de pouce. »

Nieuwerkerke remercia la duchesse de faire un rêve où il était si bien en scène. Elle lui dit : « Pourquoi ne feriez-vous pas cette œuvre-là ? — Parce que je ne suis pas un grand sculpteur. — Qui sait ! c'est l'œuvre qui fait l'artiste. »

Rentré dans son atelier, Nieuwerkerke se mit à faire une maquette réussie à ce point que Marochetti, son maître, lui dit qu'on ne pouvait pas mieux travailler en Italie ni en France.

Et voilà Nieuwerkerke parti pour la Haye. Il présente sa maquette au roi, qui en est ravi et dit au sculpteur : « Eh bien ! mon cher comte, je vous commande la statue en marbre ou en bronze. »

Si la duchesse de Grammont, au retour de Nieuwerkerke, fut contente, vous n'en doutez pas.

II
De quelques salons

En ce xixe siècle, frappé partout et à toute heure par l'orage et la tempête, l'esprit français a toujours retrouvé la barque de Noé pour échapper au naufrage ; mais combien de fois pourtant les vagues ont-elles failli l'ensevelir! On le cherchait, on ne le trouvait plus. Sous le premier empire il courait le monde, tantôt par écrit, tantôt emporté dans les batailles. A peine s'il trouvait un rivage à Paris. Sous la Restauration, les belles femmes du Directoire lui rouvrirent la porte à deux battans. Après la révolution de Juillet on retrouva la société polie du passé, avec l'esprit à la diable des nouveaux venus dans le salon de Mme Émile de Girardin comme dans l'oratoire de Mme Récamier.

En 1848, quoique tous les gens d'esprit fussent debout, ou se demandait si l'esprit n'allait pas faire faillite dans le chaos politique. Le premier salon où on se retrouva fut celui de la comtesse de Castellane, qui recevait tous les mondes, trente-deux quartiers de noblesse, et trente-deux quartiers de génie. On jouait la comédie chez elle et on soupait. C'était charmant; le faubourg Saint-Germain avait le bon esprit et la bonne grâce de donner aux comédiennes leurs coudées franches. Mlle Rachel et Mlle Brohan entre autres vivaient là en très bonnes camaraderies avec les duchesses. Il fallait la main de fée de Mme de Castellane pour faire ce miracle. Mais M. de Castellane mourut, l'hôtel du faubourg Saint-Honoré fut fermé. Même histoire quand Mme de Girardin mourut : l'hôtel des Champs-Élysées fut fermé.

La plupart des grandes dames piquées par la mouche

académique ont échoué dans leurs salons comme de simples bourgeoises, mais, dans le monde d'à côté, quelques femmes bien douées, comme la comtesse de Loynes, ont ouvert sans prétention de fort spirituelles réunions de célébrités avec une grâce parfaite. Ç'a été une vraie joie pour les dernières générations littéraires d'être appelées dans quelques rares salons où tout le monde avait de l'esprit.

Déjà son amie Marie Garcia avait créé dans son hôtel de la rue de Beaujon, un des plus attrayans salons littéraires où se rencontraient About, les deux Dumas, Barrière, Baudry, Clésinger, Augier, Ponsard, Théophile Gautier, Albéric Second, Roger de Beauvoir, Léon Gozlan, Saint-Victor. On se coudoyait en toute familiarité avec des princes français et étrangers panachés de princesses de théâtre.

Le duc d'Orléans, le duc de Montpensier, le comte de Morny, le prince Napoléon, ont aussi voulu que les artistes et les poëtes fussent de leur cour. Ils y étaient même en majorité, mais les hommes d'épée et les hommes de robe donnaient un relief de plus à ces séances radieuses où les grands comédiens et les grandes comédiennes venaient aussi rehausser l'attraction de ces fêtes de l'esprit.

III

Histoire d'un soufflet

Je reviens au salon de Mme Émile de Girardin, où les hommes de lettres battaient les hommes de la politique, ce qui est bien naturel : pour être homme de lettres il faut être doué, tandis que pour être un homme politique il suffit de passer à propos sur le chemin.

Le prince Napoléon fut longtemps le leader du salon des Champs-Élysées par sa parole vibrante, par ses bonnes fortunes d'expression, par ses hardiesses d'idées, car il n'avait ni les préjugés du trône ni les préjugés du monde.

Par malheur, le salon de Mme de Girardin tomba un jour dans le spiritisme, parce que la mort avait fait un premier salut à cette femme d'élite déjà trop oubliée.

La France est le pays de toutes les idées, de toutes les opinions, de toutes les folies, avec un grain de sagesse. C'est le pays de ceux qui croient en Dieu et de ceux qui ne croient qu'en la science. C'est le pays des gens d'esprit, mais aussi le pays des imbéciles.

Comment faut-il classer les spirites ? Faut-il les mettre parmi les spiritualistes et parmi les spirituels, ou parmi ceux qui ont perdu la tête sous l'empire des visions ? Grâce à Dieu, on ne fait plus tourner les tables, mais on fait encore tourner les têtes.

Je rappelais hier, chez la princesse Mathilde, cette histoire que nous contait autrefois son frère le prince Napoléon à propos d'une soirée spiritiste de Mme Émile de Girardin :

« Ne rions pas trop, car la nuit dernière j'étais couché tout seul au château de Meudon, il faisait un vent à décorner M. de Y. — le vent qui rendit fou *l'homme à la carabine* — chanson de Victor Hugo. — Ce n'étaient que hurlemens et sifflemens par tout le château. Je me demandais, ne pouvant dormir, ce que devenaient dans de pareilles bourrasques les esprits évoqués par Mme de Girardin. Tout d'un coup, comme pour me punir de me moquer ainsi de ce culte nouveau, je reçus un soufflet en pleine joue; ce soufflet me fut d'autant plus cruel que c'était le premier que je recevais. Un vrai spirite eût offert son autre joue pour avoir l'insigne honneur d'être souffleté une seconde fois par l'Esprit. Moi, je levai la tête avec colère et je cherchai une allumette. Or, le second soufflet, je le reçus sur la même joue. Pour cette fois, je sautai hors du lit et je parlai haut. On ne répondit pas. J'allumai enfin la bougie; je ne vis personne; je ne voulus pourtant pas réveiller les gens; je me recouchai, pensant toujours à Mme de Girardin et à sa table tournante; mais j'eus beau faire, il me fut impossible de rejeter mon scepticisme.

« Et pourtant comment m'expliquer ces deux soufflets si galamment appliqués sur ma joue? Ce qui achevait de me troubler un peu, c'est que les soufflets avaient été donnés d'une main légère, une vraie main d'Esprit.

« Peu à peu, je me rendormis, ne voulant pas croire, quoique j'aie senti une main me souffleter; mais voilà qu'un troisième soufflet m'arrive; je rallume ma bougie, décidé à laver dans le sang cette offense ou à embrasser la religion de Mme de Girardin.

« Je ne fis ni l'un ni l'autre, car, à peine la bougie fut-elle allumée, que je vis sur le manteau de la cheminée, se débattant dans l'agonie, un beau chat-huant qui venait de se casser la tête dans la glace. Je le pris dans mes mains; il me regarda avec de grands yeux éplorés, un regard si tendre et si doux que j'en fus touché au cœur. Je lui fis des caresses, j'essayai de le ranimer, mais il mourut dans mes mains.

« Le matin, je l'enterrai pieusement et j'aillai déjeuner avec Mme de Girardin.

« Eh bien ! lui dis-je en entrant, je crois aux esprits frappeurs !

— Enfin ! me dit-elle en me serrant la main avec plus de force que jamais.

— Oui ; cette nuit, à Meudon, j'ai été frappé trois fois sur la joue par un esprit des ténèbres.

— Comme cela se trouve, mon cher prince ! Cette nuit, je ne sais si c'est à cause des coups de vent, tous les esprits que j'ai évoqués hier ont fait le sabbat dans ma chambre, c'est à peine si j'ai dormi une heure.

« Je racontai à Mme de Girardin, pour la calmer dans sa fièvre spirite, que mon esprit frappeur était tout simplement un beau chat-huant du château de Meudon descendu par ma cheminée et qui sans doute tout effarouché de me voir couché là, avait battu des ailes jusqu'à en mourir.

« La pauvre femme ne voulut pas en rabattre ; elle me dit que mon chat-huant était un esprit incarné, et elle me remercia de l'avoir enterré avec piété. »

*
* *

1856

Cette tant spirituelle Mme de Girardin ne se doutait pas qu'elle donnait la comédie quand elle s'avisa de faire tourner les tables. Il y avait là des acteurs et des spectateurs, mais si tous les acteurs étaient, de bonne foi, pris au spiritisme, on ne voyait que des réfractaires parmi les spectateurs, par exemple le maître de la maison, Émile de Girardin, un sceptique qui ne croyait qu'à lui, et le prince de la maison, Jérôme Bonaparte, qui disait comme saint Paul : « Il n'y a en ce monde que des apparences. »

Je me rappelle qu'un soir une séance de spiritisme a fort troublé l'esprit de quelques hommes d'esprit, surtout Albéric Second, le prince de Polignac, Mme Sand et le prince de Villafranca.

C'est Balzac, que l'on a forcé à revenir sur la terre et à manifester sa présence ici-bas par de petits coups frappés sous une table.

Balzac s'est rendu de la meilleure grâce du monde à cette invitation, a refait en quelques minutes le grand voyage. « Toc, toc, toc, a-t-il dit, me voilà ! »

On l'a alors interrogé à la ronde : « Es-tu content de tes romans ? lui a-t-on demandé. — Je ne pouvais mieux faire, a-t-il répondu. — Peux-tu nous donner des nouvelles d'Alfred de Musset ? — Oui, il habite avec moi. — Que fait-il ? — Il lit les romans que George Sand et Louise Colet publient sur lui. »

Balzac a ensuite parlé de Gérard de Nerval et d'une certaine Aglaé, une Grecque, avec laquelle il paraît être fort bien.

Tout le monde était plus ou moins impressionné. Mme de Girardin s'est trouvée mal, le prince de Villafranca n'avait pas l'air de se trouver bien, Albéric Second ne dissimulait pas qu'il avait de forts battemens de cœur.

C'était bien Balzac, c'étaient bien ses idées et sa manière de les exprimer. Mais j'ai surpris un sourire railleur de plusieurs assistans beaucoup plus spirituels que spirites : le prince Napoléon, Théophile Gautier, Émile de Girardin, — lequel ne partageait jamais les opinions de sa femme.

Un financier, on ne sait pourquoi, succéda à Balzac. C'était tout simplement M. de Beaujon, un ancien habitant des Champs-Élysées. Il ne parla que par chiffres. Le prince Napoléon lui demanda à brûle-pourpoint de lui dire, puisqu'il savait si bien compter, combien il avait de louis dans son porte-monnaie : « Si vous tombez juste, les louis seront pour vous, Monsieur. — On entendit aussitôt frapper vingt coups. Mme de Girardin saisit le porte-monnaie dans la main du prince. En toute hâte, elle compta. Il y avait vingt louis. Mme de Girardin cria au miracle, que dis-je! au spiritisme. — Mon cher prince, je garde ces vingt louis pour mes pauvres. — Bravo, dit le prince, je ne les croyais pas destinés à une aussi bonne fortune. — Vous voyez, dit le prince de Villafranca, que le spiritisme n'est pas un vain mot. »

Je n'étais pas convaincu, ni quelques autres.

* *

Les hommes de lettres n'aiment presque tous que la société des hommes de lettres, où ils n'apprennent qu'à aiguiser leur esprit et à effacer leur originalité.

L'école du monde appelle partout ceux qui se piquent de peindre le monde. Aussi, bénies soient-elles les femmes qui ouvrent leurs salons aux hommes de lettres et aux artistes! Tel a fait la princesse Mathilde depuis bientôt un demi-siècle.

C'est une académie mondaine le hall de Mme la princesse Mathilde. Dieu merci! on n'y donne pas de prix d'éloquence, mais on a beaucoup d'esprit. C'est que là, les académiciens s'appellent Théophile Gautier, Renan, Dumas I, Dumas II, Albéric Second, Doucet, Saint-Victor, Nisard, Sainte-Beuve, Augier, Octave Feuillet, Émile de Girardin, de Goncourt, Théodore de Banville, Henry Houssaye, Gustave Flaubert, Sardou, — j'en passe et d'excellens sinon des meilleurs, après avoir cité pêle-mêle ceux qui sont ou qui ne sont pas de la vieille académie, sans bien les reconnaître, car je n'ai jamais su si M. Empis était de l'Académie et si M. Michelet n'en était pas.

A une des brillantes causeries du dimanche, les poëtes et les artistes regardaient avec une sympathie respectueuse la belle tête si intelligente et si douce de la grande-duchesse de Russie, Marie Nicolaewna, la protectrice des arts et des lettres. On dirait une de ces figures historiques de Van Dyck ou du chevalier Lély, qui, dans les musées, attirent tous les yeux, parce que l'âme y rayonne, parce que le caractère y domine. Un russophile disait : « Les czars ont donné raison à *la Volonté*. Vouloir c'est pouvoir : il ont voulu être beaux, ils le sont. Beaucoup de rois n'en peuvent pas dire autant. »

Il y a à Paris quelques autres académies, des palais hospitaliers, où se retrouvent ceux qui font l'opinion publique en matière de poésie, d'art et de philosophie, car l'opinion publique est le fleuve qui ne verse qu'un verre d'eau à sa source et qui bientôt entraîne dans son lit — lit souvent impur — les ruisseaux, les torrens et les rivières, pour les jeter dans les mers où il se perd ; car l'opinion publique ne dure qu'un jour.

IV

Le Salon de Morny

Morny recevait en dilettante beaucoup d'artistes dans son salon des Champs-Élysées. Ministre de l'intérieur et Président du Corps Législatif, il n'oublia jamais ses amis les artistes, qui trouvèrent toujours leur place à sa table ou à ses fêtes. J'en prends à témoin cette page que je retrouve dans mes notes datées de 1865 :

Hier, le comte de Morny avait réuni dans un dîner les plus illustres contemporains.

Après le dîner, on s'est promené dans les beaux salons du Corps législatif, et l'on s'est arrêté devant les vingt chefs-d'œuvre que possède M. de Morny et sur lesquels il a si bien l'art de répandre la lumière. C'était comme une salle du Vatican ou du Louvre vue aux flambeaux. On sait que M. de Morny a des Rembrandt, des Watteau, des Terburg, des Greuze, des Ruysdaël, dignes des musées les plus orthodoxes. Nieuwerkerke, qui s'y connaît, voudrait bien avoir dans son incomparable musée, ne fût-ce qu'un jour par semaine, les tableaux de Morny.

A la fin de cette soirée, où les artistes se croyaient chez eux, tant M. de Morny a les belles familiarités de l'esprit et du grand seigneur, Français a chanté avec sa voix brave et sympathique quelques-unes de ces vieilles chansons qu'il chante si bien et qui ont charmé tout le monde ; Gustave Nadaud a eu sa part de succès, comme de coutume, avec des chansons qui n'ont pas encore couru Paris. J'ai chanté ensuite le vieil air de Lulli :

C'est l'amour qui retient dans ses chaînes
Mille oiseaux qu'en ces bois nuit et jour l'on entend.
Si l'amour ne causait que des peines,
Les oiseaux amoureux ne chanteraient pas tant.

Enfin, Émile Augier, qui a une fort belle voix, a chanté

l'*Amour nous mène*, une chanson du tems de Louis XIV, à la grande admiration de M. Ingres, qui, on le sait, serait un grand musicien s'il n'était un grand peintre.

Girardin continua les soirées de Morny avec la même grâce cordiale. Ce fut dans ce beau salon que, par une charmante surprise, nous vîmes entrer une belle comédienne qui fit semblant de n'être point attendue. Rachel est morte, vive Sarah Bernhardt ! La nouvelle venue nous prit, du premier coup, le cœur et l'esprit ; le cœur, par la passion qu'elle mit à dire des vers de Victor Hugo et d'Alfred de Musset ; l'esprit par sa verve humoristique.

LÉON GOZLAN

V

Chez la marquise de Païva

Les gens de lettres et les artistes, ceux-là qui sont quelque peu mondains, se demandaient, à la révolution de 1848, comme Lafontaine, à la mort de Mme de la Sablière : « Où irons-nous ? »

Léon Gozlan me dit un jour : « J'ai trouvé, ou plutôt Mme Hertz, devenue la marquise de Païva, elle ne sait pas pourquoi, a trouvé à travers le monde un grand seigneur d'Outre-Rhin, qui lui verse un million par an pour ses menus plaisirs. Elle va pendre la crémaillère place Saint-Georges pour réunir tous les gens d'esprit s'il y en a encore. »

Cette femme étrange — qui disait que l'esprit c'est la raison et qui fut le triomphe de la volonté, — ouvrit donc ses salons de la place Saint-Georges à quelques esprits d'élite qui avaient été plus ou moins ses amis :

Théophile Gautier, Paul de Saint-Victor, des ambassadeurs étrangers, Eugène Delacroix, Baudry, le bibliophile Jacob, Léon Gozlan. Elle nous donna carte blanche pour lui amener d'autres convives à ses dîners, qui étaient les plus fastueux, sinon les plus beaux dîners du monde.

Nous ne fûmes pas en peine; mais on allait aux voix pour l'élection. Une seule femme fut élue, à cause de sa beauté, pour faire face à l'amphitryonne. Ce fut Mme Roger de Beauvoir. La marquise de Païva nous disait gaiement : « Quand vous voudrez des femmes du faubourg Saint-Germain, vous me le direz, je suis assez riche pour vous payer des duchesses. » Nous ne l'avons pas condamnée à cette extrémité. Nous étions trop bien entre nous. Jamais causeries ne furent plus vives et plus imprévues. Je crois que cette table somptueuse, où les serres du château de Pontchartrain, un château royal, nous donnaient des raisins, des cerises et des pêches quand tombait la neige, valait bien, pour exciter l'esprit, la table frugale de Mme de Maintenon.

On n'avait pas eu besoin d'en bannir la politique, quoique Émile de Girardin fût parmi les convives. Mais l'art, la littérature, l'éternel féminin, éclataient sur la nappe, comme les topazes du vin de Champagne, les perles du vin du Rhin et les rubis de tous les châteaux du Bordelais. Jamais les gens de lettres et les artistes n'avaient été plus royalement fêtés.

Ce fut encore mieux quand la marquise eut bâti son hôtel aux Champs-Élysées, demi-merveille d'architecture et d'ameublement. On n'élève ces palais qu'à coups de millions. Baudry, Cabanel, Gérôme, sont là dans leurs plus belles peintures. Des sculpteurs de marque ont écrit leur nom jusque sur les cheminées des petits appartemens. Un ambassadeur extraordinaire est allé aux Indes pour y trouver des étoffes introuvables, tant la maîtresse de la maison cherchait l'impossible. Or, cette demi-merveille n'est connue à Paris que par ouï-dire, puisque la marquise de Païva ne l'ouvrait qu'à ses amis. On avait beau être une personnalité de la politique, de la fortune, de l'aristocratie, on ne passait pas.

Un soir, chez Mme de Païva, après avoir salué Eugène Delacroix roi de la couleur, la causerie fut toute la soirée consacrée aux coloristes. Tout à coup Léon Gozlan, qui avait gardé le silence, partit comme une fusée.

« Comme je suis un peu fou, dit-il, j'ai toujours rapporté, je ne sais trop pourquoi, à une couleur ou à une nuance les sensations diverses que j'éprouve. Ainsi, pour moi, la piété est bleu tendre, la résignation est gris-perle, la joie est vert-pomme, la satiété est café au lait, le plaisir rose velouté, le sommeil est fumée de tabac, la réflexion est orange, la douleur est couleur de suie, l'ennui est chocolat. La pensée pénible d'avoir un billet à payer, est de mine de plomb; l'argent à recevoir est rouge chatoyant ou diablotin. Le jour du terme est couleur de terre de Sienne, vilaine couleur. Aller à un premier rendez-vous, couleur thé léger, à un vingtième, thé chargé; quant au bonheur... couleur que je ne connais pas. »

Gozlan fut salué par tous d'un vrai feu d'artifice de complimens.

La marquise voulut connaître la couleur favorite de chacun. J'ai bien un peu oublié les réponses de mes amis, mais voici la mienne:

La plus belle couleur

La gamme des couleurs m'a toujours enchanté :
J'aime le bleu du ciel sous la blancheur des nues,
L'outremer qui m'appelle aux rives inconnues
Et le coup de pinceau du soleil en gaîté ;

Les pâleurs du bleuet et de la rose-thé,
Le vert tout ondoyant sur les forêts chenues,
Les ors des beaux cheveux sur les épaules nues
Et la fraise qui point sur un sein velouté ;

L'éventail de Junon : la suprême palette ;
L'œil bleu de la pervenche et de la violette,
Les tons voluptueux qui s'allument dans l'air ;

Les miroirs éclatant des gouttes de rosée,
La pourpre des grands vins dans la coupe irisée...
Ce que j'aime encor mieux, c'est la couleur de chair.

La causerie à l'hôtel Païva était toujours étincelante, imprévue, ruisselante d'inouïsme. Comme dans la salle à manger du docteur Véron, on ne réinvitait pas les causeurs qui n'avaient jeté que l'ennui sur la table. Théophile Gautier était, même avant Léon Gozlan, le roi du paradoxe. Aucun de nous d'ailleurs ne se fût permis de rebattre les oreilles par des lieux communs. « Prenez garde, disait quelquefois la maîtresse de céans, voilà Théo qui prend son crayon. » En effet, Théophile Gauthier, quand on débitait des vérités familières à M. Prudhomme, prenait son crayon et dessinait des figures au revers du menu. La marquise s'en emparait en disant : « Voilà qui payera mon dîner. » Un soir, elle fit apporter sur la table de l'encre et du papier : « Mon cher Théo, puisque vous dessinez si bien, faites-moi le portrait de votre première maîtresse. » Et tout aussitôt, le poëte se mettant à l'œuvre dessina le portrait de Cydalise, dont les seins abondans rappellent la coupe renversée des dieux. Mme de Païva me donna ce portrait à la plume parce que j'avais connu l'original.

** *

Quand le prince de Hohenlohe était ambassadeur à Paris, je le rencontrais souvent à la table de la marquise de Païva. Il me paraissait tout aussi Français que peut l'être un ambassadeur étranger. Il parlait avec beaucoup d'esprit comme s'il fût cousin d'Henri Heine. Il dit un jour à la marquise : « Arsène Houssaye est un homme charmant, et je voudrais bien pouvoir lui être agréable. » Ne lui parlez pas de l'Aigle noir, répondit Mme de Païva, car il ne porte plus de décorations depuis la guerre; n'est-ce pas, Arsène Houssaye ? — Prince, puisque vous désirez m'être agréable, c'est bien simple, apportez-nous un jour au dîner les clefs de Metz sur un plat d'argent. — Pas si simple que cela, répondit le prince, mais enfin il ne serait pas impossible que, par le jeu de la destinée et de la diplomatie, Metz ne redevînt une ville de France. — Ce serait, repris-je, une bonne fortune pour l'Allemagne comme pour la France, puisque cela éteindrait des haines stériles de peuple à peuple. »

Le général Fleury, qui écoutait, applaudit à ce mot.

Il y aura bientôt dix ans de cela. Où est la marquise ? où est le plat d'argent? On a enterré contre son vœu Mme de Païva en Silésie, et le prince de Hohenlohe gouverne l'Alsace et la Lorraine.

Une autre marquise, Mme Anforti, tenta de ses mains blanches de conduire la barque de l'esprit. Elle y réussit : tout un hiver, nous nous retrouvâmes avec Émile de Girardin, Paul de Saint-Victor, Henry Houssaye, le chevalier Nigra, Caro, le comte de Moltke, le duc de Banos, le prince Gédroyc, Carolus Duran et Charles Laffitte; mais sir Charles Laffitte mourut, on prit le deuil dans le petit hôtel, la marmite fut renversée.

Depuis ce tems-là, nous nous retrouvons plus ou moins au dîner des Spartiates.

PORTRAIT DE CYDALISE

VI

L'Académie de l'Hirondelle

On ne se souvient plus de cette jolie hirondelle que Carle Vernet, un jour qu'il n'avait pas d'argent, peignit sur le plafond du café Foy, pour payer son déjeuner. On n'imagine pas combien de provinciaux et d'étrangers, sans compter les Parisiens, sont venus déjeuner sous l'hirondelle, tant la mode était là.

Plus tard, quelques-uns de mes amis ayant jugé que le plus court chemin pour nous voir, Roqueplan et moi, était de venir au café Foy, nous surprendre vers midi. Roqueplan dit un jour que nous avions fondé l'Académie de l'Hirondelle.

Les membres de cette académie s'appelaient : Roqueplan, Albéric Second, Édouard Houssaye, Xavier Aubryet, Banville, Dumas, Théophile Gautier; çà et là, Clésinger, Beauvallet, Musset, Augier, About, Bressant, Cormenin, Claudin, Beauvoir, Léon Gozlan, Méry, Ernest Hamel, Brindeau. Ces séances duraient une heure et ne coûtaient guère que cent sous, mais on dépensait beaucoup plus d'esprit et de gaieté que d'argent. Ç'a été la fin du café Foy, nous étions trop bruyans pour les pacifiques habitués. Nous nous envolâmes un beau jour sans savoir pourquoi. La place que nous avions prise aux anciens ne fut plus occupée; le silence se fit; le le célèbre café aux admirables sculptures sur bois prit des airs de tombeau, parce que ceux qui venaient encore avaient des physionomies funèbres. La faillite aux pâles couleurs y amena des huissiers : *Ci-gît le café Foy*.

Le maître du café était l'homme du monde le plus aimable. Il nous regardait comme ses enfans et riait de nos folies. Celui-là, au moins, n'a pas vu la ruine de la maison, puisque la mort le prit la veille des échéances — des déchéances, hélas !

Je veux donner un exemple de sa bonne grâce. Il m'arrive souvent de sortir sans argent — ce qui ne m'arrivait jamais quand je n'avais pas le sou. — Le premier matin que je déjeunai au café Foy, je sortis sans payer, après avoir demandé l'addition ; j'avais ce jour-là trois ou quatre convives. Le lendemain je ne songeai même pas à payer, le surlendemain je trouvai très commode cette mauvaise habitude. Cela dura si longtemps que, quand je demandai la carte, mon gracieux créancier me dit avec un air quelque peu préoccupé : « Vous en parlez bien à votre aise, Monsieur, c'est tout un travail ; donnez-moi le temps de mettre mes lunettes ; la semaine prochaine, si vous voulez ? — Oh ! mon Dieu, quand il vous plaira. » Un mois après : « Et l'addition ? — Je vais vous l'apporter. »

L'addition n'était rien moins qu'un volume relié en maroquin violet, tranches dorées, avec ce titre : « Offert à M. Arsène Houssaye. » C'était un prodige de calligraphie. « Voilà une exquise galanterie, lui dis-je. J'en suis d'autant plus touché que vous êtes de ceux qui ne font pas payer la dorure. » Je ne lus qu'une seule page de ce beau livre, la dernière : *Total*, 4,556 fr. 25.

Je croyais à un chiffre plus gourmand, car j'avais déjeuné longtemps et j'avais eu plus d'un convive.

Je n'en étonnai pas moins les graves habitués du voisinage, qui n'ont jamais compris qu' « un chef d'établissement » pût faire un pareil crédit à un homme de lettres.

Mon hôte me raconta que ce n'était pas une nouveauté dans sa maison. En 1802, un chevalier de Saint-Louis était venu déjeuner pendant tout un hiver d'une tasse de chocolat qu'il payait régulièrement ; mais, l'hiver passé, il ne paya plus ; du moins il payait par un salut et par un sourire. C'était un homme si bien né, ses airs de ci-devant tournaient si bien la tête à la maîtresse de la maison, qu'on résolut de ne jamais lui dire un mot ; il déjeuna ainsi jusqu'en 1816, au temps du milliard des émigrés. Un matin, sans que rien parût changé en lui, il se présenta au comptoir, offrit une prise, secoua son jabot et dit ce seul mot : « Combien ? — Combien ? monsieur le chevalier, nous n'avons pas compté. — Eh bien ! rien n'est plus simple : quinze années à trois cent soixante cinq jours, chaque jour à 1 franc, total...

Il paya ; après quoi il se tourna vers les garçons : « Il faut bien, dit-il, que ces coquins-là aient leur part du milliard des émigrés. » Et il fit voler vers eux un billet de 1,000 francs.

On a dépensé beaucoup d'esprit sous l'hirondelle de Carle Vernet, mais les paradoxes de Théo, de Dumas, d'Albéric et d'Aubryet, étaient la belle monnaie de ces causeries hyperboliques. Les bonnes gens qui déjeunaient non loin de nos quatre tables se croyaient dans une maison de fous, tant on souffletait les idées bourgeoises, tant on y exaltait les hardiesses vertigineuses. Quand un nouveau venu littéraire se hasardait parmi nous, il ne reparaissait pas le lendemain, tant il avait peur de n'être pas au diapason.

VII

Le Divan et la brasserie des Martyrs

Les Arabes disent : « Il y a le chemin du bonheur, mais les voyageurs n'arrivent jamais. » Tout Paris est sur ce chemin-là ; dans les provinces, on se résigne à son sort quel qu'il soit, on accepte l'humble destinée sans tendre les bras vers l'impossible ; les chercheurs d'inconnu, qui sont considérés hors Paris comme des fous, viennent échouer dans la capitale des capitales ; mais les braves gens qui ne croient pas avoir d'étoile se contentent de vivre comme il plaît à Dieu, sans vouloir forcer la carte de leurs aspirations. Ce sont les sages ; ils n'en sont peut-être pas plus heureux pour cela ; mais, ne montant pas sur les sommets, au moins ne tombent-ils jamais de haut.

Les Parisiens ont tous la prétention de jouer un grand rôle à tous les diapasons de l'orgueil humain ; ils ont beau gravir les escarpemens de la fortune ou de la renommée, ils trouvent qu'ils n'ont jamais assez monté. Ceci explique ce steeple-chase de tous les instants ; on se rencontre, on se salue à la hâte, on court en avant, on arrive — jusqu'au tombeau — pour reconnaître qu'en fin de compte on aurait mieux fait de s'arrêter à cueillir des fleurettes sur les marges du chemin.

Quel que soit le site, quel que soit le ciel, quel que soit l'horizon, on ne se trouve jamais bien.

Celui qui habite un hôtel aux Champs-Élysées, comme celui qui habite une mansarde à Ménilmontant ne se trouvent pas chez eux. Celui qui est aimé et celui qui ne l'est pas, celui qui fait fortune et celui qui se ruine, celui qui trahit sa femme et celui qui est trahi par sa maîtresse, celui qui est ministre et celui qui veut le devenir, celui qui travaille et celui qui se croise les bras, tous aspirent au lendemain, parce que le lendemain est plein de promesse pour tout le monde; mais le lendemain est comme Fontenelle, qui avait les mains pleines de vérités et qui ne les ouvrait pas. Cette foi au lendemain, cette aspiration perpétuelle, cette recherche de l'inconnu explique les noctambules; ils ont tant de fois attendu vainement le bonheur le jour, qu'ils se tournent vers la nuit.

La nuit a aussi son soleil, mais ce soleil-là ne se montre qu'aux initiés, les buveurs d'absinthe, de bière et d'eau-de-vie; l'ivresse les transporte dans un monde tout rayonnant qui leur fait prendre en pitié le monde des buveurs d'eau. En effet, vous avez beau vous enivrer d'orgueil ou d'amour, vous n'arrivez pas à ce haut dédain des choses d'ici-bas, à ces visions radieuses que donne l'ivresse du bock ou du petit verre. Edgar Poë, Alfred de Musset et Charles Coligny l'ont dit en se le prouvant à eux-mêmes.

On croit que les derniers bohèmes sont morts, mais une promenade dans Paris, de minuit à six heures du matin, vous montrera des bohèmes de tous les ordres, à la Halle, sur les boulevards, à Montmartre et au pays Latin.

La bohème galante de Gérard de Nerval, la bohème enfumée d'Henry Mürger, la bohème chantante de Gustave Mathieu, toutes les anciennes bohèmes, en un mot, ont mis au monde une multitude de petites bohèmes éparses dans Paris : bohème des hommes, bohème des femmes, où l'on passe sa nuit à refaire le monde comme il devrait être, à escalader le ciel, à détrôner les imbéciles, à mille et mille jeux innocens, qui s'évanouissent dans la fumée du dernier cigare matinal.

Les beaux-esprits sans portefeuille avaient baptisé leur café *le Divan*, parce qu'ils voulaient y vivre à la turque en évoquant un harem d'occasion.

Combien de dieux qui n'ont pas eu leur Olympe dans ce café académique !

C'étaient pourtant de bons diables ; quelques-uns avaient un esprit d'enfer. Ce qui me plaisait en eux, c'était leur mépris de tout ce qui n'était pas l'art et leur horreur de la littérature bourgeoise. Les habitués étaient jeunes — ou se croyaient jeunes, — ce qui est tout un.

Il ne faudrait pas s'imaginer pourtant que ce fût là cette folle jeunesse, celle qui, depuis six mille ans, jette gaiement son bonnet par-dessus les moulins, en narguant l'avenir et la vieillesse. Non. Ces jeunes gens étaient graves, même quelque peu sombres, ce qui était la faute de l'époque ; Chatterton, Antony, Rolla, avaient plus ou moins déteint sur eux.

Ces jeunes hommes, dans leur ardeur à chercher dans le champ de l'art un filon inexploré, dans la fièvre qui les poussait vers l'inconnu, allaient toujours en avant sans calculer leurs forces, en comptant seulement sur leur courage ; c'était ne pas compter sans son hôte. Mais combien furent emportés par ces vagues qui devaient les conduire aux succès, comme si le courage menait à tout en France ! Ils mouraient du moins avec sérénité, sans une parole amère, confessant, au seuil de l'éternité, que l'art avait été la religion de leur vie et qu'ils en mouraient les martyrs. L'enthousiasme — que les tems sont changés ! — l'enthousiasme, cette passion des grandes âmes, était ce qui les tuait tous. On a ajouté que l'absinthe collaborait en cela avec l'enthousiasme ; mais que n'a-t-on pas dit contre l'absinthe ! Voltaire, qui adorait le café, aurait dit que l'absinthe n'est pas un poison lent; Voltaire, qui a fait si souvent boire la ciguë à Fréron, aurait accusé Fréron de ne boire que l'absinthe.

Plus d'un a imité Fréron, mais aucun n'a fait un autre *Candide*. L'imagination était si vive et si capricieuse chez ces vaillans esprits qui brisaient leurs armes, qu'ils se contentaient d'esquisser à grands traits le sujet entrevu sans vouloir jamais descendre au détail mécanique. Ce détail — qui restera toujours trop ingénieux pour qu'on puisse s'en passer, — ils l'appelaient, dans leur dédain, « le métier ! » Voyez-vous cela ! un métier qui consistait à jeter sur le papier les créations de ces natures primesautières ! La plume eût tout gâté !

Au divan de la rue Le Peletier, on entendait souvent retentir cet aphorisme : « Les plus beaux livres ne sont pas ceux qu'on écrit ! » Les auditeurs d'élite, qui se groupaient chaque soir, jambe de-ci, jambe de-là, sur les vastes divans du café, jouissaient seuls des chefs-d'œuvre qui chaque soir, naissaient là pour mourir à l'aube. Aussi quelque censeur morose, voulant stigmatiser la griserie intellectuelle où se consumaient tant de forces et de talens, avait-il surnommé le divan le *Club des fumeurs d'opium*. C'est un nom qui lui resta longtemps. Les buveurs d'opium ont été dispersés par la mort ou par l'oubli, quelques-uns par la gloire ; quelques autres se sont odieusement embourgeoisés. Bien peu — voilà la leçon — ont pu sortir de la foule pour briller parmi les élus.

**

Un beau jour, on m'apprit que le cénacle du Divan, chassé par l'ange exterminateur des révolutions et des démolitions, s'était retrouvé érigé en académie à l'ombre de l'église Notre-Dame de Lorette. La Brasserie des Martyrs gardait un rameau vert des appelés et des élus du Divan Le Peletier.

La brasserie des Martyrs était-elle ainsi nommée parce qu'elle était située au début de la rue des Martyrs ? Les esprits avancés disaient que le nom lui venait des martyrs de l'art, de la poésie et de la science, qui s'y donnaient rendez-vous ; ce qui rappelle d'un peu loin un mot de Jules Janin à un dramaturge qui portait un manuscrit accusateur : « Je sais où vous allez. — Je vais lire une pièce à des amis. — Je le savais bien! vous allez rue des Martyrs. »

L'ancienne fraternité qui unissait les habitués au Divan Le Peletier, alors qu'il s'agissait d'une expédition contre les Rajahs, les Sardanapales, les Cambyses et les faux Smerdis de la littérature, ne se retrouvait pas à la brasserie des Martyrs. Il y avait deux partis bien tranchés : les fantaisistes et les réalistes.

Cette académie tenait ses assises dans une grande salle, divisée en plusieurs files de table qui rappelaient la menuiserie bavaroise. Crispin Baptiste en faisait les honneurs et croyait que tous ses hôtes étaient des personnages de Molière et de Lesage.

La bière du cru rappelait la bière de Munich, qu'adorait tant cette fière Lola Montès qui a failli créer l'académie des cravacheuses.

Je ne sais si c'était le pays où fleurit Lola Montès sous les traits romantiques de Mimi Pinson et de Manon Bréda, ni si c'était le théâtre où s'essayaient plus d'une Maupin, mais entre les deux partis, fantaisiste et réaliste, il en existait un troisième qui manquait au décor — je ne dis pas au décorum — du Divan Le Peletier et qui servait de trait d'union aux deux autres : c'était le parti ou plutôt l'élément féminin. N'étant rien moins qu'absolu en fait de doctrines, il fusionnait assez volontiers tantôt avec les fantaisistes, tantôt avec les réalistes — simple question de budget.

Cette luxuriance de sève était pleine de généreuses aspirations. Là on ne péchait jamais par la vulgarité, une ennemie avec laquelle je demande à ne me point réconcilier. Malgré les toilettes tapageuses, les cris d'oiseaux et les propos truculens, je n'ai pas caché ma sympathie pour cette académie toujours éveillée. D'ailleurs, je ne jurerais pas qu'il n'y eût eu là des gens austères et très austères, tels que le docteur Herbeau, Daniel d'Arthès, le second ou le troisième des Canalis, Z. Marcas, et d'autres Z et d'autres X. Et de ci et de là, Olympia Junior, Nadar et Carjat, le neveu de Rameau, peut-être Rameau lui-même, et Franjolé avec son violon, et Fortunio avec son verre de Bohême, et Gambetta-César et sa fortune.

Je ne sais pas si l'académie de la rue des Martyrs a eu une influence sur les destinées de la langue française. On ne s'y enfermait pas précisément pour travailler au dictionnaire perpétuel, mais je crois qu'on l'enrichissait de plus de mots nouveaux que dans l'autre académie. Ce que je veux constater, c'est qu'on n'allait pas à l'académie des Martyrs pour boire de la bière ; comme dans les jardins d'Académus, on y allait pour parler des dieux. Et combien de dieux y étaient jetés tous les jours du haut de l'Olympe ! Combien de fois Saturne a été chassé par Titan et Titan par Jupiter ! Mais tous ces Apollons de l'Académie de la brasserie des Martyrs n'ont-ils pas eu leur part de l'Empyrée ?

Lord Lytton

VIII

Les Spartiates de Paris

Faute de grandes dames pour réunir à sa table la belle compagnie littéraire et artistique panachée d'ambassadeurs, de ministres et de généraux, je créai la petite académie des Spartiates.

On a beaucoup parlé du dîner des Spartiates, dont on m'a donné la présidence, parce que je m'entends au brouet noir.

Cette année, quand lord Lytton, un des nôtres, revint

en France à titre d'ambassadeur, je lui écrivis que nous voulions commencer 1888 sous ses auspices. Il me répondit ainsi :

AMBASSADE D'ANGLETERRE

Ce samedi soir.

Mon cher roi de Sparte,

La gracieuse salutation dont je viens d'être honoré de la part de Votre Majesté a bien réjoui le cœur de votre exilé.

Je ne suis arrivé ici qu'en particulier pour installer ma famille, et je repars demain matin, pour prendre congé de la Reine; mais je compte être de retour le jour de l'an. Il me tarde de rejoindre mes compatriotes dans votre beau pays, et je prends pour témoin les dieux tutélaires de votre Sparte. Vous savez que, depuis treize ans, je suis resté votre sujet fidèle,

LYTTON.

Les armes de lord Lytton : couronne de marquis, portent cette devise : *Hoc virtutis opus.*

Le 17 janvier, *le Figaro* et *le Gaulois* publiaient notre histoire :

« Hier, les Spartiates de Paris ont donné, au *Lion d'Or*, un festin au brouet noir à leur fidèle Spartiate lord Lytton, ambassadeur d'Angleterre, qui est de la confrérie depuis quinze ans. Quand il était vice-roi des Indes, il envoyait tous les ans son toast à ses chers Spartiates. Mais donnons la parole à l'ancien président, l'historien du *41° Fauteuil de l'Académie française*. Voici comment, hier, il a fait en quelques mots l'historique de ce fameux dîner :

« Après avoir porté à lord Lytton un toast très chaleureux, il s'est fait ainsi l'historiographe des Spartiates :

« En 1869, à la veille des révolutions plus ou moins sociales, déjà nous songions à serrer les rangs, nous autres, pour qui les joies de l'esprit et des lèvres sont la seule ambition, et nous avons créé, Théophile Gautier, Paul de Saint-Victor et moi, le dîner des Spartiates. On m'en donna la présidence, parce qu'on disait — dans ce temps là — que je portais bonheur (je n'ai pas l'orgueil de me comparer au cochon porte-veine). Le bibliophile Jacob, le duc de Persigny, Edmond de Goncourt, le comte Nigra, Henry Houssaye, Paul Baudry, le duc d'Acquaviva, voulurent être de la fête. Mal dîner cela les changeait.

« Il nous vint bientôt d'autres convives : Gaston Jollivet, le comte de Laferrière, Raoul Duval, du Boisgobey, Banville, Coppée, Dupray, Valfrey, Molinari, le général Read, le prince Galitzine, le général Schmitz, Ziem, pour finir par la dernière lettre de l'alphabet.

« Nous avions déjà deux ambassadeurs : Nigra et Read, quand lord Lytton, vice-roi des Indes, voulut, pour changer son menu, prendre place à notre table. Nous élûmes ensuite Ferdinand de Lesseps, Dumas, Magnard, Jules Claretie, Gaston Berardi, Octave Uzanne, de Lescure, Albéric Second, le prince Stirbey, P. Gille, Meilhac, du Sommerard, Paul Perret, Monselet, Hérédia, Mitchell, José Paz et Bardoux, ci-devant ministre des lettres et des arts. Il y a aussi des absents :

Lafayette, le marquis de Rougé, le baron de Heekeren. Qui encore ? Madrazzo, si je me souviens bien.

« Par malheur, il y a des absents qui ne reviendront pas.

« Tous les jours au 41ᵉ régiment d'infanterie, à l'appel du matin, on ne manque jamais d'évoquer la figure de La Tour-d'Auvergne. Le sous-officier de semaine répond : « Mort au champ d'honneur. » Tradition sublime !

« Pourquoi ne ferais-je pas ici l'appel des soldats de la pensée, de nos amis les Spartiates qui sont morts au champ de gloire ? Théophile Gautier, Persigny, Paul de Saint-Victor, du Sommerard, le bibliophile Jacob, Albéric Second, Raoul Duval, Paul Baudry, Monselet et le duc d'Acquaviva.

« Tous ces noms, dignes du Livre d'or de l'Amitié, prouvent que, si les alouettes rôties manquaient quelquefois à notre table, l'esprit courait sur la nappe. Ç'a été, en effet, une encyclopédie vivante. Nous nous sommes toujours placés au-dessus de toutes les politiques et de toutes les écoles, parce qu'il n'est pas un seul d'entre nous qui n'eût le haut scepticisme du dédain pour tout ce qui n'est pas l'éternelle vérité, c'est-à-dire la raison armée d'esprit.

« Cette académie des Spartiates a été créée, comme toutes les belles choses, sans préméditation. Dieu n'avait prémédité ni la vigne, ni la rose, ni la femme. On a mis en gerbes des amitiés franches comme le blé. Dans chaque génération, les esprits fraternels s'appellent les uns les autres, quels que soient le devoir, le travail, l'aspiration contraires. L'harmonie se fait par les oppositions. Nous sommes soldats et poëtes, artistes et rêveurs, historiens et hommes d'État ; nous sommes un monde et non une secte ; nous touchons à tout.

« Et nous représentons tout, vraie synthèse de l'homme libre et vaillant. Ce nom de Spartiates, nous le méritons par notre mépris des préjugés, notre dédain des vanités — et surtout par la frugalité de notre dîner. — *Cueillir l'heure,* c'est la sagesse quand l'heure est charmante et que le brouet n'est pas trop noir.

« Les anciennes académies ont trop psalmodié le dialogue des morts.

« Savez-vous pourquoi ces académies sont tristes ? C'est parce qu'on n'y dîne pas.

« Ce qui fait la force de l'académie des Spartiates, c'est qu'elle ne siège qu'à table. Sa fourchette, c'est sa plume. Elle ne prononce pas d'oraisons funèbres, parce que ceux des siens qui tombent sur le champ de bataille de la vie se relèvent plus vivans dans le pays des âmes, qu'il ne faut pas confondre avec le pays des ombres.

« Nous voulons tous porter un toast à Lytton, non pas seulement parce qu'il a été vice-roi des Indes et qu'il est ambassadeur d'Angleterre, mais aussi, mais surtout parce que ce rare esprit, fils de Bulwer, ce grand cousin de lord Byron, est un des meilleurs écrivains de l'Angleterre de par la poésie, l'imagination, l'ironie et l'humour.

« Lord Lytton n'a-t-il pas créé toute une comédie humaine par ses fables lyriques où, comme La Fontaine, il a montré par les bêtes et les choses toute la folie et toute la sagesse de l'humanité. Écoutez ces belles strophes, ne les dirait-on pas tombées de la plume d'or de lord Byron ?

L'IDÉAL ET LA POSSESSION

Un poëte, un rêveur adorait une étoile
Et, pendant tout le jour, il attendait la nuit :
« O ma belle ! pourquoi dans cet azur sans voile,
As-tu placé si loin tout ce qui me séduit ?

« Étoile, mon idole, en ma nuit solitaire,
Ton cœur à tes amans ne s'est jamais livré.
Que ne puis-je un seul jour t'attirer sur la terre,
T'étreindre dans mes bras et mourir enivré ! »

Cet amour du rêveur toucha la surhumaine
Qui, délaissant pour lui son empire des cieux,
Descendit des hauteurs de sa sphère lointaine :
Une femme superbe apparut à ses yeux.

L'étoile en pâlissant se donna corps et âme.
« O mon amant, dis-moi lequel valait le mieux,
Le regard de l'étoile ou le sein de la femme ? »
Et l'homme répondit, le regard anxieux :

« J'ai perdu, je le sens en mon âme inquiète,
Ce pur rayon du ciel qui brûlait mon désir.
— Et moi, reprit la femme ivre encor de plaisir,
En me donnant à toi, j'ai perdu mon poëte. »

* *

Mon toast à lord Lytton a été trop applaudi grâce à un dîner où il y avait pas mal de truffes hachées dans le brouet noir des Spartiates.

Lord Lytton a répondu par une improvisation ruisselante d'esprit, de philosophie et d'humour.

Si on avait parlé politique, on aurait parlé de tout; mais chez les Spartiates la politique reste dans l'antichambre. Lord Lytton avait dépouillé sa majesté des Indes et sa dignité d'ambassadeur pour reprendre son esprit ironique et sa verve byronienne.

*   *
     *

A un autre dîner, j'ai rappelé que l'article 3 obligeait les Spartiates à faire un sonnet sans défaut ou un discours ne dépassant pas les quatorze lignes du sonnet sur les Spartiates partis pour l'autre monde.

Voici mes sonnets et mes discours sur quatre Spartiates qui ont trop tôt quitté la table :

PAUL DE SAINT-VICTOR

S'il fût né sous les Grecs, il eût été sculpteur;
Avec son fier ciseau, rival de Praxitèle,
Il eût taillé le marbre et fait une immortelle.
Des dieux fussent tombés de son front créateur.

De la beauté visible, ardent adorateur,
Auprès de la Gorgone, à Venise la belle,
Il eût peint Bianca, Violante, Arabelle,
Avec un pinceau d'or dans un cadre enchanteur.

Saint-Victor, à Paris, fut un maître impeccable !
Consolons-nous, amis, nous que sa mort accable :
Il nous sourit encor des sommets radieux.

A la sottise il a livré bien des batailles,
Plus d'un faux dieu du jour est mort sous ses entailles ;
Mais que d'hommes aimés dont il a fait des dieux !

D'ACQUAVIVA

Le duc d'Acquaviva était un homme de lettres qui cachait ses œuvres. On ne peut pas jouer tous les rôles ; il joua fort bien le sien, c'est-à-dire le duc d'Acquaviva. Ce fut un comédien charmant qui ne prit jamais au sérieux son rôle d'ambassadeur extraordinaire, quoiqu'il fût ambassadeur d'un roi et d'une république : il est vrai que c'était le roi de Monaco et la république de Saint-Marin. Mais que nous font les titres, à nous qui ne cherchons que l'homme dans l'homme ? D'Acquaviva avait beaucoup d'esprit argent comptant ; certes il lui en fallut pour se faire accepter comme duc et comme ambassadeur. Il avait devant la raillerie la belle désinvolture italienne. Du reste, beau cavalier, d'une élégance parfaite, coiffé et chaussé comme pas un, il avait eu l'art de mettre les femmes de son côté. C'est bien quelque chose que cet art-là. O mystère de la vie ! qui eût dit que cet homme si souriant, qui n'avait jamais eu le loisir de lire les philosophes anciens, mourrait comme Socrate, une coupe de ciguë à la main ? Mais il but la ciguë croyant boire une coupe de vin de Champagne !

PERSIGNY

Le duc de Persigny eût été un savant, s'il ne fût devenu un homme politique. Nul n'est maître de sa destinée, pas même ceux qui changent la destinée des nations. Laissons l'homme politique à l'histoire qui, dans un temps moins agité, reconnaîtra que ce fut avant tout un homme de bonne foi et un homme de bonne volonté. Chamfort a eu raison de dire : « En politique, tout le monde a tort et tout le monde a raison. » En dehors de la politique, Persigny fut un haut lettré. Il l'a prouvé par son livre sur les Pyramides. Ne nous l'a-t-il pas prouvé souvent à nous-mêmes, à nos causeries des Spartiates, où il se montrait si original et si imprévu ? Il ne lui a manqué qu'un peu plus de liberté, quand il était ministre, pour être un grand ministre. C'est lui qui eût été vice-empereur si l'empereur ne lui eût dit : « Tu n'iras pas plus loin. » Le ministre devint philosophe. Persigny échappa aux vanités de la cour pour venir parmi nous réapprendre la franchise, la gaieté, la raillerie, ces vertus théologales de l'esprit français.

THÉOPHILE GAUTIER

Il cisèle un camée, il caresse un émail ;
Vous croyez qu'il écrit : il peint, il sculpte, il grave,
Pour vaincre sa pensée il ne sait pas d'entrave.
A toute strophe ailée il jette son tramail.

Capitaine Fracasse, il montrait son plumail
Avec les airs cassants du galant et du brave ;
Mais l'Art bientôt l'a pris et l'a fait fort et brave ;
Son livre sera d'or, d'or sera le fermail.

Comme on voit aux rosiers les roses remontantes
Sourire aux treilles d'or par des fleurs éclatantes,
Sa muse est toujours jeune et chante en souriant.

Comme on voit, le matin, l'Aurore aux lèvres roses
De son divin baiser réveiller l'Orient,
Ses doigts sous le travail font refleurir les roses.

Il faudrait aussi saluer d'un adieu en prose et en vers, tous ceux qui sont vivans par delà le tombeau. Mais je m'arrête à ces quatre épitaphes.

Aujourd'hui on se demande où est l'académie d'à côté. Elle a tenté de s'acclimater au *Rat-Mort*, mais elle s'est retrouvée toute vaillante au *Chat-Noir*. Il y a bien eu quelques dissidens dans les bars du pays Latin et quelques spiritualisans à Tortoni. Et d'ailleurs les Spartiates n'ont pas abdiqué.

IX

L'Académie des Babouins

La République des lettres ressemble quelque peu à une armée en désordre, où le caporal commande au général, où le soldat mécontent se met à l'embuscade pour tirer sur son capitaine. C'est qui se parera des galons de son chef de file. A la guerre comme à la guerre!

Les soldats de la plume, quand ils sont en révolte, ne font pas feu qui dure, témoins les grands hommes de l'Académie des Babouins, qui tenaient leurs séances, il y a vingt-cinq ans, sur les deux rives de la Seine.

La haine avait réuni ces hurleurs. En bons citoyens de la République des lettres, ils voulaient faire table rase pour ne rien mettre sur la table. Il y a des épidémies de critiques comme il y a des épidémies d'admiration. On fait d'un homme un dieu ou on en fait un rien qui vaille sans savoir pourquoi. C'est le bon vent qui enfle les voiles ou c'est le mauvais vent qui fait chavirer l'esquif.

Au tems où je publiais *Mademoiselle Cléopâtre*, les jeunes ânes de la critique se mirent à braire contre moi, inspirés par deux ou trois ânes savans dont la mort nous a privés. Je pourrais bien les nommer, mais c'est inutile, puisqu'on ne sait plus leur nom. Je leur proposai un duel dans un champ de chardons pour qu'ils fussent bien sur leur terrain. Ils se mirent à braire plus haut. Déjà ils avaient chanté les mêmes antiennes contre Roqueplan, à son entrée au *Constitutionnel* comme feuilletoniste du lundi. « Vous dites qu'il a de l'esprit, criaient-ils, n'en croyez pas un traître mot; il met toutes les nuits Rivarol et Chamfort sous son oreiller. » Même antienne contre Karr. Roqueplan daigna leur répondre et me conseilla d'en faire autant, mais je n'en fis rien. « Vois-tu, lui dis-je, tous ceux qui ont un champ dans la littérature doivent subir les pluies de sauterelles. »

Je reçus, un matin, une lettre d'un de ces malins qui s'imaginent vous tuer d'un coup de plume :

« Monsieur, vous êtes sans doute le premier à recon-
« naître que votre dernier livre est détestable, mais enfin
« puisqu'il est publié, il faut vous sauver de ce mauvais
« pas : envoyez-moi mille francs, moyennant quoi je prou-
« verai que votre livre n'est pas une défaillance. Vous
« savez la force de la critique dans un temps où on ne sait
« plus lire. J'ai autant besoin de mille francs que vous
« avez besoin de mon article. Nous n'en serons pas
« moins bons ou mauvais amis. *** »

Je répondis à cette lettre :

« Je me hâte de vous envoyer mille volées de coups
« de bâton en vous priant d'agréer tous mes complimens
« pour le beau métier que vous faites. Continuez, Mon-
« sieur. Pour l'honneur de votre nom, je pourrais publier
« votre lettre, mais j'ai trop le respect de mon métier. »

Un autre jour, au tems où je publiais *les Grandes Dames*, un succès inouï si le nombre d'éditions compte pour quelque chose, un quasi-rédacteur d'un grand journal — alors en villégiature à Clairvaux — me fit encore une pareille proposition. Je ne répondis pas, ce qui était la meilleure manière de répondre, mais il m'en coûta un torrent d'injures qu'un grand journal à la mode qui aimait le tapage, mit pompeusement dans ses trois premières colonnes. Je n'envoyai pas mes témoins à Clairvaux, mais je les envoyai chez le rédacteur en chef du journal. Le personnage se déroba en donnant deux raisons : 1° « Je n'ai pas lu les injures, et je les condamne ; 2° je n'ai pas plus envie de me faire tuer que de tuer Arsène Houssaye. »

La vérité vraie, c'est que le rédacteur en chef ne voulait pas qu'on fît du bruit, dans la peur qu'on ne l'accusât de prendre ses rédacteurs à Clairvaux.

A propos des petites critiques, pleurons M. Babou, surnommé Babouin par ceux qu'il critiquait. Le nom lui resta autrefois à la *Revue de Paris*, où il avait affiché des prétentions amusantes. Il a eu son heure parmi les critiques par à peu près, au temps où la médiocratie prenait le haut du pavé, quand ces petits messieurs disaient de l'air du monde le plus sérieux : « Je ne nie pas que Victor Hugo n'ait des qualités de poëte, mais quel prosateur incohérent ! il n'achève pas ses phrases. » Ou bien : « Je ne crains pas d'avancer que Musset ne conte bien une historiette, mais quel poëte relâché ! il ne rime pas. » Veuillot avait fait justice de Babouin, avant sa mort, car il avait cloué ce papillon noir dans un de ses livres à la diable. Les amis de Babou disent qu'il avait le sens critique ; voici quelques-uns de ses portraits littéraires cités par Monselet : « Henry Mürger : Polyte-Musset. Ernest Renan : Fénelon-Strauss. Balzac : Hercule en pantoufles, filant des romans aux pieds de ses créanciers. Méry : Gascon de Marseille. Te tairas-tu, bouche du Rhône ? » Pur babouinage !

Parmi les Babouins qui aspiraient à la direction du Théâtre-Français jusqu'à en avoir la fièvre, il faut nommer ce trop laid Vieil-Castel, implorant alors la haute protection de Mme la princesse Mathilde, qui daignait le recevoir comme le nègre blanc de Nieuwerkerke. Ce Vieil-Castel, qui n'était pas trop bête, aspirait pareillement à la direction de l'Opéra. Aussi passait-il ses soirées dans le monde à nous mordre, Roqueplan et moi, de ses dents noires d'où tombait le venin des envieux.

Le pauvre bonhomme avait tout tenté sans arriver à rien. Il aurait mérité de figurer avec avantage dans l'Académie des hurleurs, nommée aussi l'Académie des crapauds, car on a dit que M. de Vieil-Castel avait la tête d'un crapaud.

Il y avait sans doute beaucoup de Vieil-Castels et de Babouins à la Convention pour inspirer à Danton le mot bien connu : « Qu'importent les coassemens de ces crapauds du Marais ! » J'ai répété souvent ce mot de Danton contre les critiques.

Pour peu qu'un homme de lettres soit à fleur d'eau, il est l'homme à la mode avant d'être un homme à la mer ; j'ai eu mon jour, et j'ai ri de toutes les colères des envieux.

C'était au temps où j'étais directeur de la Comédie-Française, plus glorieuse que jamais avec les meilleurs artistes du siècle. Je publiais alors l'*Histoire du 41e fauteuil de l'Académie*, — l'Académie un peu moins française que la Comédie.

Ce jour-là les ennemis désarmèrent ; tout le monde fut mon ami ; on en peut retrouver la trace dans les journaux du temps. Le livre fit fortune, comme le théâtre, comme l'historien lui-même.

C'est qu'il n'y avait pas de grandes figures en scène. Tous les hommes célèbres avaient eu leur jour et restaient dans la coulisse.

J'eus donc un quart d'heure d'éblouissement, tant je me sentais dans la lumière. Un ambitieux n'eût pas manqué l'occasion, mais je n'ai jamais eu que l'ambition de vivre selon mon cœur. Je pouvais monter les spirales de la politique et de la littérature ; mais je fus plus heureux de m'oublier dans un amour nouveau.

XI

L'Académie des Batignolles

N'oublions pas l'académie fondée par Nina de Villars. J'ai déjà parlé de Callias et de Nina, deux excentriques, ruisselans d'insenséisme. Ils avaient beaucoup trop d'esprit, c'est ce qui les a tués. J'avais été avec Nieuwerkerke témoin de leur hyménée. Je les retrouvai l'été suivant à Ems ; lui, poëte et journaliste, avait brisé sa plume ; elle, grande pianiste, avait donné la clef de son piano à son mari, qui la jeta par la fenêtre. Que faisaient-ils à Ems ? Ils s'aimaient. Voilà qui est bien ; mais ils apprenaient trop à apprécier les vins du Rhin. Ils buvaient à leur déjeuner deux bouteilles de Johannisberg, tout en trempant leurs lèvres dans quelques vins de France. Ce n'était encore qu'une douce griserie sous le rayonnement de l'amour. Mais la dame, ayant retrouvé la clef de son piano, exaspéra bientôt le mari, qui avait horreur de la musique. Il eut la grandeur d'âme de se séparer de sa femme, quoiqu'il n'eût pas un sou vaillant et quoiqu'elle eût 80,000 livres de rente. Nina retourna à sa mère ; Hector retourna au *Figaro*, où il aiguisa les mots de la fin jusqu'au dernier mot de sa fin. Il en a trouvé d'adorables, tant il avait la précision de l'esprit, le diamant serti artistement. Il alla ainsi dans une douce griserie jusqu'en 1888. Il mourut à Fontainebleau, dans une hôtellerie où il ne connaissait pas âme qui vive. Sa mort fut douce : la servante de l'endroit lui apporta, dans son lit, son café après le déjeuner. Très éteint déjà, il lui dit : « Allume-moi ma pipe. » Cette brave créature alluma la pipe et la passa à Callias. Il huma une gorgée de café et un nuage de fumée, après quoi il rendit son âme à Dieu. Jeu de la fatalité ! Sa mère, un peintre distingué qui a toute une école de jeunes étrangères dans son atelier, passait la belle saison à Fontainebleau, tout inquiète de ne pas revoir son fils. Or elle demeurait tout juste en face de l'hôtellerie où avait échoué le journaliste. « Qui donc est mort ? demanda-t-elle, en voyant passer une bière. » On lui répondit : « C'est un monsieur qui n'avait pas de papiers ; on a seulement trouvé sur sa table de nuit des mots pour rire qu'il adressait au *Figaro*. » Je peindrais mal la douleur de cette vaillante mère qui a mis au monde un vrai peintre et un vrai poëte ; le peintre, c'est Horace de Callias. Si on réunit un jour en un volume les maximes à la Chamfort d'Hector de Callias, le volume survivra.

Or, qu'était devenue Nina ? Elle était morte, mais non sans faire parler d'elle, car elle avait fondé une académie de beaux-esprits surnommée l'Académie des Batignolles. Pas si batignollaise, cette confrérie qui réunissait les deux Cros, le poëte et le sculpteur, Coppée qui ne croyait pas trouver là le chemin de l'Académie française, Villiers de l'Isle-Adam, beaucoup d'autres villoneux et ronsardisans.

XI

La dernière Académie

J'ai cogneu cette très honneste dame qui a pris toutes les figures pour ensorceler son monde. Aussi elle a toujours beaucoup d'amoureux, comptant pour rien un mari qui voyage. Elle défie la fortune et les hyvers, bien qu'elle soit née pauvre et que bien des printems aient passé sur sa figure. C'est que la fée la plus souriante l'a douée à son berceau d'une vertu qui domine toutes les autres : la charmerie! On ne peut la voir sans l'aimer, pour mille et une amorces. Elle est belle, quand elle n'est pas jolie, et elle est jolie quand elle n'est pas belle. Dieu lui a donné une de ces figures parisiennes venues de Dijon, de Reims ou de Rouen, qui prennent les cœurs parce qu'elle reflète, par je ne sais quel art savant, toutes les figures aimées, la Joconde comme la Pompadour.

Le regard bleu est noyé dans une volupté magnétique qui grise les sceptiques ; la bouche a des sourires qui vous prennent par leur charme cruel et divin. Et, dans l'attitude, des serpentemens inouïs, des ondulations perfides, des câlineries de bête fauve, des abandonnemens qui jettent un homme à ses pieds comme un feu de mousqueterie.

Ceux qui ne sont pas là disent du mal d'elle, mais, dès qu'ils lui ont baisé la main, ils deviennent des adorateurs. Quelques-uns veulent faire les beaux, tout en prenant le grand air dédaigneux; mais, dans son coffret d'ébene, elle a plié leurs lettres qui prouvent leur servage caché. Un prince célèbre disait d'elle : « La première fois que je l'ai vue, il m'est venu l'idée de la battre et de l'aimer. » Il l'a aimée; elle l'a battu.

Un peintre célèbre voulut la représenter en Diane ou en Vénus, pour mieux accentuer sa grâce de déesse. « Oui, dit-elle, mais debout. — Pourquoi pas couchée? — Non, debout. — Pourquoi ? — Pour me reposer. »

Elle se calomniait pour faire un mot. Elle se calomniait, parce qu'elle a été plus souvent Minerve que Vénus. Cependant elle ne joue pas à la femme savante. Un de ses amis lui disait : « Vous avez trop d'esprit. — Chut! dit-elle, ne dites pas ça tout haut, car on ne m'aimerait plus. » Molière et Gœthe eussent applaudi ce mot charmant si féminin et pourtant si profond. Il faut dire à l'homme : « Cache ton bonheur. » Il faut dire à la femme : « Cache ton esprit. »

Labruyère aurait du plaisir à peindre cette adorable et irritante créature, vraie femme de la cour de Versailles et de Trianon, quand les Aspasies étaient de la cour; mais n'a-t-elle pas elle-même une cour? Aujourd'hui qu'on a brûlé les Tuileries, où trouverait-on un salon plus royalement habité? Tous les jours, de cinq à six heures, ce qu'il y a encore du Tout Paris de l'esprit, des arts, de l'armée et du sport, vient dire son mot et prendre l'air de la mode: il y a là des princes — et des princes du sang, — des philosophes, des poètes, des artistes, des sportsmen, des diplomates, mais non pas les premiers venus, même parmi les princes; il faut avoir marqué par une œuvre où par une action d'éclat pour avoir droit de cité chez l'archiduchesse. Le vendredi, dîner temporel et spirituel; beaucoup de fleurs, beaucoup de railleries, beaucoup d'imprévu. Elle conduit elle-même la causerie, non pas sur la carte du Tendre, mais à travers tous les précipices, tous les casse-cou; tire-toi de là comme tu pourras. C'est là que Renan, Crémieux, d'Ennery et Rochefort ont souvent fait sauter Dieu et la société; aussi a-t-on dit que les dîners de l'incomparable continuaient les dîners du vendredi de M. de Sainte-Beuve èt les dîners du dimanche de Mme de Girardin, celle-là que Victor Hugo appelait la toute belle et la toute spirituelle.

MADAME DE GIRARDIN

TABLE

	Pages.
Préface d'Alexandre Dumas	1

LIVRE XXXVI
SOUVENIRS DE JEUNESSE

I.	— La femme	1
II.	— Daphnis et Chloé	7
III.	— Les passions d'une heure	11
IV.	— Le pays natal	21
V.	— Silhouettes et tableaux	26
VI.	— Le roi des Canaques	37
VII.	— Les deux moi	41
VIII.	— Le chateau des Chouettes	46
IX.	— Comment je faillis devenir visionnaire	62
X.	— La buveuse de rosée	69

LIVRE XXXVII
VIE PARISIENNE

I.	— Un déjeuner et un diner chez M. de Balzac	73
II.	— Le réel et l'idéal	85
III.	— A Alphonse Karr	89
IV.	— Vieille lune	92
V.	— La jeunesse dorée	96
VI.	— Résignation	102
VII.	— Le lendemain de l'amour	107
VIII.	— Le sage et le fou	120

LIVRE XXXVIII
RACHEL ET ALFRED DE MUSSET

I.	— Le premier et le dernier chapitre de la vie de Mlle Rachel	124
II.	— Pages de la vie d'Alfred de Musset	144
III.	— Un souper avec ses muses	149
IV.	— Alfred de Musset et Georgette	157
V.	— Liszt et Alfred de Musset	164

LIVRE XXXIX

SOUVENIRS DU SECOND EMPIRE

PAGES.

I.	— Le palais pompéien	171
II.	— De Chateaubriand et de Napoléon	182
III.	— Un conte de Napoléon III	184
IV.	— A quoi tiennent les révolutions	188
V.	— Une comédie toute faite	195
VI.	— A propos du mariage de l'Empereur	198
VII.	— Les fêtes du Second Empire	205
VIII.	— Le sang espagnol et le sang français	229
IX.	— La dernière pensée de Napoléon III	233
X.	— Comédie galante	234
XI.	— Une croix en diamants	242
XII.	— Le prince Brutus	244

LIVRE XL

DE QUELQUES HOMMES POLITIQUES

I.	— Thiers et Rémusat	247
II.	— Gambetta	263
III.	— De Félix Pyat et de Jules Vallès	275
IV.	— Le jeu de Jules Grévy	282

LIVRE XLI

I.	— Chez Victor Hugo	291

LIVRE XLII

LES ACADÉMIES D'A CÔTÉ

I.	— Les soirées au Louvre	322
II.	— De quelques salons	325
III.	— Histoire d'un soufflet	326
IV.	— Le salon de Morny	332
V.	— Chez la marquise de Païva	335
VI.	— L'académie de l'Hirondelle	341
VII.	— Le divan et la brasserie des Martyrs	344
VIII.	— Les Spartiates de Paris	350
IX.	- L'académie des Babouins	360
X.	— L'académie des Batignolles	364
XI.	— La dernière académie	366

GRAVURES DU TOME V

La Vérité, dessin d'Arsène Houssaye.

LIVRE XXXVI

La Folie Riancour.
Rose Mailfer.
Le violon d'Arsène Houssaye.
Un roman au château des Chouettes.
La buveuse de rosée.

LIVRE XXXVII

Jules Janin.
Balzac.
Alphonse Karr.
La jeunesse dorée.
Un souper chez ces dames.
Résignation.
Une comédienne.
Une femme du monde.
Gérard de Nerval.

LIVRE XXXVIII

Mademoiselle Rachel (rôle de Phèdre).
Alfred de Musset.

LIVRE XXXIX

Le palais Pompéien.
Cabanel.
Chateaubriand.
Mérimée.

LIVRE XL

Thiers.
La princesse Troubetzkoï.
Gambetta.

. . . .

LIVRE XLI

Victor Hugo à quatre-vingts ans.
Mademoiselle Juliette.
Victor Hugo à vingt-cinq ans.
Alexandre Dumas à vingt-cinq ans

LIVRE XLII

Nieuwerkerke.
Sarah Bernhardt.
Léon Gozlan.
Cydalise.
Lord Lytton.
Persigny.
Madame de Girardin.

26 8bre   1885

Mon cher Houssaye,

J'ai lu, de la première à la
dernière ligne, vos Confessions
souvenirs d'un demi-siècle
c'est tout ce qu'il y a de plus
intéressant, amusant et spirituel
Etant votre contemporain, j'ai
connu la plupart des gens et
vu une grande partie des choses
dont vous parlez.
Je crois bien que vous avez
quelquefois supplié par
votre esprit à celui des autres.
Mais il m'a semblé que tout
était aussi vrai que possible.
Il m'a été agréable de continuer

reprendre dans quatre autres
volumes, faisant suite aux premiers,
le plaisir que j'ai éprouvé.
Vous m'avez fait revivre au
milieu de personnes que j'ai
ou connues ou aimées, et m'avez
rajeuni de cinquante années
que vous avez si bien racontées.
Vous êtes souvent malin, vous
n'êtes jamais méchant, ce qui
est bien rare quand on parle
tant de gens et de choses en travers.
Merci donc pour le plaisir que
je vous dois et croyez toujours à
ma vieille amitié.

Nieuwerkerke

Mon cher ami,

Je vous avais parlé de Mᵐᵉ Brohan pour le Caprice et vous l'aviez accepté. Vous m'aviez proposé à votre tour Mˡˡᵉ Fix pour Il ne faut jurer de rien, et j'avais accepté de même. Je leur en avais parlé à toutes deux et hier elles m'ont dit qu'à leur connaissance il n'était nullement question de cela. Mes pièces ne sont pas nouvelles, il est vrai; et il ne tient qu'à vous de les jouer ou non. Mais vous devez comprendre combien il est désagréable pour moi de me laisser m'avancer ainsi sans résultat. Rappelez-vous, je vous prie, votre dernière lettre; et ne me laissez pas dans cette fâcheuse position. J'aimerais beaucoup mieux un non définitif.

Tout à vous
Alfᵈ de Musset

Selon moi, chaque chose oscille par la face.
L'hiver même au printemps ; l'automne suit l'été ;
L'on gagne en gros tout ce qu'on perd en surface,
Et tout est inégal afin d'égalité

Doux, laissez-moi les lys et taillez-moi les roses,
Manon-Lescaut, Eulgis, l'eau en Féerie !
L'amour est immortel en six métamorphoses,
Et cueillez un miel divin, au hasard, ci et là.

Ô Cariatide, déesse de jalousie,
Le cœur de Don Juan est trente fois lunaire !
Et vous, mes Passions, coursiers du Poésie,
Volez, courez sans mors, sur un large chemin !

Lassailly

IV

mes hommages à
la belle Mde Mouffaye
en attendant que je la
fasse en marbre pour ma
vente. comme une Dé...
mais tu auras l'original
la toute terre cuite Bacchus
avance.

Bien à toi cher ami
retrouvé fidel.

J. Clésinger

J'ai été dire des choses charmantes
du Salon des Champs-Elysées
et Vive le absolut [?] !
Soyez donc conséquents et
Venez y à foi, avec
Madame Mouffaye qu'on
y trouve le spectacle
si joli.

mille affectés
amitiés

Jeudi 28.

Je sais, du reste, vos projets, Madame de Molènes m'en a parlé. Vous comptez sur moi pour une Revue que vous voulez fonder, et vous avez raison d'y compter. Je vous appartiens pour bien des raisons. La meilleure de toutes, c'est que nous ne sommes, ni vous ni moi, de l'abominable littérature actuelle et que nous la traiterons dans votre Revue (j'ose l'espérer) comme cette immonde mérite d'être traitée par nous, les derniers des Romains.

Jules Barbey d'Aurevilly

Mon cher Hostage,

Sans lettre, vous m serirez très agréable
si vous pouviez annoncer cette candidature
inouïe dans votre Courrier de l'*artiste*
et dans votre Pierre de l'*Étoile*.
Vous êtes peut-être candidat. Mais je
vous jure que vous pouvez être pour
moi généreux sans danger. D'ailleurs,
vous le seriez avec danger. — Vous
me comprenez facilement d'ailleurs.
Si je vous dis qu'étant, personne-
même, sans espérance, j'ai pris plaisir
à me faire *bouc* par tous les
importuns hommes de lettres.

Tout à vous. — Ch. Baudelaire

VII

Cher ami.

J'ai eu pas besoin de vous dire le plaisir que m'a fait votre lettre. Je joue dans ce moment-ci comme on dit — la belle — avec le Public — Il y a dix ans que je n'ai rien fait pour les journaux ni pour les théâtres français cependant en dix ans il ne s'est pas produit d'œuvre d'une haute portée que moi celle-ci terminée — Cent évocations de tout une époque depuis le Roi jusqu'au Bandit, depuis le Cardinal jusqu'au simple marin. Et la France républicaine planera au dessus de tout cela — Calme, loyale et poétique dans les deux individualités de Championnet et de Macdonald

Ne vous inquiétez point de chapitres que vous paraîtraient épisodiques — dans un roman de 3 millions de lettres il faut permettre à l'auteur de poser ça-comme ses personnages — Il m'a fallu un chapitre pour Mammone, deux chapitres pour Fra Pacifico, trois chapitres pour Fra Diavolo mais le développement de caractère de ces personnages répondra à la largeur du Piédestal —

Pour moi me garder une place plus tard dans la presse en supposant que la tempête continue de s'ouvrir —

VIII

Je voudrais faire un grand Roman
Heroïque de Maufied. Dans le genre
d'Ivanhoë avec plus de Passion. J'ai
envie de prendre cette grande figure de Charles
D'anjou — L'homme Basané, qui donnait peu
et qui ne riait jamais dit Villani —

Enfin j'ai envie, mon ami de rentrer dans
le combats fut ce mois et lie sur mon
Cheval comme le Cid —

Aidez moi —   Tout à vous

21 Janvier   [signature Al. Dumas]

Je ne serai jamais une Célimène
ne craignez pas non plus d'être
jamais un Alceste.

Mille bonnes amitiés
                                Rachel

             Montmorency 23 mai
                       1852

Voudriez vous mon
cher ami demander de ma
part à M. Armand Bertin
s'il voudrait bien un jour
quelconque insérer dans
les débats mon Speech d'hier
pour les L'emancipations
j'en vais reponse, je lui
enverrai en epreuve
du Moniteur.

Comme c'est un sujet
permanent que m'importe
quand pourvu que cela
ne soit pas mis en
trentaine

à vous de cœur
Lamartine

X

Cher père,

Toute la nuit canonnade. Cet après-midi nous avons pris la maison crenelée à la Faisanderie. Coût : une centaine d'hommes par jour. Le soir nous l'avons abandonnée — parbleu.

Comme dit Gougeon :
« C'est dans le plan de Trochu ! »
« Plan ! Plan ! Plan ! Mon dieu ! Quel bran plan ! »
Le plus désagréable, c'est qu'après avoir pris la dite maison, il m'a fallu y retourner pour porter l'ordre au bataillon de l'évacuer. Cette seconde promenade tout seul m'a paru plus longue que la première. Une dette maudite balle, qui ne sifflerait plus, m'a tiré comme un lapin. Je te raconterai tout ça.

Veux-tu me tenir tout. Je t'embrasse

Henry Houssaye

P.S. Le colonel m'a dit qu'il va me proposer pour la croix !

— Mesdames je vous en conjures ne jouons sur des charbons ardents —

P. pr d'Aunnay

2 août 1854
Tu auras demain, au Ministère les croquis des cinq pierres.

Palin Meilhac

Mon cher ami

Je n'ai encore eu ... aucune
nouvelle du ministère d'État.
quelle est donc la marche à
suivre pour savoir ce que ces
gens comptent du pièces ... quand
ce ne sont pas des pièces de
cent sous ? J'irai bien au
théâtre, mais y allez-vous ?
Il serait temps d'entrer en
répétition si l'on veut arriver au
moment des neiges.

Bien à vous
L. Gozlan

Madame Arsène Houssaye

Vous m'avez exprimé le désir d'avoir mes lettres
grasses pour vos voitures. Vous êtes obéie.

Me permettrez-vous de déposer à vos
pieds tous mes hommages bien respectueux

Feuillet de Conches

[Handwritten letter, largely illegible. Partial transcription:]

Noble Spartiate —

À quoi bon être despote si on ne peut pas faire l'impossible?

Votre ami Pierre est forcément obligé de recommencer son masque le Mardi matin de bonne heure. Et en attendant les deux lui refusant un moment de loisir L'homme qui a inoculé les cadets à la minute a été sans doute étonné son époque c'était un imbécile. Tout est à la minute aujourd'hui — Ne zeplé les fiacres qui sont à l'heure — Aussi on ne s'en sert pas. Mon éléphant m'emporte. Gardez nous, cher ami, un bon souvenir et à celui de nos chers Spartiates. Votre tout obéissant devoué

Le Roi

Le portrait que je trouve très réussi sera mon passeport à la Postérité — vu et approuvé de S. Majesté Arsène Agenlaure Houzaye Roi de Sparte, et du Royaume des femmes. Mon deuil m'empêche pour le moment, mon cher roi, de paraître à Votre Cour, mais de loin je salue votre sceptre, et je serre vos deux mains loyales.

Votre fidèle sujet
St-paul aimé.

Je vous remercie des charmants vers que vous m'avez envoyés. Je ne suis pas de ceux qui aiment pas. Je trouve dans les premiers un peu d'affectation de l'école qui vous passionnait si vivement égarait il y a plusieurs années. Mais je trouve parmi ces défauts, des choses charmantes, et la fin du recueil me paraît galante pleine de sentiments vrais, bien en touchants, en la forme en est nouvelle ravissante.

Agréez, monsieur, mes remerciements et l'expression de mes sentiments distingués.

George Sand,

Je viens vous demander un singulier service. Je me porte comme candidat à l'institut : je m'aperçois que certaines mésintelligences commencent à s'apaiser : peut-être que du bruit à cette occasion ne pourrait que retarder ou faire avorter tout à fait les bonnes dispositions que j'ai entrevues. Si vous parlez dans l'article de cette candidature, ou plutôt des deux qui se suivront à cause de la mort plus récente de Gravel, je vous demande dans mon intérêt, tous les ménagements dont votre tact et votre esprit vous donneront plus qu'à quiqu'un la fort la mesure. Les affaires de journaux m'ont nui plus que les discussions d'école dans la matière qui m'occupe en ce moment. Je me recommande donc à votre

bon goût et aurais été vous d'un
tout cela, [?] petit que je suis pas le
temps nécessaire pour moi dans ce
moment, j'avais je n'avais craint
de ne pouvoir vous rencontrer avant
l'apparition des prochains numéros
du 1er. Recevez, en attendant le
plaisir de vous voir,
mille assurance de mon entier
dévouement.   Eug Delacroix.

Après votre départ
l'autre jour, l'Empereur est
venu dans le salon, m'a
fort complimenté sur mon
œuvre, et m'a demandé
de décorer un salon à
l'Élysée —
   Je suis tous les jours
aux Tuileries de 3 à 5 —
   Mille choses affectueuses
              C[h]. Chaplin

lundi 27 mai

Je vous invite, le Roi Voltaire en votre personne, à dîner semaine mardi chez moi. Vous serez bien charmant si vous transmettez mon invitation à M. et Madame Henry Houssaye. Vous venez de me donner une couronne, je suis ému et attendri. En partant j'ai baisé la main de votre exquise petite fille. Prenez votre plume de cette version la main d'un enfant, c'est comme l'aile d'un poète. À semaine, n'est-ce pas ? V. H.

De la « maison close »,
de la cabane de St Raphaël,
au château d'Arisis.

Alphonse Karr à Arsène Houssaye
Rusticus urbanus
Centenaire
ou — du moins — noces plus que d'or
de deux vieilles et constantes amitiés

Alph Karr

au poète, mes sincères
remerciments pour le salut
cordial qu'il m'a adressé à
travers la frontière.
la France et de mes amis.
Vous avez bien compris
tout ce que je ressentirais
de tristesse, malgré cela, en
commençant cette année loin
de notre chère Patrie. Vous
avez tenu à me prouver que
vous songiez aux exilés. Je
vous en remercie, et je vous
serre la main en vous priant
de me croire
  Votre affectionné
   Philippe Comte de Paris

Cher ami,

Je viens de lire avec bonheur, votre belle page si chaleureusement amicale. Vous m'avez comblé. Il n'y a rien de tel que d'être loué par un poète, il vous verse l'éloge dans une coupe d'or. Comme votre fils, vous êtes compatriote de mon livre, athénien de Paris quoique Spartiate chez Brébant. Mon cher page, je vous remercie de tout cœur.

Paul de Saint-Victor

Monsieur, vous avez été si aimable l'autre jour, en nous amenant Madame Houssaye, que je viens vous demander de renouveler cette bonne grâce. J'irai moi-même prochainement vous en remercier, et solliciter de vous cette faveur. Joignez en une autre en ayant la complaisance de m'envoyer quelques lignes de votre écriture pour une loterie. Je vous en serai très reconnaissante.

Agréez, monsieur, l'expression de mes sentiments les plus distingués.

La Vtesse Victor Hugo

Merci, mon cher ami. Vous êtes toujours là. Je vous embrasse, les bras autour du cou et le cœur contre le cœur.

A Dumas fs

à mon ami arsène Houssaye.

acceptez ce portrait, ce n'est notre encore un
du temps que j'étais blond c'a qu'on me faisait
à Dunkerk.

quant à la Soirée du Dimanche, nous
serons bien heureux de vous offrir ainsi qu'à
Madame Houssaye deux places dans notre
loge (N° 27 des premières du premier rang)
et encor plus heureux de passer cette soirée
avec vous —

votre tout devoué
Eugène Scribe

Ah! ça! n'ai-je pas lieu de me plaindre de vous?
Vous avez commencé, un petit peu, et j'ai eu le tort d'en avoir une grande peine! à mon âge, on ne fait pas de nouveaux amis, et à plus forte raison ceux qu'on a perd! Si je ne m'étais pas fâché, quelle mauvaise opinion vous auriez eue, regardé de notre amitié! Ce en est vrai que je vous ai été très ami; même, au moment où votre aimable et charmante femme (ne répétez pas, vous n'êtes mariés, chez nous!) semblait en danger, j'ai été sur le point de vous écrire, et je suis bien honteux de ne m'y être prévenu pas votre amitié. Mais quoi? Vous êtes par ici les vainqueurs, je suis, au dernier rang des vaincus, et avais dû pas justement d'ajouter droit, en me tendant la main, les premiers.

Jules Janielle
15. 9bre 1854.

Conciergerie XXI

Mon cher Housssaye

Voulez vous me donner pour après-
demain soir le dîner
d'à[vant-hier] notre
jour [ ]

À vous
Charles Hugo

Cher ami,
Je ne puis ce te demander
m'a t'donner à déjeuner pour
le moment. Ma maison est
un hôpital. Chose pénible à
dire. Ma pauvre femme
s'est cassé la jambe, il y a
huit jours, en descendant d'
chemin de fer. C'est aussi peu
grave qu'une fracture puisse
l'être, mais elle peut pas
la laisser seule jusqu'à nouvel
ordre. Dès qu'elle pourra sortir
le pied par terre, j'irai manger
ta côtelette.
à toi
Auguste [Vacquerie]

Mille tendres compliments à
Mme Houssaye, et à vous, mon cher
ami, une cordiale poignée de main.
Vacquerie
Vendredi

Cher ami

j'ecevois une lettre de mon cousin de Sens, Mr. Chaulary, qui veut absolument que j'obtienne de vous un mot pour lui relativement à sa candidature. Sacrifiez vous.

Mille amitiés

Camille Rousset

Mon cher Monsieur,

Votre dernier article a été très bien accueilli par le public, et je veux vous faire connaître ce bon accueil comme un encouragement au travail pour vous et un témoignage sympathique qui ne saurait vous être indifférent. Tâchez donc de continuer cette série sans trop d'interruption et de m'envoyer bientôt un prochain article.

Tout à vous.

F. Buloz

Je vous porte un si sincère
intérêt que je trouve à me conserver
le plus long-temps possible, à la
comédie française et à votre
administration. Je suis sérieusement
malade, ma santé est épuisée
grace à tout le dévouement que
j'ai porté cet hiver au théâtre
et certes je le continue en acceptant
de jouer jusqu'à la fin de ce
mois. C'est vous qui me faites
faire cet effort et je ne veux
pas m'en repentir.

Rachel

LES FÊTES DE L'HIVER. — Une soirée chez madame Hammere

Mon cher compatriote

Je vous remercie de votre invitation mais quelle forme osera se mettre en masque si "la beauté est de rigueur".

Mes meilleurs sympathies

Juliette Adam

www.ingramcontent.com/pod-product-compliance
Lightning Source LLC
Chambersburg PA
CBHW071856230426
43671CB00010B/1362